Peter Stiegnitz / Gott ohne Kirche

Peter Stiegnitz

Gott ohne Kirche

Religion und Freimaurerei

Eine Analyse

EDITION VA BENE

Gedruckt mit Unterstützung des
Bundesministeriums für Bildung, Wissenschaft und Kultur in Wien.

Die Deutsche Bibliothek – CIP-Einheitsaufnahme

Stiegnitz, Peter:
Gott ohne Kirche : Religion und Freimaurerei / Peter Stiegnitz. –

Wien ; Klosterneuburg : EDITION VA BENE, 2003.
(Eine Analyse)
ISBN 3-85167-145-7

E-Mail: edition@vabene.at
Homepage: www.vabene.at

Umschlaggestaltung: Jürgen Kirchner, Wien
Satz und Druckvorlage: Mag. Franz Stadler, Königstetten
Druck: Druckerei Theiss GmbH, A-9431 St. Stefan
Produktion: Die Druckdenker GmbH, Wien

Printed in Austria

ISBN 3-85167-145-7

Meinem freimaurerischen Lehrmeister
Georg Bahlburg (Hamburg) gewidmet

Inhalt

Vorwort

Religion und Freimaurerei sind einander sehr nah, gleichzeitig ist es Wesensmerkmal der Freimaurerei, nicht dogmatisch und daher nicht Religion zu sein. Von außen sind die dafür maßgeblichen Merkmale und historischen Fakten nicht leicht zu erkennen, und dieser Wissensmangel führt seit jeher dazu, daß auf beiden Seiten Reibungs- und Konfliktpunkte entstehen, die eigentlich vermeidbar sind. Der vielleicht wichtigste Nutzen dieses Buches ist daher die Erkenntnis, daß ein besseres Verständnis für diese komplizierten Zusammenhänge innerhalb und außerhalb der Freimaurerei das Mißtrauen der Konfessionen gegenüber diesem Freundschaftsbund beseitigen und vielleicht sogar kooperatives Verständnis erzeugen kann. Peter Stiegnitz hat es wieder einmal geschafft, das klar und verständlich darzustellen.

Aus der Sicht der Großloge von Österreich, der höchsten Repräsentanz der Freimaurer in Österreich, ist das Buch von Peter Stiegnitz darüber hinaus in jeder Hinsicht aktuell und passend. Nicht nur weil wir auch in Österreich die allgemeine und zunehmende Aufmerksamkeit in Richtung Religion spüren, sondern weil gerade die österreichische Freimaurerei seit Jahren wertvolle Beiträge zur Klärung, Aufarbeitung und zum Verständnis der historischen und aktuellen Probleme zwischen den Religionen (Kirchen) und Freimaurern leistet. Auch in dieser Hinsicht ist das Buch ein wichtiger und wertvoller Baustein. Die gründliche Analyse, die wertfreie historische Darstellung, die auch die Fehler beleuchtet, welche die Freimaurer selber begangen haben, ist ein guter Ausgangspunkt für weitere Initiativen auf beiden Seiten.

Gerade dort, wo die Anfeindungen besonders groß waren, nämlich im Verhältnis der katholischer Kirche zur Freimaurerei, haben österreichische Brüder Bemerkenswertes geleistet. Ausgehend von den Ergebnissen des Zweiten Vatikanischen Konzils (1962–1965), wonach sich die katholische Kirche zum Dialog mit allen Menschen »guten Willens« aufmachte, entstand zwischen 1968 und 1983 ein solcher besonders fruchtbarer Dialog. Hauptpersonen waren Kardinal König auf kirchlicher Seite, dessen profunde Kenntnisse und hohe kirchliche Stellung eine hervorragende Voraussetzung für die Erzielung konkreter Ergebnisse waren, und auf freimaurerischer Seite Prof. Dr. Kurt Baresch, akademisch ausgebildeter Historiker, Psychologe und in jeder Hinsicht kompetenter und erfahrener Freimaurer. Er verstand es, dieses positiv gerichtete Interesse der Kirche zu einem neuen, andauernden Dialog und zu einer Umkehr in der bisher starren Haltung zu bringen, die bis an die höchsten Stellen in Rom wirkte.

Dieser Dialog ist noch nicht abgeschlossen und sollte jenseits der tagespolitischen Hürden weitergeführt werden. Denn gerade heute muß auch die Freimaurerei interessiert sein, nicht als Ersatz oder Alternative zur Kirche mißverstanden zu werden, was ja leider auch dadurch verstärkt wird, daß heute viele Menschen mit ihren traditionellen Kirchen in Konflikt geraten und Alternativen suchen. Um also diesen Dialog wieder in Gang zu bringen, bedarf es nicht nur der entsprechenden Persönlichkeiten auf beiden Seiten, sondern auch eines Verständnisses auf breiter Basis – auch innerhalb der Freimaurerei –, wie sehr Religion immer schon auf die Freimaurerei gewirkt hat und wie wenig die Freimaurerei mit Religion, Konfessionen und Kirchen gemein hat. Dazu leistet die systematische, historische und philosophische Aufarbeitung des Themas durch Peter Stiegnitz einen wichtigen Beitrag.

Die Position der österreichischen Freimaurer ist bei diesem Thema aber auch aus einem anderen Grund von noch zusätzlicher Wichtigkeit. Die Freimaurerei leistet nicht nur seit Jahrhunderten einen wichtigen Beitrag zur Werteauffüllung in der Welt allgemein, die Position Österreichs hat aus geographischen, geopolitischen und historischen Gründen gerade jetzt eine enorme Wichtigkeit in der gegenseitigen Annäherung des Westens an den Osten und umgekehrt. Dort, wo der Kommunismus die Hirne und Herzen der Menschen von traditionellen, abendländischen Werten entleert hat, muß Mission im weitesten und besten Sinn Platz greifen. Da hat auch die Freimaurerei eine wichtige Funktion, und wir erleben es in unseren Kreisen, wie dieser starke europäische Gedanke einer kantischen Aufklärung von Geist und Herz, der dem freimaurerischen Gedanken innewohnt, von diesen neuen Brüdern im Osten bereitwillig angenommen wird. Dort entwickelt sich die Freimaurerei sehr rasch und sehr positiv. Da darf buchstäblich »um Gottes willen« keine Konkurrenz zu der noch viel wichtigeren Aufholarbeit der Religionen entstehen.

Und es ist für dieses Buch ein glücklicher Zufall, daß es ein »Donaumonarchist« schreibt, der diese europäische und ethische Breite österreichischer Provenienz mit der Muttermilch aufgesogen hat.

Es ist dem Großmeister der Großloge von Österreich, der selber einer streng katholischen Familie entstammt und von Jesuiten und Benediktinern aufgezogen wurde, ein besonderes Anliegen, daß die Freimaurerei mit den Kirchen und den Gläubigen dieses Landes in gutem Einvernehmen steht. Nicht um sich anzubiedern, sondern um mitzuhelfen, in unserer Zeit den Menschen Halt zu geben und Dinge zum Positiven zu verändern. Die vorliegende Analyse von Peter Stiegnitz soll interessierten Freimaurern und Nicht-Freimaurern helfen, den Weg dorthin von unnötigem Ballast zu befreien.

Dr. Michael Kraus
Großmeister der Großloge von Österreich

Teil I

Renaissance der Religionen

I. RELIGIONEN BEEINFLUSSEN DIE FREIMAUREREI – ABER NICHT UMGEKEHRT

Die in unseren politischen und wirtschaftlichen Wohlstandszonen totgeglaubten Religionen kehren zurück – und sie bemühen sich redlich, falsche Antworten auf richtige Fragen zu geben.

Die Freimaurerei war und ist – außerhalb Österreichs – religiös bedingt und teilweise auch beeinflußt. Somit ist die eine Richtung, allerdings nur als Einbahnstraße, gegeben. Die Religionen beeinflussen die Freimaurerei, aber nicht umgekehrt. Allerdings sollte die Freimaurerei für ihre Außenwirksamkeit den zunehmenden Einfluß der Religionen berücksichtigen. Um den Außenstehenden (in freimaurerischer Diktion: »Profane«) klarzumachen, daß die Freimaurerei weder antireligiös noch antiklerikal ist und um gleichzeitig uns – »Brüdern« – die religiösen Wurzeln und Quellen der Freimaurerei in Erinnerung zu rufen, ist dieses Buch entstanden.

Wir Menschen dieser Welt, dieser Zeit, leben – ob es uns paßt oder nicht – in einem permanenten Wettstreit der Weltanschauungen, der Möglichkeiten zur Sinnstiftung, der unterschiedlichsten Wertesysteme. In diesem wilden, weltweit nur schwer durchschaubaren Konglomerat fühlen sich die Religionen – die hier stellvertretend für die Begriffe der Konfessionen stehen – recht wohl. Das betrifft alle uns bekannten religiösen Richtungen zwischen Fundamentalismus und einem sogenannten »sanften Glauben«. In diesem, alles andere als edlen Wettstreit zwischen Fundamentalisten und »Sanftlern« tobt die Auseinandersetzung zwischen dem sogenannten »wahren Kern« und der sogenannten »wahren Religion«. Nehmen wir dazu das Beispiel »Dschihad« aus der islamischen Glaubenswelt. Für die Fundamentalisten bedeutet »Dschihad« »heiliger Krieg«, gegen wen auch immer, für die »Sanftler« signalisiert er nur so etwas wie ein »eifriges Bemühen«. (Dieser Ausdruck stammt vom Erfinder des Weltethos, von Hans Küng.)

Die Religionen – bleiben wir noch beim Islam – bieten uns keine einheitliche Botschaft. Auch dazu zwei kurze Beispiele:

- In der Sure 2, Vers 256 des Koran steht: »In der Religion gibt es keinen Zwang.«
- Sure 9, Vers 5 spricht dagegen eine gänzlich andere Sprache: »Tötet die Heiden, wo immer ihr sie findet.«

Solche Widersprüche finden wir natürlich nicht nur im Koran. So steht, im Gegensatz zum Sanftmut der Bergpredigt, der wilde Satz des Matthäus (10,34): »Ich bin nicht gekommen um Frieden zu bringen, sondern das Schwert.«

Wichtiger als diese und ähnliche Beispiele ist für uns der analytische Situationsbericht, demnach Religionen immer und überall das gesamte Spektrum menschlicher Motive, wie Liebe, Lust, Leid, aber auch Kampf und Krieg widerspiegeln. Heil und Haß rangieren in allen Religionen nebeneinander. Allerdings: Menschen können vor allem in Krisensituationen ohne Religion nicht leben.

Deshalb halten wir es für falsch, wenn wir in der Freimaurerei das Thema »Religion« ausklammern. Genauso wie wir uns – statt Tages- und Parteipolitik – oft mit gesellschaftspolitischen Fragen beschäftigen, so dürfen wir das »Religionsverbot« der Alten Pflichten nicht mißverstehen; Reverend Anderson[1] meinte damit lediglich die zu seiner Zeit üblichen Auseinandersetzungen um die jeweils »wahre Religion«, die natürlich Zwist und Hader in die Logen gebracht hätte.

Religionen waren und sind immer noch ein Machtinstrument der Menschenbeeinflussung; wie übrigens auch die Politik im allgemeinen. Denken wir allerdings daran, daß jedwede Erziehung – in den Schulen, in den Familien, in den Logen und wo auch immer – eine Beeinflussung, eine Lenkung der Menschen ist. In diesem Zeichen stehen am Anfang die Zehn Ge- und Verbote des Ägypters Moses, der zum Hebräer umgetauft wurde. Symbolisch gesehen stehen am Anfang die Zehn Gebote und am Ende die Apokalypse des Johannes, diese grenzenlose Vernichtungsorgie, als Vorläufer des religiösen Terrors der Taliban, der Selbstmordattentäter zwischen Jerusalem und Moskau, aber auch des Gemetzels von Christen gegen Christen in Nordirland.

Religion ist – im Gegensatz zur Politik – kein bloßes Machtinstrument; sie beeinflußt nicht nur Denken und Handeln der Menschen als Druckmittel von außen; sie lenkt und formt auch von innen, aus der Tiefe der Seele, wie von der Oberfläche der materiellen Existenz her.

Während wir in den wohlhabenden Ländern der sogenannten »Ersten Welt« in einer säkularen Gesellschaft leben, wo Kirche und Staat voneinander getrennt wurden und man die Religion zur

Privatsache degradierte, erfüllen die Religionen in den Hemisphären der Zweiten, Dritten und Vierten Welt eine wesentliche, eine dominierende Rolle.

Nach diesen Prinzipien wäre die Befreiung aus der Umklammerung des religiösen und religionsgefärbten Weltterrors einfach. Das Rezept würde lauten: Wohlstand, so relativ dieser angenehme Zustand auch sein mag, Demokratie, so labil diese beste Gesellschaftsform auch ist, innere und äußere Sicherheit für die ganze Welt – und wir sind Terror und Todesboten los.

Leider ist es nicht so einfach, da die Religionen auch in demokratischen Ländern eine fundamentalistische Rolle spielen; und das nicht nur in Nordirland, sondern auch in Israel und in den USA.

Wenn wir schon von den Religionen sprechen, dann sollten wir uns auch einige Zahlen vergegenwärtigen: Auf der Welt leben heute 1,6 Milliarden Christen (1,038 Milliarden Katholiken, 346 Millionen Protestanten und 216 Millionen Orthodoxe); 1,2 Milliarden Muslime und 14 Millionen Juden. – Zu diesen drei monotheistischen Religionen gesellen sich noch 811 Millionen Hindus, 360 Millionen Buddhisten und 107 Millionen Schintoisten. Von Sekten und Freikirchen liegen keine seriösen Zahlen vor.

Also: Es gibt rund drei Milliarden Anhänger der drei monotheistischen Religionen und 1,3 Milliarden Menschen, die einer, sagen wir »Gemischtreligion« huldigen. Insgesamt: 4,3 Milliarden Menschen. Von rund 1,7 Milliarden – wenn wir die gegenwärtige Weltbevölkerung mit rund sechs Milliarden annehmen – wissen die Religionsstatistiken nichts.

Das Ende des Kolonialismus nach dem Zweiten Weltkrieg und das Ende des Kommunismus an Stelle eines Dritten Weltkrieges hinterließen ein ideologisches Vakuum. Hier machten sich nicht nur schwerbewaffnete Streitkräfte in den Entwicklungsländern Afrikas und polnisch-albanische Mafiaorganisationen, sondern auch Priester, Popen und Pastoren unterschiedlicher Religionen breit.

Wir erwähnten bereits, daß die Religionen nicht nur von außen aufoktroyierende Machtinstrumente, sondern auch psychologische Rezeptlieferanten sind. Diese Funktion des Glaubens ist so alt wie die Menschheit selbst und sollte daher nicht unterschätzt werden. Weder der französischen Aufklärung, die nie religions-, sondern stets kirchenkritisch war, noch dem aufkeimenden Kapitalismus und der pluralistischen Gesellschaft gelang es, die menschliche Psyche von religiösen Bedürfnissen zu befreien. Denken wir dabei nur an die zunehmende Attraktivität ostasiatischer religiöser Meditationstechniken in unserer Zivilisation.

Das, was wir unter dem Schlagwort »modern« verstehen, diese gegenwärtige Mischung aus Wohlstand, Demokratie, Emanzipation, political correctness und abstraktem Kunstverständnis, sollte auch Lösungsansätze gegen den Fundamentalismus bieten.

Wir sollten in diesem Zusammenhang den in Deutschland lebenden »moderaten« Muslim, Bassam Tibi, zitieren, der von einem »Traum von der halben Moderne« spricht: Er ist davon überzeugt, daß man die islamische Welt mit einer »halben Moderne« befrieden kann. Das heißt: »Ja!« zum wissenschaftlich-technischen Fortschritt und zur Konsumgüterindustrie und »Nein!« zur gesellschaftlichen Modernisierung, zur säkularen Gesellschaft und zur politischen Demokratie.

Während die Bedeutung der christlichen, vor allem der katholischen Kirche mit dem symbolischen Untergang des »Abendlandes« in (West-)Europa schwindet, wächst auch in unseren pluralistischen Gesellschaften der Wunsch nach dem Mystischen, nach dem Transmateriellen, nach religiösen Inhalten schlechthin. Die säkularisierte Welt hat in ihrem Bestreben nach Demokratie, Pluralismus und auch Wohlstand auf die vielen Sinnfragen, die Leben und Tod betreffen, vergessen. Das Ergebnis dieses Leugnungsprozesses ist die rapide Zunahme von harmlosen, aber auch von gefährlichen Ersatzmitteln. Zu den harmlosen gehören sicherlich die ostasiatischen Meditationstechniken, zu den gefährlichen die Drogen und manche Sekten.

All das fördert in unserem Kulturkreis neurotische Verunsicherungen, »die den Religionen die Chance bieten, verlorenes Terrain zurückzugewinnen«[2] und sich in neuen »Kleidern« dem »modernen« Menschen attraktiv anzubieten.

Ohne Aufklärung und ohne Demokratisierung, als Grundelement der pluralistischen Gesellschaft, können religiöse Institutionen weder von innen, noch von außen aufgebrochen werden. So gibt es heute kein einziges islamisches Land, inklusive der säkularisierten Türkei, wo wir von echter Demokratie und richtig verstandenem parlamentarischen Pluralismus sprechen könnten.

Das wirklich friedliche Nebeneinander von verschiedenen Wertsystemen – Atheisten und Konfessionalisten, Angehörige verschiedener Religionen, Mystiker und Realisten – ist in unserer Welt dialogmäßig nahezu undenkbar; stets verliert das eine zugunsten des anderen. Dazu nur ein Beispiel aus Österreich: Auch hierzulande, wie das z. B. in Deutschland der Fall ist, wächst der Anteil der Konfessionslosen und der Muslime zuungunsten der christlichen Kirchen.

In einem sich nur lang- und mühsam anbahnenden »Dialog der Religionen« zwischen Christentum und Islam schwingt die ungute, einseitig belastende koloniale Vergangenheit immer noch mit. Christentum und Kapitalismus haben jahrhundertelang ihre Machtposition, aber auch ihre Ideologie gewaltsam zwischen Nordafrika und Südostasien ausgebreitet. Während es in Südamerika vorwiegend der katholischen Kirche gelang, die autochthone Kultur auszurotten und diese vollständig zu überlagern, verloren die europäischen Kolonialmächte in Afrika und Asien nahezu jedweden religiösen und politischen Einfluß. Hier konnte sich der Islam, außer in hinduistischen und buddhistischen Sphären, ohne Widerstand ausbreiten und an Macht und Einfluß zusehends gewinnen.

Das wesentlichste politische Instrument des Monotheismus ist die Intoleranz, die erbarmungslose Vernichtung von Andersgläubigen. »Zerstöret alle Orte, da die Heiden, die ihr vertreiben werdet, ihren Göttern gedient haben« – können wir es im Fünften Buch Mose lesen. Abtrünnige müssen ermordet werden. Dazu gleichfalls aus dem Fünften Buch Mose: »Wenn dich dein Bruder [...] überreden würde: Laßt uns gehen und anderen Göttern dienen [...], [dann] sollst du ihn erwürgen.«

Hinter dieser Intoleranz steht ein uralt-menschlicher Irrtum, ein Hilfsmittel des Denkersatzes: die Schwarzweißmalerei der schablonenhaften Generalisierung, die Auf- und Einteilung der Welt nach dem Freund-Feind-Schema.

Der Monotheismus kennt keine Kompromisse, er wäre ansonsten genauso wie die polytheistischen Religionen zum Untergang verurteilt.

Gemeinschaften, die entlang ihres Weges hohe Zäune mit sehr wenigen Eingangs- und Zugangstüren aufrichten, dürfen für ihre Ideen und Ideologien keine Kompromisse zulassen; weder die monotheistischen Religionen, noch die Freimaurerei kennen solche Kompromisse. Erklärungen für diese Kompromißlosigkeit gibt es seit Moses genügend.

Die freimaurerische Auffassung veranlaßt uns jedoch, auch in der Welt der Religionen die Toleranz statt dem Trennenden, das Gemeinsame an Stelle der Gegensätzlichkeiten zu suchen. Leicht ist dieses Unterfangen nicht, doch es lohnt sich.

2. »MASON HALL« ENTSTEHT

Auf die generelle Frage nach dem Komplex »Religion und Freimaurerei« gibt uns die Geschichte die beste Antwort.

Die historischen Wurzeln der Freimaurerei reichen in die Welt mittelalterlicher religiöser Strukturen, in die Klostergemeinschaften zurück. So werden die Mönchsorden des Benedictus von Nursia (480–547) von manchen, vor allem englischen Logen als »Urahnen« maurerischer Organisationen angesehen.

Die »Brüderlichkeit« der benediktinischen Klostergemeinschaften stand unter dem Motto »ora et labora« (»bete und arbeite«); in jeweils 73 Kapiteln – so heißen heute noch die organisatorischen Einheiten des freimaurerischen »York«-Hochgradsystems – führten die benediktinischen Brüder ein materiell autonomes Leben und wirkten im Sinne ihres christlichen Gelübdes nach außen hin. Aus dieser Lebensweise entsprang die geistige Hegemonie – ein Abbild benediktinischer Autonomie – freimaurerischer Denkungsart. Auch die freimaurerische Gliederung der drei Grade (»Lehrling«, »Geselle«, »Meister«) erfuhren die Freimaurer – über den Umwelt mittelalterlicher Zünfte – aus der »Regula benedicti«: »Oblaten« (im Kloster aufgewachsene Kinder), »Konversen« (Laienbrüder ohne geistliche Aufgaben) und »Kleriker« (Priester, oft aus adeligen Familien).

Die heutigen christlich-freimaurerischen Rittergrade, die im Nahverhältnis zum freimaurerischen »York«-Hochgradsystem stehen, berufen sich nicht zufällig auf die Kreuzzüge benediktinisch beeinflußter katholischer Ritterorden gegen die Türken. Im Jahre 1097 überquerten die ersten Ritter den Bosporus und kämpften sich den Weg nach Jerusalem frei. Die Sicherung dieses Weges übernahmen bekannterweise die »Tempelritter«. So hält der »Tempelrittergrad« des York-Ritus die Erinnerung an die Mannen von Gottfried von Bouillon heute noch wach.

Auch wenn die sogenannte »spekulative«, nicht mehr handwerkliche Freimaurerei nicht die religiöse Richtung, sondern die der Zünfte und Dombauhütten fortsetzt, sind die christlich motivierten Spuren auch im heutigen Logenleben leicht erkennbar.

Der Name »Freimaurerei« geht auf die »freien« Steinmetze und architektonischen Künstler des 13. und 14. Jahrhunderts zurück, die sich von den einfachen Handwerkern und Bauarbeitern abgesondert hatten. Am 9. August 1376 wurde im regierenden »Gemeinen Rat« Londons auch der Berufsstand der »freestone masons« gewählt, die eine eigene »Company« (entspricht einer Zunft) bildeten. Aus politischen Gründen – unter dem Druck der Dominikaner – verschmolzen die Zünfte der »freestone masons« mit den gewöhnlichen Maurern und Bauarbeitern. Diese neue »Gemeinschaft der Maurer«[3] erwarb 1436 ein Londoner Grundstück und errichtete dort die »Mason Hall«, die heute noch das Zentrum aller von der Großloge von England anerkannten, »regulären« Freimaurer ist.

Den nächsten größeren religiösen Einfluß schöpfte die »spekulative« Freimaurerei aus der Zeit der Reformation, von Anfang des 16. bis Mitte des 17. Jahrhunderts. In dieser Zeit wurde, zuerst die Alte und später die Neue Welt, das erste Mal mit den Grundideen der spekulativen Freimaurerei – Theismus, Toleranz, Humanität, Empirismus – konfrontiert. Schlußendlich wurde die Reformation die Geburtshelferin der Aufklärung.

Wer in der Reformation vor allem die systematische Abkehr von Rom sieht, der zählt auch viele, geschichtlich vorreformatorische religiöse Bewegungen zu den Vorläufern des evangelischen Christentums. Allan Oslo erwähnt hier vor allem die dualistischen christlichen Bewegungen, wie die »Paulikianer« (Armenien, 650), die »Manichäer« (Persien, 3. Jahrhundert), die »Bogomilen« (Bulgarien, 10. Jahrhundert), die »Katharer« (Frankreich, 11. Jahrhundert) und die »Waldenser« (Frankreich, 12. Jahrhundert). Das Gemeinsame aller dieser religiösen Richtungen war die strikt-dualistische Unterscheidung zwischen einem »guten« und einem »bösen« Gott. Den wohl größten Einfluß auf die katholische Kirche und den geringsten auf die

Freimaurerei hatten die »Hussiten« (Prag, 15. Jahrhundert). Obwohl Jan Hus, tschechischer Prediger und Professor, nach seinem freiwilligen Erscheinen vor dem Konzil zu Konstanz am 6. Juni 1415 auf dem Scheiterhaufen landete, fanden seine Forderungen – Brot- und Weinkommunion auch für Laien und Liturgie in der Landessprache – bald Einlaß in die römisch-katholische Kirche. So ging die von Hussiten gegründete Böhmisch-Katholische Kirche bereits 1620 in der »offiziellen« Kirche auf. Die nationalistisch-plebejischen Ideen von Jan Hus fanden jedoch nie Einlaß in das religiös-philosophische Gebäude der Freimaurerei.

3. EINHEIT VON RELIGION UND PHILOSOPHIE

Geschichtlich wie gegenwartsbezogen bilden Religion und Philosophie eine fest zusammenhängende Einheit im freimaurerischen Denken, da Gott und Geist die beiden Eckpfeiler des Freimaurertums sind. Es ist trotzdem kein Dualismus, keine blasphemische Gleichsetzung eines überirdisch-metaphysischen und eines irdisch-menschlichen Begriffes. Genau aus diesem Grund unterscheiden sich heute noch, um zwei extreme Beispiele zu nennen, die nordamerikanisch-skandinavische christliche und die (auch) atheistische französische Freimaurerei.

Das Grundverständnis der sogenannten »humanistischen« Freimaurerei, wie sie auch in Österreich gepflogen wird, genießt zwar die volle Anerkennung durch die Großloge von England, entkleidet jedoch den Begriff »Gott« und stülpt darüber die Formulierung des »Großen/Größten Baumeisters aller Welten (GBAW)«; demnach wird in diesen Logen die (christliche) Bibel beider Testamente als »Buch der Überlieferungen« oder als »Buch des Gesetzes« verstanden.

Diese, vor allem in Österreich so erfolgreiche humanistisch-laizistische Freimaurerei verknüpfte die Religion mit der Philosophie, wobei letztere die Oberhand gewann. Daher ist es alles andere als leicht, die noch vorhandenen Reste der Religion aus der Umarmung der Philosophie herauszulösen. Die Mühe lohnt sich jedoch – und das gleich aus mehreren Gründen:

- um tiefliegende Fragen auf die oberflächlichen Antworten der maurerischen Philosophie zu geben
- um die grundlegenden Schichten der menschlichen Psyche zu erkunden
- um die Scheinreligiosität der »Göttin der Vernunft« zu entlarven und sie auf ihren irdischen Stammplatz zurückzuversetzen
- um die einseitige, nur historische Betrachtungsweise des Alten und die auf die Person Jesu Christi eingeschränkte Deutung des Neuen Testaments ins richtige, wirklich universelle Lot zu bringen
- um mehr Verständnis für die religiösen Formationen der Freimaurerei zu wecken
- um den Weg zu den religiösen Grundlagen der Freimaurerei von den Hindernissen der maurerischen Philosophie zu befreien
- um nachzuweisen, daß auch die humanistisch-laizistische Freimaurerei ohne ihre religiösen Wurzeln auf sehr schwankenden ethisch-moralischen Beinen steht.

Nach der ersten, noch zaghaften Ansätzen des französischen und englischen Humanismus im 12. Jahrhundert folgten – als eigentliche Vorboten dieser Weltanschauung – der Florentiner Federgigant Francesco Petrarca (1304–1374), der gemeinsam mit Giovanni Boccaccio (1313–1375) die lateinisch-italienischen mit der hellenistischen menschenorientierten Poesie wiederentdeckte.

Der Humanismus dieser Zeit, und das vergessen wir heutzutage gerne, war keineswegs antiklerikal orientiert; ganz im Gegenteil: er wurde von den römischen Päpsten nach Kräften gefördert. So gründete im Geiste des wiederentdeckten Altertums Papst Nikolaus V. (1447–1455) eine der noch heute »vornehmsten« Bibliotheken der Welt, die Bibliothek des Vatikans. Der relativ schnell erstarkte Geist des Humanismus führte zur Verweltlichung des Papsttums. Erst dadurch entwickelte sich die heute noch unübertreffbare Kunstförderung des Vatikans. (Stichwort: Medicis und Papst Alexander VI.)

Das wirkliche geistige Zentrum der Renaissance und des Humanismus blieb jedoch Florenz, wo nicht nur Petrarca und Boccaccio dichteten, sondern Marsilio Ficino (1433–1499) die

Platonische Akademie begründete und seine berühmten Kommentare zu Platons »Symposion« schrieb. Die damalige Arbeitsweise Ficinos, der später Priester wurde, erinnert uns an die heutigen Aktivitäten der Freimaurer-Akademien. Ficino und sein Mitstreiter Giovanni Pico della Mirandola (1463–1494) suchten, unter päpstlichem Schutz, neue Wege der Religiosität im humanistischen Geist; sie predigten die »freie Religiosität«[4] als eine von der Natur aus gegebene menschliche Notwendigkeit. Mirandola, ein Prinzensohn, betrieb in Florenz unter vatikanischem Schutz eine freie Religionsforschung. Er beschäftigte sich als Sprachkundiger neben griechischen mit hebräischen und arabischen Quellen und wandte sogar jüdisch-kabbalistische Denkstrukturen in der römischen Theologie an. Mit seinem berühmten Werk (»De dignitate hominis«/»Rede von der Würde des Menschen«) legte er freimaurerische Grundsteine.

Die nächste große Station auf dem Weg zu den religiösen Wurzeln der Freimaurerei war die Zeit der Reformation, die zu Recht als legitimes Kind des Humanismus angesehen wird. Die Reformation war nicht nur das geistige, sondern auch das politische Kind – zur damaligen Zeit in die Welt der Religion eingebettet – des Humanismus. Daher sieht auch Allan Oslo die eigentliche Geburtsstunde der Reformation in den Emanzipationsbestrebungen des französischen Königs Ludwig XI., der 1475 »seinen« katholischen Bischöfen verbot, unzensierte Bullen aus Rom zu akzeptieren und diese zu verkünden.

Nicht wenige Freimaurer berufen sich gerne auf den bekannten Humanisten und Vorläufer der Reformation, auf Erasmus von Rotterdam (1466–1536). Der Augustiner-Geistliche wandte sich bald von der damals vorherrschenden Lehre der Scholastiker ab und dem Humanismus zu. Als Spezialist der griechischen Urfassung des Neuen Testaments lieferte Erasmus die eigentlichen Grund- und Unterlagen für Martin Luthers Bibelübersetzung. Darüber hinaus gilt Erasmus als Vorläufer einer Idee für ein vereintes Europa, in dem er sich bemühte, die zu seiner Zeit vorherrschenden vier großen Nationalstaaten – England, Frankreich, Spanien und Österreich – unter dem geistigen »Haus« der vier Evangelien des Neuen Testaments als Ausdruck des christlichen Humanismus zusammenzuführen. Die humanistische Idee des Erasmus – Religion gegen Nationalismus – ist ein wesentliches

Element der freimaurerischen Ethik geworden und nahm damit den (späteren) faschistoiden Wind aus den Segeln nationalistischer Vielstaatlichkeit.

Die nordeuropäische, vor allem die schwedische Freimaurerei fühlt sich heute noch mit der sicherlich nicht unbestrittenen Gestalt des großen Reformators Martin Luther (1483–1546) auf das Engste verbunden.

Es ist sicherlich kein Zufall, daß Luther, so wie Erasmus, Geistlicher der Augustiner war. Luther, der studierte Theologe, machte schnell Karriere: Kurz nach seinem Doktorat an der Universität Wittenberg nahm er dort seine Lehrtätigkeit auf und übte gleichzeitig das Amt eines Priors und bald eines Bezirksvikars und Visitators mehrerer Klöster aus. Wie Erasmus verabschiedete sich auch Luther in seinen theologischen Arbeiten von Aristoteles und der Scholastik und wandte sich einem biblischen Humanismus zu.

Die Reformation wurde am 31. Oktober 1517 durch Luthers Hammerschläge am Eingang »seiner« Schloßkirche zu Wittenberg – die berühmten 95 Thesen gegen die Unmoral des Ablasses – lauthals eingeleitet.

Luthers dritte reformatorische Schrift (»Von der Freiheit eines Christenmenschen«) stellte die heute noch gültige Brücke zur »christlichen Freimaurerei« des Schwedischen Systems her.

Der eigentliche Hauptteil der christlichen schwedischen Lehrart der Freimaurerei, die sogenannten »Andreas-Logen«, beruft sich auf den Apostel Andreas. Während die rituelle Arbeit in den ersten drei Graden der Freimaurerei im Salomonischen Tempel abgehalten wird, »arbeiten« die Andreas-Logen, natürlich nur symbolisch, im Zweiten Jerusalemer Tempel, der auf den Ruinen des Ersten Tempels aufgebaut wurde. Die Meister in den Andreas-Logen verehren Christus als den eigentlichen »Schlußstein« des Tempels.

Während in Österreich und in Deutschland neben den sogenannten »blauen« Logen der ersten drei Grade (Lehrling, Geselle, Meister) die »roten« Logen und Kapitel der Hochgrade arbeiten, wobei die Farben lediglich die Drapierung der Räumlichkeiten bestimmen, verläuft das Schwedische System durchgehend vom ersten in die höheren Grade. Die eigentliche Bearbeitung dieser christlichen Maurerei wurde erst Ende des 18. Jahrhunderts beendet. Das gesamte System ist dreigeteilt, mit jeweils einem anderen christlichen Schutzpatron. So wachen Johannes der Täufer, der Apostel Andreas und der Apostel Johannes über die rituellen Arbeiten.

Das christliche Lehramt des Schwedischen Systems ist in der gesamten Freimaurerei Skandinaviens und in Teilen Norddeutschlands eindeutig sichtbar. Diese Lehre »betont den Charakter eines christlichen Ritterordens, geschlossen zur Ehre Gottes, zur eigenen Veredlung [...] zur Förderung der allgemeinen Menschenliebe [...]«[5] Jeder »Suchende«, der in Schweden bzw. in den Ländern, wo das Schwedische System das freimaurerische Leben bestimmt, Aufnahme in eine Loge verlangt, muß sich zum Christentum bekennen, unabhängig von der jeweiligen christlichen Konfession. Auch hier bestimmt die Geschichte die maurerische Gegenwart. Schweden war als Verfechter der lutherischen Religionshomogenität der eigentliche Hauptakteur des Dreißigjährigen (Religions-)Krieges. Seit 1735 gibt es ohne Unterbrechung ein reichhaltiges, christliches Freimaurerleben in Schweden. Ab diesem Gründungsjahr bis zum Jahre 1996 bekleideten die Könige bzw. die (Kron-)Prinzen das höchste Amt einer nationalen Großloge, das des Großmeisters. Obwohl der gegenwärtige König, Carl XVI., selbst kein Freimaurer ist, so betrachtet er sich als »oberster Beschützer« aller schwedischen Brüder. Im Jahre 1996 wurde das erste Mal in Schweden ein bürgerlicher Großmeister gewählt bzw. bestellt. Da sich die Freimaurer in Schweden offen zum christlichen Glauben bekennen, diesen zur Voraussetzung zur Zugehörigkeit machen, genießen sie hier den absoluten Schutz des jeweiligen Königs. Daher ist die in vielen Ländern erzwungenermaßen vorherrschende »Deckung« – Wahrung vor allem der Mitgliederlisten nach außen hin – in Schweden gänzlich unbekannt.

Teil II

Gegen den Kampf der Konfessionen

4. FORCIERUNG DES FRIEDENS STATT »KAMPF DER KULTUREN«

Kampf ist eine soziologische Notwendigkeit. »Man« (beiderlei Geschlechter) kämpft um Nahrung, Paarung, Prestige und Territorium, vor allem aber um Selbstbehauptung, Selbst- und Fremdbestätigung. Der wohlüberlegte Wohlstand sichert zwar – wenn auch nur für die Zeit seiner Dauer – den Frieden, doch steigt die (biologisch bedingte) Sucht nach Streit und Unfrieden mit dem Bröckeln des Wohlstandes. Daher haben sich auch Freimaurer auf die Suche nach der Ermöglichung eines dauerhaften Friedens gemacht. Genau diese Garantie fand sich in der beruhigenden und befriedigenden Welt der Religionen, befreit von ihren kampfeslustigen konfessionellen Erwartungen.

Natürlich denken nicht nur Freimaurer so. Der Grazer Rechtsphilosoph Peter Strasser hofft auf eine »Zukunft«, die »unbeschwert vom Kampf der Kulturen [...] vom Geist des Gottes aller Menschen erfüllt«[6] sein wird. – Schöner können es auch wir Freimaurer nicht formulieren. Genau diese Forcierung des Friedens, die den »Kampf der Kulturen« ablösen sollte, erhoffen fühlende und nicht nur denkende Freimaurer mit Hilfe der Religion, wenn auch nicht verwirklichen, so doch diesem Ziel näherbringen zu können.

Wie können wir diesen Wunsch erfüllen? Auch hier zeigt uns Peter Strasser einen möglichen Weg: Das Osterwunder des christlichen Glaubens, die Auferstehung Jesu wird – auch – von den Freimaurern symbolhaft verstanden, da »der Geist in der Lage ist, sich über das Dunkel des Fleisches zu erheben«. Nur so ist auch der eigentliche Sinn des Dritten Grades der »Johannes-Freimaurer«, die wir »Erhebung« nennen, zu verstehen. Allerdings wird das Gleichnis der Auferstehung im freimaurerischen Ritual von dem christlichen Mythos volksfrömmelnder Legendenbildungen befreit.

Die religiösen Einflüsse in der Freimaurerei sind, im Gegensatz zu den landes- und handelsüblichen Vorstellungen und Versprechungen mundgerecht geformter Konfessionen, nicht jenseits-, sondern diesseitsorientiert. Gewissermaßen eine »Religion« für hier und jetzt, eine allumfassende gefestigte Ethik, oder anders formuliert, eine Art »religiöse Philosophie«, die man keineswegs mit einer denkgewohnten Religionsphilosophie verwechseln darf.

Daher beschäftigen sich die religiösen Vorstellungen der Freimaurerei nicht nur mit einem »Leben nach dem Tod«, sondern auch mit einem konkreten »Leben vor dem Tod«.

Herkömmliche religiöse Vorstellungen beschäftigen sich vielsagend und -versprechend mit dem »Anfang«. Seit der biblischen Genesis machen wir uns keine allzu großen Gedanken über den »ersten Punkt« einer langen Linie. Ob wir von Gott, von Gottes Schöpfung, vom »Urknall«, oder wovon auch immer sprechen, gibt es nur eine müßige Antwort auf die nichtgestellte Frage nach dem »Woher?«

Intensiver, weil angstbeladen, beschäftigt uns die Frage nach dem »Wohin?« Hier sind die Rezepte der Religionen gefragt, die von der Endlichkeit des Grabes bis zur Unendlichkeit des Universums reichen.

Zwischen dem »Woher?« und »Wohin?« macht sich noch eine dritte Frage breit: »Wozu?«. Das ist der Punkt, wo die religiös gefärbte Ethik – symbolisch in einem Freimaurer-Tempel – Platz nimmt.

»Woher?« »Wohin?« »Wozu?« Drei Fragen, die genau genommen keine sind, weil sie auf keine wirkliche Antwort warten; sie beinhalten nämlich die Antwort. Jeder, der diese Fragen stellt, kennt die Antworten, weiß, wohin sie steuern und legt symbolisch die denkende Stirn in Falten.

Die religiösen Wurzeln der Freimaurerei gleichen keiner metaphysisch-transzendentalen Offenbarung, sondern einer vernunftbedingten Erklärung der Endlichkeit und der Erkenntnis, daß man »wissenschaftlich unbeantwortete Fragen gleichwohl für sinnvoll halten« kann.[7] Die ersten beiden Fragen des »Woher?« und »Wohin?« kann man nur pessimistisch-materialistisch oder religiös-optimistisch beantworten. Im ersten Fall sind wir nichts anderes als ein »Zufallsprodukt« biologischer Wesen und enden in der körperlichen Auflösung, im zweiten Fall jedoch können wir uns als Akt der Schöpfung ansehen.

Die dritte Frage, nach dem »Wozu?« ist einfach zu beantworten, da diese Frage nach dem Sinn des Lebens trachtet. Die Antwort ist hier klar: Der Sinn unseres Lebens ist, einen Menschen zu lieben und sich für etwas einzusetzen (nach Viktor E. Frankl) und drittens, um Spuren zu hinterlassen, um nicht sang- und klanglos wieder in die unendliche Masse der Schöpfung einzugehen.

Menschen, die Gott leugnen, diese »atheistischen Gläubigen« und daher Anhänger des materialistischen Pessimismus, können zwei dieser drei Fragen nicht beantworten und haben daher auch keinen Platz in der Freimaurerei.

Reverend James Anderson, Autor der heute noch gültigen »Alten Pflichten« aller Freimaurer, deren Logen und Großlogen von der Großloge von England als »reguläre« anerkannt werden, hat sich entschieden gegen jedweden Atheismus ausgesprochen. Im Sinne und Geiste einer Überwindung konfessioneller Gegensätze schrieb Anderson im Kapitel »Von Gott und der Religion« in den »Alten Pflichten«: »Heute hält man es für ratsam, sie (gemeint: die Freimaurer) nur zu der Religion zu verpflichten, in der alle Menschen übereinstimmen, und jedem seine Überzeugung selbst zu belassen.« Bereits Anderson bestimmt die Funktion der Religion im maurerischen Leben als Grundlage und Garant von »Ehre und Anstand«, um »gute und redliche Männer« zu werden und zu bleiben.

Seit der Entstehung der »Alten Pflichten« (1723) berufen sich Freimaurer auf Anderson und auf die Religionsethik Kants, demnach die Freimaurer »über die Moral zu Gott gelangen und nicht umgekehrt [...]«[8]

Diese Prinzipien einer wirklich universellen Religion setzen sich nicht im ganzen Bereich des freimaurerischen Lebens durch; während in den ersten drei Graden die Konfessionalisierung unerwähnt bleibt, richten sich verschiedene Erkenntnisstufen in der sogenannten »Hochgrad-Freimaurerei« genauso nach der christlichen Lehre, wie das in Norddeutschland und in Skandinavien, in den »Christlichen Logen«, der Fall ist.

Der monotheistische Gottesglaube (»Theismus«) führt in der Freimaurerei konsequenterweise in einen »Deismus«, der eine breite Palette religionsbedingter ethischer Vorstellungen erlaubt.

Alfred Schmidt erinnert uns an den Mitunterzeichner der »alten Pflichten«, an Théophile Desaguliers (1683–1744). Der Physiker, Freund und Anhänger Newtons war Hugenotte und ein Anhänger der »Uhrwerk-Universum«-Idee Newtons, demnach Gott zwar, einem Uhrmacher gleich, das Universum schuf, doch sich nachher in das Geschehen nicht mehr einmengt. Mit dieser typisch protestantischen Vorstellung, die in der calvinistischen Prädestinationslehre (vorherrschende Vorausbestimmung) mündet, setzte Desaguliers den Anfang eines heute noch vorherrschenden Prozesses: den protestantischen Einfluß in der Freimaurerei.

Für die religiöse Vorstellung der Freimaurerei sind nur die ethisch-moralischen Lehren der Religionen entscheidend und nicht die unterschiedlichen Glaubensbestimmungen. Trotzdem war man, vor allem im 18. Jahrhundert, bemüht, vorgegebene religiöse Vorstellungen in die Logen zu transportieren, so z. B. die pantheistische Auffassung, daß sich das Göttliche in jedem Teil der Natur wiederfindet. Hier schließt sich – Jahrhunderte später – die Theosophie an, die lange Zeit das Gemischtsystem des »Le Droit Humain« stark beeinflußte.

Für die religiöse Vorstellung der Freimaurerei ist ihr Bindungscharakter entscheidend, nur so kann man die Andersonsche Forderung, daß ein Freimaurer kein »bindungsloser Freigeist« sein darf, verstehen. Damals, zu Andersons Zeiten, wie auch heute, berufen sich Freimaurer auf den »Großen Baumeister aller Welten« (GBAW), auf den »Welturheber« (Schmidt), der uns immer noch an den Newtonschen »Uhrmacher« erinnert.

Die christliche Erlösungslehre wird in der Maurerei als Aufforderung zu einem moralisch einwandfreien Leben verstanden. Dieses, wie auch alle anderen Formen des Lebens, spielen sich ausschließlich in der »Natur« ab. Selbst die verstorbenen (»vollendeten«) Brüder, »die uns in den Ewigen Osten vorausgegangen sind«, wie es im freimaurerischen Ritual heißt, bleiben »mit uns gemeinsam«. Die Einstellung und Meinung demonstrieren die Freimaurer am Grab ihres verstorbenen Bruders durch die »Kettenbildung« um das Grab.

Die Auslegung moralischer Postulate als grundlegende Bestimmung des Monotheismus hebt die Grenze zwischen Deismus und den drei Religionen (Judentum, Christentum, Islam) auf. Das unumstößliche Dasein des »einen-und-einzigen Gottes«, wie das uns das Judentum lehrt, geht nahtlos nicht nur in die moralische Verpflichtung der Armenspenden (Islam), sondern auch in die vorgeschriebene fromme Tugendhaftigkeit (Christentum) über; gewissermaßen »auf allen Linien« setzt sich die Moral als lebensorientierte transzendentale Bestimmung durch.

Religion, in welcher Form auch immer, ist pure Bedürfnisbefriedigung. Menschen haben das Bedürfnis, sich nicht ängstigen zu müssen und verfolgen stets kausale Erklärungsmodelle; sie haben auch nichts dagegen, die Selbstverantwortung verschiedenen Institutionen zu übertragen. Diesen psychologischen Bedürfnissen kommen die Religionen gerne nach: Sie nehmen – und schüren gleichzeitig – die Angst vor dem realen Leben, liefern unüberprüfbare Ursache-Wirkung-Erklärungen und übernehmen nur allzugern die Gesamtverantwortung des Einzelmenschen über sein und über das Leben anderer.

Je komplexer, je »amtshafter« eine zur Kirche emporgebaute Religion ist, desto eher kann sie die Aufgabe einer komplexen Bedürfnisbefriedigung erfüllen. Der im Prunk triumphierende römische Katholizismus und das orthodoxe Christentum haben die Erfüllung dieser und ähnlicher Bedürfnisse bestmöglich professionalisiert.

Seit Luther wollen immer mehr europäische und nordamerikanische Christen den Weg zurück zu den »Anfängen« gehen. Im Zuge der Entschlackung des römischen und byzantinischen Christentums entdeckt der Protestantismus die möglichst schlichte und schmucklose »Gemeinde« als Symbol der jüdisch-christlichen Urgemeinde. »Auf zu den Anfängen!« lautete der Lutherische »Schlachtruf«, und schon tobte der Dreißigjährige Krieg der Konfessionen, der in Nordirland heute noch weiter brennt. Der Protestantismus verlangt die religiöse Ursprünglichkeit, erreicht wurden Bürgerherrschaft, Kapitalismus und die Mißgeburten Kommunismus und Faschismus.

In diesem Prozeß der Entschlackung, der Rückkehr, schalteten sich als Kinder der Aufklärung die Freimaurer ein und suchten so etwas wie eine »Urreligion«.[9] Diesen Trend nahmen vor allem die französischen Brüder für sich in Anspruch und distanzierten sich vehement von der machtdemonstrierenden katholischen Kirche. Unter dem Einfluß der Amtskirchen wurde »der [...] rein moralisch motivierte Glaube zur Unkenntlichkeit überlagert [...]«.[10]

Die Theoretisierung dieser Gedankengänge beinhaltet auch gewisse Widersprüche. So z. B. bei dem englischen Aufklärer und Freimaurer David Hume (1711–1776). Hume behauptet, laut Alfred Schmidt, daß die Religion nichts bewußt Herstellbares, sondern ein entwicklungsgeschichtliches Produkt des menschlichen Geistes sei. Allerdings: »entwicklungsgeschichtliches Produkt« ist bewußt hergestellt und sicherlich kein historischer

Zufall von unbewußten Vorgängen. Alles, was der »menschliche Geist« herstellt, ist etwas Bewußtes.

Freimaurer sind keine Freidenker – und das seit Anderson nicht, der den Brüdern jede »religiöse Bindungslosigkeit« verbot. Wer die Vernunft, wie das die Freidenker pflegen, zur allein-und-alles beherrschenden »Göttin« erklärt, der findet nie den Zugang zum freimaurerischen Ritual.

Die von der Großloge von England anerkannten Logen (und Großlogen) müssen im geistig-rituellen Mittelpunkt die beiden Testamente (Altes und Neues) für alle Brüder sichtbar, meist beim Johannes-Evangelium aufgeschlagen vorlegen. Eine Freimaurerloge arbeitet nur dann »gerecht«, wenn alle »Großen Lichter« – die beiden Testamente gemeinsam mit Zirkel und Winkelmaß – für alle sichtbar auf dem Freimaureraltar aufliegen.

Bedingt durch den laizistischen Charakter der österreichischen Freimaurerei wird die Bibel nicht als Ausdruck der Christlichkeit verstanden, sondern als Sinnbild historisch-moralischer Überlieferungen. Alfred Schmidt führt diese Ansicht völlig zu Recht und richtig auf den reformatorischen Theologen Sebastian Franck (1499–1542) zurück, der »die Bibel nicht wörtlich, als historischen Bericht [...], sondern [...] als ewige Allegorie«[11] verstand.

Der naturreligiöse Pantheismus öffnet auch den maurerischen Laizisten den Weg zu einer akzeptablen Religiosität. Im leichten Gegensatz zu Alfred Schmidts Theorie, der in der Maurerei eine Verbindung zu »Mystik und Rationalismus« sieht, bin ich – aus der Praxis kommend – überzeugt, hier eher eine Koppelung des rationalen Denkens mit psychologischen Notwendigkeiten (Angst vor dem Tod) zu sehen. Daß dabei die reine Religiosität nur als Autotherapie eingesetzt wird, damit müssen die Freimaurer leben. Eine qualitativ wie quantitativ viel größere Rolle spielt die Religion im Gesamtverständnis maurerischen Lebens und logenwirksamer Theorie: Der »Große Baumeister aller Welten« ist nicht nur die absolute Spitze der geistig-psychischen Hierarchie, sondern gleichzeitig unser Grundsymbol. Ohne die innere Annahme des einzigen Gottes, den wir nicht unbedingt benennen müssen, findet kein »Suchender« den wirklichen Zu- und Eingang in die Freimaurerei. Das Wort »Annahme« verstehen wir in doppelter Hinsicht: als Hypothese und als Rezeption, als Vorstellung und als Aufnahme.

Für Skeptiker in der Freimaurerei gibt es die Religion ohne Gott, wie für orthodoxe Juden auch Gott ohne Religion existieren kann. Maurer, die in der Religion nichts anderes suchen als eine fundamentale und gleichzeitig überrationale Erklärung für ihre Ethik und Moral, könnten genaugenommen auf jedwede Religion verzichten. Dazu das erwähnte Gegenbeispiel: Der unerschütterliche Glaube orthodoxer Juden, die ihr ganzes Leben dem Studium von Gottes Schriften und Gedanken – für sie »thront« die Thora direkt im Himmel – widmen, könnte auf landläufige religiöse Diktionen verzichten. In diesem Sinne wird auch der »Rabbiner«, der kein Geistlicher sein muß, sondern »nur« ein weiser Mann, nicht zwischen Gott und den Gläubigen stehen, wie das im römischen Katholizismus der Fall ist.

Dieser Tradition folgt auch die religiöse Vorstellung der Freimaurer, die in ihrem »Salomonischen Tempel« Gott nicht huldigen, auch nicht anrufen, sondern ihre Ethik durch IHN bestätigen und begründen.

5. REALISTISCHE RELIGIOSITÄT

»Bausteine zum religiösen Universalismus« nennt Peter Strasser ein Kapitel seines bereits erwähnten Buches und drückt damit – sicherlich ungewollt – gleich zwei Grundelemente freimaurerischer Rituale und Religiosität aus: aus den mittelalterlichen Dombauhütten kommend, symbolisieren »Bausteine« masonische Grundhaltungen; die freimaurerische Weltenkette ist – gleich dem Christentum – universalistisch. Nicht zufällig haben wir »Rituale« und »Religion« in Zusammenhang gebracht, da die gedanklichen religiösen Vorstellungen der Freimaurer sich immer nur im Ritual manifestieren.

Wir wissen alle aus Erfahrung, daß die Grenze zwischen Religion und Ratio, zwischen Psyche und Philosophie, durchlässig ist; wir wissen nicht, wo die eine beginnt und die andere aufhört und – was noch wichtiger ist –, die eine kann nicht ohne die andere existieren; erst recht nicht in der Freimaurerei. Dazu zwei Beispiele:

- Wir nehmen an, daß der »Urknall« mehr als eine, in seiner Wirkung verkehrte vorgeschichtliche Atom-, Hydrogen- oder

Schwedenbombe war, deren süße Wirkung wir heute noch genießen. Trotzdem interessiert uns, was vor dem »Urknall«, der nicht Leben auslöschte, sondern welches schuf, war, was davor existierte. War es vielleicht Gott? Oder »nur« das »Absolute«, das Strasser für die »Quelle des Lebens« hält. Das Absolute ist nicht nur undefinierbar, sondern auch unwertbar, wir können es nicht werten. Aus diesem Grund tritt uns das Absolute eher passiv entgegen. Gott hingegen ist auch dann aktiv, auch wenn er sich nach der Schöpfung aus dem Gesamtgeschehen zurückzog und die weitere Gestaltung den Menschen überließ. Bei diesem Punkt schaltet sich die Ratio als freimaurerisches Werkzeug der Vernunft unwiederbringlich ein. Ab nun können wir Religion und Ratio so gut wie überhaupt nicht mehr auseinanderhalten.

- Die Psyche verarbeitet und aktiviert gleichzeitig die philosophischen Erwägungen. Und das ist gut so, ansonsten wird die Philosophie in ein luft- und lebensleeres Exil verbannt, wo sie höchstens einige vom Leben und von der nicht geglückten akademischen Karriere enttäuschte Schulphilosophen beherbergen kann.

Auf die großen, angsterfüllten Lebensfragen kann die Philosophie so gut wie keine einfachen Antworten geben. Dafür ist die Religion zuständig. Auf die philosophischen Antworten gibt es zahlreiche psychologische Fragen; so z. B. auf den politisch-literarischen Existentialismus des Jean-Paul Sartre, oder des Spätmarxisten Herbert Marcuse. Wer die wirklichen Beweggründe der greisen Jugendlichen und der infantilen Alten (1968) verstehen will, der muß die Psychologie zu Rate ziehen.

Auf der Seite des freimaurerischen »Absoluten« stehen Gott und die Ethik. Die beiden Wunschvorstellungen nach »Wahrheit« und »Moral« sollten Gott bzw. der Ethik untergeordnet werden, da es eine (irdische) »Wahrheit« weder in den Logen noch im profanen Leben gibt. Die »Moral« wiederum ist nichts anderes als angewandte Ethik. Die Aufgabe der »Moral« ist es, die Hülle der Ethik, die »gut« und »böse« nur theoretisch definieren kann, mit gruppenspezifischen Inhalten zu füllen. So will die Moral der Maurer Leben erhalten, die Moral der Mafiosi wiederum Leben auslöschen.

Die Moral charakterisiert unser Verhalten und liefert gleichzeitig auch die häufig notwendigen Entschuldigungsmuster. So gelingt es uns, das »Absolute« der Ethik zu relativieren. Die Moral erst macht die Ethik anwendbar. Die ethischen Postulate – von den Zehn Geboten bis zum Kategorischen Imperativ – sind oft nicht mehr wert als das Papier, auf das sie bzw. der Stein, auf den sie geschrieben wurden. Erst die »Moral«, diese Geburtshelferin der Ethik, schafft Praxis und Anwendbarkeit.

So wie die orthodoxen Juden davon überzeugt sind, daß die Thora im Himmel »thront«, so glauben Freimaurer, daß die Ethik als Teil des »Absoluten« vor Gottes Füßen liegt. So gesehen bleibt Gott – auch hier einzigartig – allein; allein im »Absoluten«. Das ist auch die religiöse Basis der Freimaurerei.

Das »Absolute« kann nur universell sein; alle anderen für spezielle Menschengruppen maßgeschneiderten Glaubensinhalte entbehren jedweden (freiwilligen) Universalismus. Peter Strasser zitiert hier die Formulierung der »Skeptischen Religiosität« von Franz Schuh und erwähnt die scheinbare Unmöglichkeit eines wirklichen religiösen Universalismus. Strasser behauptet zu Recht, daß »nicht alle Menschen gute Gründe« haben, z. B. die religiösen Dogmen des Christentums (Dreifaltigkeit, Jesu Auferstehung usw.) anzuerkennen.

Die religiöse Vorstellung der Freimaurerei geht, wie schon erwähnt, einen anderen Weg; die »Alten Pflichten« sprechen von einer »Religion-aller-Menschen«. Deshalb läßt die Freimaurerei keine konfessionelle Einengung zu und verneint auch jedweden Zwangsuniversalismus. Christliche Missionare und muslimische Heerführer gingen den Weg der religiösen Unfreiheit stets mit Vergnügen und Waffengewalt. Daher kann es keinen praktikablen freien konfessionellen Universalismus geben. Deshalb spricht man in den Logen nicht von einer »skeptischen Religiosität«, sondern von einer »realistischen Religiosität« aller Menschen.

Zwar vollzog Paulus, der wirkliche Gründer des Christentums, durch die Missionierung auch von Nicht-Juden einen ersten Schritt in Richtung Universalismus, doch verhinderte der dogmatische Ballast folgender Jahrhunderte jedwede freiwillige Ausbreitung.

Konfessionen können im Gegensatz zur »Gottesvorstellung« (Peter Strasser) im allgemeinen und zur »religiösen Realität« der Freimaurer nie wirklich universal sein. Der oft zitierte »Kampf der Kulturen« ist eine Fortsetzung der Religionskriege, mit anderen, subtileren Mitteln. Im Gegensatz zu den Kulturen vollzieht sich der Kampf der Religionen meist aus Konkurrenzgründen, daher ist die zahlen- und machtmäßige Überlegenheit der einen Religion zu Lasten einer anderen ohne substantielles Gewicht. Der Kampf der Kulturen wird mit ungleichen Waffen ausgetragen: auf der einen (westlich-zivilisatorischen) Seite werden nur die Argumente von Wohlstand und Demokratie eingesetzt, auf der anderen (religiösen) das gesamte Instrumentarium von der Gehirnwäsche bis zum Terrorismus. Selbst der protestantische Hintergrund der US-Armee leuchtet bedeutend schwächer als das Gekränktsein einer Nichtannahme der amerikanischen Politik in Kontinentaleuropa. Religion spielt in den USA nur in der Innen- aber nicht in der Außenpolitik eine wesentliche Rolle.

Der machtinstrumentale politische Einfluß der Religionen ist ohne Zweifel eine außereuropäische Erscheinung, wobei er in der protestantischen Formation (USA), aber auch im Islam die einstige Vielschichtigkeit verloren hat. Genauso wie die zusammengeschmolzenen Farben des Regenbogens immer nur Weiß ergeben, werden die politisierenden Religionen des Protestantismus und des Islam immer einfacher, uniformer, leichter durchschaubar. Nicht anders in der Freimaurerei. Wie die meisten geistigen Wurzeln der Freimaurerei, so werden auch die religiösen überlagert, zugeschüttet.

6. VOM ALTEN TESTAMENT ZU DEN »ALTEN PFLICHTEN«

Das gesamte freimaurerische Ritual, vor allem in den beiden Hochgradsystemen (»Schottischer Ritus« und »York Ritus«), wurzelt primär im Judentum, oder zumindest im Alten Testament. Daher ist es unsere wichtigste Aufgabe, die »jüdischen« Quellen der Maurerei aufzudecken, die nur zum geringen Teil die Ursache des relativ hohen Anteils jüdischer Bürger in den Logen bis zum Holocaust war. Der wirkliche Grund war vielmehr der liberale Geist, der in den meisten Logen vorherrscht(e).

Zu den historischen Lichtgestalten der Freimaurerei gehört an erster Stelle König Salomo; in seinem, im Ersten Jerusalemer Tempel fühlen sich heute noch die Freimaurer, wenn sie sich im Freimaurer-Tempel zur rituellen Arbeit treffen.

Sicherlich war König Salomo, mit allen seinen Widersprüchen, vor allem aber dank einer geistig-moralischen Entwicklung der erste »Bruder ohne Schurz«, wie Freimaurer Profane nennen, die eigentlich zu ihnen gehören sollten. Deshalb setzen wir uns hier mit König Salomo etwas ausführlicher auseinander. Salomos religiöses Verständnis und Gottesglaubenspraxis ähnelt stark der einschlägigen freimaurerischen geistigen Mentalität.

Aufklärung ist Wandlung in sich. Am Kreuzungspunkt von äußeren Bedingungen und inneren Bedürfnissen entsteht die Aufklärung als Wegweiser einer neuen Richtung, die meist die »alte Ordnung« ablöst.

Um die Aufklärung als historisch gewachsene Ideologie zu verstehen, ist es notwendig, die einzelnen ideengeschichtlichen Perioden, eingebettet in ihre jeweilige Epoche, zu verstehen, wobei wir sieben Perioden unterscheiden können:

- Moses und der Monotheismus: Moses, ob Jude oder Ägypter, ob Findelkind oder außerehelicher Sohn der Pharaonentochter, entdeckte die organisatorische und aufklärerische Kraft des Monotheismus und machte diesen zum Grundstein unserer Kultur und Zivilisation. Wie die menschliche Intelligenz, so schuf auch der Eingottglaube den Boden für das Gute und für das Böse. Die vornehmste freimaurerische Aufgabe ist es, das Gute in der Gesellschaft zu fördern und das Böse in uns zu minimieren.
- Salomo und die Strukturreform: Salomos Aufklärungsarbeit wurzelt in der entscheidenden Reform aller einschneidenden Strukturen seiner Zeit. Vor allem seine religiöse Toleranz motivierte und mobilisierte alle Kräfte der Aufklärung.
- Jesus und die Jakobiner: Jesus Umgang mit den gesellschaftlichen Randgruppen erinnert uns an die jakobinische Aufwertung des »Volkes«. Seine Radikalität (»Bergpredigt«), seine Kompromißlosigkeit und sein unbeugsamer Glaube an Gott (»Vater«) erfüllten die gleiche aufklärerische Wirkung wie die jakobinische »Gesellschaft der Verfassungsfreunde«. Es ist kein Zufall, daß dieser wohl wichtigste politisch-parlamentarische Klub der revolutionären Nationalversammlung nach seinem Tagungsort (Pariser Kloster St. Jakob) benannt wurde. Neben dieser positiven gibt es auch eine negative Ähnlichkeit: beide Lehren mündeten – vorübergehend – in eine Terrorherrschaft.

- Rom und das Rechtssystem: Roms Regierung über die halbe Welt, dieses mächtige System, das vom Gründer Romulus (753 v. Chr.) bis zum Liquidator Romulus (476 n. Chr.), diesem letzten Kaiser des Westreiches, der vom Ostgoten Odoaker abgesetzt wurde, reichte, hinterließ vor allem mächtige Spuren in unserem Rechtssystem. Die Idee der römischen republikanischen Verfassung (Senta, Magistratur und Volksversammlung) lebt jedoch noch heute weiter. Dieses Drei-Säulen-Rechtssystem existierte, wenn auch machtpolitisch stark eingeschränkt, in der Kaiserzeit weiter.
- Luther und die Lebensfixierung: Luthers Kampf gegen Papsttum und katholische Kirche – seine 95 in Wittenberg angeschlagenen Thesen (1517) richteten sich vor allem gegen den blühenden Ablaßhandel der Kirche – mündete in einer persönlichen (direkter Zugang der Gläubigen zu Gott) und in einer politischen Lebensfixierung (Staat organisiert die Kirchenordnung).
- Napoleon und die Neuordnung: Napoleon ordnete die chaotischen politischen Forderungen der Revolution (»Freiheit« und »Gleichheit«) in seinem Codex (1804). Dieser letzte Herrscher des aufgeklärten Absolutismus machte den katholischen Klerus (Konkordat mit Pius VII.) vom Staat abhängig. Nachdem er das Ancien régime zerstörte, erzwang er in Europa eine moderne Verfassung und eine neue, bürgerliche Territorialordnung.
- Freud und die Früherfahrung: Freud suchte und fand die Wurzeln unserer Neurosen in der Kindheit und von hier aus rollte er die Triebenergien (Todes-, Destruktions- und Sexualtrieb) als Ursache individueller und kollektiver Fehlhaltungen auf. Die Sublimation unserer unerfüllten Triebe und Wünsche führt zu kulturellen (Höchst-)Leistungen.

Diese sechs Geistesgiganten der menschlichen Geschichte, ergänzt durch das Römische Reich, können auch als die wichtigsten Meilensteine der Aufklärung insgesamt angesehen werden.

7. MORAL STATT MYSTIK

In den in jeder Hinsicht reich verzierten Reihen der Freimaurer sind auch die Mystiker zu Hause, welche die Wurzeln der Freimaurerei in mystischen Vorzeiten des menschlichen »Fühlens-statt-Denkens« zu erblicken glauben. Da werden die obskuren Geschichten zwischen Theben und Mesopotamien er- und aufgezählt, wobei die Isis-Osiris-Legenden nicht nur in Bruder Mozarts »Zauberflöte« vorkommen.

Mystik bedeutet eine »Abkehr von Immanenten, vom Diesseits. Freimaurerei hat aber ethisch-moralische Verbesserung oder gar Vervollkommnung des Menschen für das Diesseits zum Ziel.«[12] Genau aus diesem Grund finden wir in der Freimaurerei keine mystischen Wurzeln, nicht einmal Spurenelemente dieser gefühlsorientierten Denkweise. Auch die religiösen Elemente der Freimaurerei entbehren jedweder Mystik von jenseitiger verschwommener Dunkelheit, da die Maurerei immer – auch in ihren religiösen Ausrichtungen – licht- und diesseitsorientiert ist.

Die freimaurerischen Zeichen und Symbole haben nichts Mystisches in sich, auch die »Initiation« (Aufnahme und weitere Graderteilungen) hat keinen mystischen Ursprung. Solche Initiationen kennen wir seit Menschengedenken; die Mannwerdung in Religionen und bei den Naturvölkern, der soldatische oder staatsbürgerschaftliche Eid auf die Nationalfahne usw., das alles sind Initiationsrituale, deren religiöser Ursprung eindeutiger ist als der mystische Inhalt.

Auch die sogenannte freimaurerische Esoterik ist nichts Mystisches. »Esoterik« wird zwar mit »Geheimlehre« übersetzt, als »Wissen für Eingeweihte«. Der »geheime« Charakter der maurerischen Esoterik jedoch ist nicht auf religiöse Bräuche und Inhalte rückführbar, sondern auf die schlichte Tatsache, daß die Brüder seit 1717 in fast allen Ländern der Welt zu gewissen Zeiten brutal verfolgt wurden. So wurden sie gezwungen, wie die verfolgten Christen in Rom, die mit der Todesstrafe bedrohten Juden in Spanien, ihre Existenz geheimzuhalten. Deshalb bedeutet Esoterik zunächst nichts anderes als für »eingeweihte Mitglieder das Gebot des Schweigens [...] gegenüber Außenstehenden [...]«, wie das die Brockhaus-Enzyklopädie formuliert. Diese Geheimhaltung wird mit der »disciplina arcani« umschrieben.

Freimaurerei ist weder Religion, noch Religionsersatz; sie entnimmt die ethisch-moralischen Elemente aus Judentum und Christentum. Die zahlreichen Vergleiche aus beiden Testamenten sollen die Freimaurer nicht zum Judentum oder zum Christentum hinführen; die Analogien dienen nur der rituellen Dramaturgie der freimaurerischen »Arbeiten«. Das »Dasein im Diesseits«[13] steht immer im Mittelpunkt des freimaurerischen Rituals und der maurerischen Moral, beide ohne Mystik.

Die religiöse Welt der Freimaurerei ist, im Gegensatz zu den monotheistischen Konfessionen, diesseitsorientiert. Da Mystik Glaube und Vermittlungsschiene religiöser oder weltlicher Legenden ist, verzichtet die Freimaurerei auf die Mystik und sucht sich andere Ordnungsprinzipien.

Die Religionsstifter berufen sich entweder direkt (Moses, Mohammed) oder indirekt (Paulus) auf Gott. Die kommunistischen und faschistischen Gründer und Führergestalten lassen sich gottähnlich anhimmeln. Beiden religiösen wie weltlichen Gestalten ist der Pflichtglaube an die jeweilige Vorsehung und das Versprechen des Paradieses diesseits oder jenseits irdischer Grenzen gemeinsam. Und noch etwas verbindet die zahlreichen Religionen und Ersatzreligionen miteinander: die Angst vor dem Chaos. In diesem einen Punkt reiht sich auch die Freimaurerei zu den diesseits- und jenseitsorientierten Glaubensrichtungen: auch sie verneint das Chaos. Das maurerische Rezept gegen das Chaos heißt »Moral« als verwirklichte Humanität.

Die Religionen drohen dem Zuwiderhandelnden mit himmlischer Strafe, mit einem rächenden Gott. Freimaurer wollen sich dieser überirdischen Sanktionen nicht bedienen, sie können – wie es im Aufnahmeritual heißt – nur mit der »Entziehung unserer Achtung« drohen, mit dem Ausschluß aus der maurerischen Gemeinschaft. Abgesehen vom Zugehörigkeitsverrat – Freimaurer dürfen nur sich selbst »outen« – gilt nur die gröbliche Verletzung masonischer Zielsetzungen (»Toleranz« und »Humanität«) als Zuwiderhandlung. Ansonsten ist die Freiheit eines Maurers nahezu grenzenlos.

Die spekulative Freimaurerei ist seit 1717 ein Kind der handwerklichen Dombauhütten- und Zunftmitglieder, dieser einst operativen Gemeinschaften mit ihren hierarchischen Strukturen (Lehrling – Geselle – Meister) und ihren konkreten Zielsetzungen

(Errichtung der Kathedralen). Nur so ist der heute noch gängige Ausdruck, der gleichzeitig auch Zielrichtung und Zielvorgabe ist – »Der Bau am Tempel der allgemeinen Menschenliebe« – zu verstehen. Die spekulativen, also nicht mehr handwerklichen Mitglieder der Bauhütten nannten sich »Angenommene Maurer«; dieser Begriff lebt heute noch in vielen freimaurerischen Organisationen weiter. Daher nennen sich mehrere Großlogen »Alte, Freie und Angenommene Maurer«.

Nichtkenner der Freimaurerei behaupten fälschlicherweise, daß in den operativen Bauhütten mystische Kulthandlungen vollzogen wurden. Diese Mißdeuter der maurerischen Geschichte suchen deshalb auch in den Reihen der spekulativen Bauhütten (Logen) nach mystischen Inhalten.

Allerdings: Auch in der freimaurerischen Literatur stoßen wir immer wieder auf Autoren mit dem Hang zu mystischen Spielarten. So ist z. B. Wolfgang Scherpe (»Das Unbekannte am Ritual«) davon überzeugt, daß die Maurerei ein »Mysterienbund« ist. Sogar der langjährige Großmeister der »Vereinigten Großlogen von Deutschland«, Theodor Vogel, suchte nach maurerischen Ursprüngen in alten Mysterienkulten. Andere, gleichfalls bekannte Freimaurer-Autoren, wie Jürgen Holtorf (»Die Logen der Freimaurer«), Erich Soffert (»Bauhüttenordnung und Hüttengeheimnis«, in: »Humanität«, 2/1983) und Jacob Katz (»Jesus and Freemasons in Europe, 1723–1939«) verneinen diese Wurzeln der Freimaurerei.

Die religiösen und keineswegs mystischen Inhalte der Freimaurerei sind vor allem historisch bedingt, da die römisch-katholische Kirche die einzige Auftraggeberin für die Arbeiten der Bauhütten war. Die Mitglieder der Bauhütten, vor allem ihre Meister, waren keine simplen Arbeit- und Auftragnehmer, sie vereinten handwerklich-künstlerisches Können mit der Idee des Christentums. Nur so ist es verständlich, daß selbst in den laizistischen Logen im geistig-rituellen Mittelpunkt die Bibel beider Testamente steht. Noch ausgeprägter erleben wir den christlich-kirchlichen Einfluß in den Logen und Großlogen der »christlichen Freimaurerei« in Norddeutschland und in Skandinavien. Da in diesen europäischen Ländern und in den USA nicht die katholische, sondern die evangelisch-protestantische Kirchen staatstragend-maßgeblich sind, wandte sich die Freimaurerei vor allem in diesen Staaten dem protestantischen Christentum zu.

Auf den religiösen Unterbau der Freimaurerei »setzte« sich der christliche Überbau, der nicht nur historisch (die Kirche als Auftraggeberin für die Bauhütten), sondern auch ideell bedingt war: Die Anglikanische Hochkirche hat sich vom Papsttum abgewandt und eine eigene, nationale wie religiöse Richtung gesucht und gefunden. Die englische Freimaurerei, die »Muttergroßloge«, kannte daher keine revolutionären Inhalte, und so untersagten die »Alten Pflichten« von Anfang an religiösen Atheisten und politischen Aufwieglern den Zugang zu den Logen. Die Freimaurerei ist zwar ein »Kind der Aufklärung«, aber nicht des späteren, revolutionären Jakobinismus, sondern der Kantischen Philosophie, die den Gottesglauben zwingend vorsah.

Die religiösen Wurzeln, die gleichzeitig auch als esoterische Grundlage der Freimaurerei gelten, sind nicht nur jüdisch-christlicher, sondern vor allem protestantischer Natur. Das nicht nur, weil Reverend Anderson ein anglikanischer Geistlicher war, sondern aus zahlreichen anderen Gründen, die wir teilweise schon erwähnt haben. Neben der ablehnenden bis feindseligen Haltung der katholischen Kirche ist die Nähe der Freimaurerei zu den protestantischen Kirchen mehrfach einsichtig.

Vergegenwärtigen wir uns die historische Entwicklung:

- Vor über 3500 Jahren gelang es dem ägyptischen Prinzen Moses, der aus dem alten Echnaton-»Sonnengott«-Glauben den (späteren) Monotheismus formte und sich selbst als Neo-Hebräer dazu bekannte, aus der Vielgötterei der versklavten Nomaden »diesen, einen, unseren Gott« zu offenbaren.
- 2000 Jahre ist es her, als zwölf Männer und einige Frauen behaupteten, daß ihr jüdischer Sektenführer nicht nur der lang erwartete Messias, sondern sogar Gottes Sohn sei.
- Seit dieser Zeit feiern Christen das berühmte »Letzte Abendmahl«, und die Katholiken sind davon überzeugt, daß – wenn sie zu bestimmten Zeiten und Anlässen Wein und Brot verzehren – sie dabei die unmittelbare Gegenwart Jesu Christi erleben. Zumindest seit dem 4. Jahrhundert (Johannes Chrysostomos und der Syrer Ephraim) wissen Katholiken, daß während der Eucharistiefeier »Gott in Brot und Wein« wirklich vorhanden ist.

• Diese katholischen Sakramentsfrömmigkeit teilen evangelische Christen nicht. Sie sehen im eucharistischen Abendmahl nicht den lebendigen Leib Christi, sondern nur ein Symbol, mit dem sie ihre Erinnerungsfeier begehen.

So gesehen trifft der Gründonnerstagsbrief des Papstes (Ostern 2003) den wahren katholischen Inhalt des Eucharistie-Glaubens. In seinem Schreiben verteidigte der Papst die »kosmische Eucharistie« als etwas »gut Katholisches« und lehnte jedwede gemeinsame Eucharistie mit den Protestanten ab. Gegen die Weinverwässerung schrieb der Papst 62 Kapitel seines Schreibens an alle Katholiken dieser Welt. Für den Papst – und eigentlich für jeden katholischen Christen – muß die Eucharistie mehr sein als ein reines Symbol des Messias.

Mit der Eucharistie, mit diesem letzten Brudermahl, an dem nur Männer teilnahmen, sind Protestanten bemüht, alle Gegensätze der alter Tradition kämpfender, schießender, mordender (siehe Dreißigjähriger Krieg) oder nur diskutierender Männer an der »Weißen Tafel« – wie auch Freimaurer den Raum ihres Brudermahls nennen – zu überdecken. Die hier zum Ausdruck gelangte Interkonfessionalität entspricht zwar dem modernen, toleranten, freimaurerischen, aber nicht dem katholischen Geist.

Das freimaurerische Brudermahl an der »Weißen Tafel« ist natürlich keine Ersatz-Eucharistie, sondern folgt der alten Männertradition der Jäger: Nach getaner Arbeit setzt man sich beim Essen und Trinken wohlgefällig zusammen und versucht dabei, alle Gegensätze, die auch in der Welt der Freimaurer-Brüder nicht unbekannt sind, wohlgefällig zu überbrücken; manchmal auch nur zu übertünchen.

Das protestantische Harmoniebedürfnis stößt in der Frage der gemeinsamen Eucharistie auf die katholische Beharrlichkeit der religiösen Identität. Freimaurer denken auch in dieser Frage – jetzt bereits Brudermahl ohne Eucharistie – »protestantisch«: Menschen wie Brüder kommen nicht nur »durchs Reden«, sondern auch »durchs Essen« zusammen.

Die »Protestantisierung« freimaurerischer Gesinnung funktioniert nur innerhalb einer Großloge; analog der römischen Enzyklika von Ostern 2003 (Verbot der Interkommunion und der Interzelebration von Gottesdiensten) lehnen auch die von der Großloge von England »anerkannten« freimaurerischen Organisationen die gemeinsame rituelle Arbeit mit »irregulären« Freimaurerinnen und Freimaurern ab. Toleranz und Harmonie kennen die »regulären« Freimaurer in diesen Fragen nicht; dafür umso mehr Unverständnis und Mißtrauen. Auch hier zeigt sich der traditionelle Bezug zur christlichen, diesmal zur katholischen Kirche.

8. ATHEISMUS IN FRANZÖSISCHEN LOGEN

Im Gegensatz zur »regulären« (englischen) Freimaurerei hat sich die französische – im Schatten einer absolutistisch-klerikalen katholischen Kirche – antireligiös, atheistisch entwickelt. Dementsprechend ist die »französische« Richtung »politisch-sozial [...] motiviert und orientiert, wozu sich ein antiklerikaler Zug gesellt«.[14]

Seit der Gründung der »United Grand Lodge of England« (»Vereinigte Großloge von England«) im Jahre 1813 werden nur solche nationalen Großlogen anerkannt, deren einzelne Logen sich zu einem, wenn auch nicht unbedingt personifizierten »Glauben an ein höheres Wesen« bekennen. Daher: Atheismus in der Freimaurerei ist irregulär.

Wie sehr die angloamerikanische Freimaurerei christlich-religiös orientiert war, beweist auch der feierliche Eid des ersten Präsidenten Amerikas, des Freimaurers George Washington, der seinen Eid auf die Bibel der New Yorker St. John's Lodge No. 1 vor dem Staatskanzler Robert R. Livingston, der gleichzeitig Großkanzler der Großloge von New York war, ablegte. Seither unterhalten die US-Logen gute und enge Beziehungen zu verschiedenen protestantischen Kirchen.

Einen gänzlich anderen Weg ging die Freimaurerei in Frankreich, die, allein durch ihre Zerrissenheit, im Gegensatz zur englischen Freimaurerei, kaum Weltgeltung erlangte:

- Die »Grande Loge Nationale Français« (9000 Mitglieder) wird von der Großloge von England voll anerkannt
- Die »Grande Loge de France« (15.000 Mitglieder) ist zwar antiatheistisch, trotzdem wird sie von der Großloge von England nicht anerkannt

- Der »Grand Orient de France«, mit 30.000 Mitgliedern die größte freimaurerische Organisation des Landes, hat die christliche Bibel beider Testamente durch ein weißes Buch ersetzt. Der GO gilt als der eigentliche Gegenpol zur regulären englischen Freimaurerei.

Neben Frankreich und Belgien finden wir die GO vor allem in den europäischen Mittelmeerländern, in einigen osteuropäischen Staaten und in Rußland wieder.

Bereits die Anfänge der Freimaurerei in Frankreich waren nicht unkritisch; zwar waren es englische Brüder, welche das maurerische »Licht« nach Frankreich brachten, sie gründeten 1725 die Loge »Au Louis d'Argent« in Paris, doch waren diese »Lichtbringer« keine Protestanten, sondern Katholiken. Es ist also anzunehmen, daß bereits die Gründung der französischen Logen unter einem politischen Stern stand, da die katholischen Engländer in Frankreich religiöse Emigranten waren. Seit dieser Zeit kann sich ein Großteil der französischen Brüder aus der Umklammerung der Politik nicht mehr befreien.

So ist es kein Wunder, daß die französische Freimaurerei ihren Schwerpunkt bald auf die politische und deshalb nichtreligiöse – wenn auch nicht »antireligiöse« – Schiene stellte. Brüder wie der Enzyklopädist d'Alambert, Dichter und Philosophen wie André Chenier, Montesquieu, Voltaire und Beaumarchais, die Politiker und Militärs Diderot, Danton und Lafayette und auch der Amerikaner Benjamin Franklin, der als Diplomat sein Land in Paris vertrat, übten zu ihrer Zeit eine freie, auch religionslose freimaurerische Tätigkeit aus.

Es wäre trotzdem falsch, die französische Freimaurerei mit der »Großen Revolution«, vor allem mit ihrem blutigen Ende, in Einklang zu bringen. Erst 1878 wurde die größte Großloge des Landes, der »Grand Orient«, von der Großloge von England für »irregulär« (Weißes Buch statt Bibel, Aufnahme von Atheisten) erklärt.

Wie wenig die »atheistische« Freimaurerei mit der Französischen Revolution zu tun hatte, beweist die »blutige Unterdrükkung der Freimaurerei« in der Zeit der Revolution. Selbst der »Großmeister ›Philippe Egalité‹ verleugnete inmitten der Revolution seine Mitgliedschaft in der Freimaurerei [...]«, wie es Stefan Nöbauer in einem Wiener Vortrag erwähnt.

Die Freimaurerei in Österreich – die erste Loge in Wien entstand 1742, deren prominentestes Mitglied Herzog Franz Stephan von Lothringen, der spätere römisch-deutscher Kaiser, war – und in Deutschland, wo 1737 als erste die heute noch arbeitende Loge »Absalom zu den drei Nesseln« gegründet wurde, gehörten von Anfang an zur regulären, englischen nichtatheistischen Freimaurerei. Ähnlich ist die Situation in der Schweiz: 1736 entstand die erste, allerdings von Engländern gegründete Loge in Genf, und seit 1844 arbeitet die Großloge »Alpina« sehr erfolgreich, in deren Reihen sich auch der Gründer des Roten Kreuzes, Henri Dunant, befand.

Die Frage der Ethik bzw. der Moral spielt vor allem in den deutschsprachigen Logen eine wesentliche Rolle, da man in diesen Großlogen die kantische und nicht so sehr die französische Aufklärung zum geistigen Mittelpunkt gemacht hat. Unter Ethik verstehen wir, wie bereits erwähnt, die allgemeine Sittenlehre, und unter Moral die angewandte Ethik, die eigentlichen Verhaltensnormen.

Kant, der strenge Formalist, der jedwede praktische Auslegung verpönte, gilt in Freimaurerkreisen als »Vater der Pflichtethik«; er leitet die Sittenlehre aus dem Gebot der Vernunft ab und formulierte im »Kategorischen Imperativ« (KI): »Handle so, daß die Maxime deines Willens jederzeit zugleich als Prinzip einer allgemeinen Gesetzgebung gelten könnte.«

In dieser Kantischen Philosophie verbergen sich zahlreiche, ideell höchst willkommene Zauberworte für deutschsprachige und für calvinistische Brüder: »Vernunft«, »Sittenlehre« und »Pflichtethik«. Auch die Handlungsaufforderung und die Zurschaustellung ethischen Verhaltens schmeicheln der gut ausgeprägten Eitelkeit vor allem der protestantischen Brüder.

Kants berühmter KI-Befehl sagt genau genommen nicht viel aus, da der Königsberger Eremit einen wahren Horror vor inhaltlichen Auslegungen hatte. Seien wir jetzt etwas spitzfindig-zynisch: Der »Wille« der Mafiosi ist das Töten auf Befehl und so wäre es ohne weiteres möglich, die »Maxime« dieses »Willens« zum »Prinzip einer allgemeinen Gesetzgebung«, zumindest in Mafiakreisen zu machen. – Natürlich meinte Kant nicht diese Art des ethischen Handelns, doch läßt seine akademische Abgehobenheit auch diese (Miß-)Interpretation zu.

Kants Ethik wurzelt zwar nicht so sehr wie die Spinozas in religiösen Vorstellungen, doch war auch Kant von der Existenz Gottes, den er so gut wie nie beim Namen nannte, überzeugt. Auch in diesem Punkt gilt die Kantische Ethik als Vorläuferin freimaurerischen Denkens, und das von Anbeginn an. Erinnern wir uns: Im Jahre 1723 erschien im Auftrag des englischen Großmeisters das Konstitutionsbuch (»Alte Pflichten«) des anglikanischen Geistlichen J. Anderson. In diesem heute noch geltenden »Grundsatz der Bruderschaft«[15] gibt es mehrere Hauptstücke, wobei die ersten beiden (»Von Gott und der Religion« und »Von der bürgerlichen Obrigkeit«) die wichtigsten sind.

Kant lehrt uns, mit der Relativierung der Ratio, mit der Begrenztheit der Vernunft zu leben und dabei weder zu verzweifeln, noch in grenzenlosen Irrationalitäten das (Pseudo-)Heil zu suchen. Auf diesen gedanklichen Schienen verläuft Kants und auch das freimaurerische Gottesverständnis. Gott ist für Kant – und für die Freimaurer – der »absolute Anfang« und so kann ER mit den bloßen Mitteln der Vernunft nicht verstanden werden. Bei diesem Punkt verliert auch der Agnostizismus jedwede »Glaub«-Würdigkeit. Der Agnostizismus, dieser schwachbrüstige Verwandte des Atheismus, den Peter Strasser richtigerweise »für eine in sich unverständliche, nichtintelligible Position« hält, verbaut den wirklichen Zugang zur Freimaurerei.

Die Freimaurer wissen, daß der Anfang der Schöpfung kein erfahrungsmäßig feststellbarer Anfang, sondern nur ein gedanklicher Beginn sein kann. Und genau diesen Gedanken verstehen die Freimaurer als die wortgewordene Lehre, als »Logos«. So wird der Logos, der einen festen Platz im freimaurerischen Ritual hat, zum theoretischen Aufbau des masonischen Gottesbegriffes. Auch die praktische Seite des freimaurerischen Gottesbegriffes bewegt sich auf kantischen Spuren und bestimmt das zentrale masonische Lebensanliegen: die Moral.

Das religiöse Verständnis der Freimaurerei ist genausowenig Selbstzweck wie alles andere in diesen Ritualen; sie dient zum Einver*leib*en einer Art eucharistischen Sittenlehre, einer moralischen Einstellung, die in »Fleisch-und-Blut« der Brüder übergehen muß. Kant sagt, daß »die wahre Religion in der Befolgung des Sittengesetzes bestehe, das jedem Menschen kraft seiner Vernunft als absolut bindend erkennbar sei.«

Dieses »Bindende« ist für die Freimaurerei, die sich stets auf die »Vernunft« beruft, erkennbar und lebensnah verwirklichbar. Alles, was darüber hinausgeht, ist bereits Konfession, nicht verwendbar für die humanistische Freimaurerei, wie sie z. B. in Österreich verstanden und praktiziert wird.

Kant, und damit auch die Religion der Freimaurer, ist weder konfessionell, noch antikonfessionell ausgerichtet, sondern strikt monotheistisch, da die Vielgötterei – die im christlichen Volksglauben mit der Heiligenverehrung vergleichbar ist – lediglich ein Zeichen abergläubischer *Brauch*barkeit ist und nur eine metaphysische Schutzfunktion ausübt.

Die natürliche Religion Kants – und der Freimaurer – ist für die Konfessionen also nicht anwendbar, da diese mit einem universellen Gottesglauben nicht viel anfangen können; weder die strikten (Judentum), noch die aufgelockerten Regeln (Christentum) sind für alle Menschen dieser Welt akzeptabel. Die religiöse Universalität dürfte allerdings auch den Polytheismus nicht ausschließen, doch die Praktikabilität der kantischen und der freimaurerischen »Natürlichen Religionen« verlangt eine Einengung auf den Monotheismus.

Universalität ist im Judentum, bedingt durch die innerkonfessionelle Konzentrierung auf die Juden selbst, ein Fremdbegriff. Leichte Tendenzen der Öffnung zeigen nur die liberalen jüdischen Gemeinden, die allerdings in vielen europäischen Staaten, wie z. B. in Österreich und in Deutschland, ohne jedwede Bedeutung sind.

Das katholische Christentum ist, im Gegensatz zum protestantischen, nicht minder antiuniversell wie das Judentum eingestellt. Der Weg unserer pluralistisch-kapitalistischen Gesellschaft verlangt jedoch – auch von den Konfessionen – eine Politik der Öffnung, der Harmonisierung, der Überwindung kirchenpolitischer Streitigkeiten. Das religiöse Verständnis der Freimaurer befolgt demgegenüber die natürliche Theologie des Universalismus und baut auf »die Idee der Menschheit als Solidargemeinschaft« (Peter Strasser) auf.

Der religiöse Universalismus hat aber nicht nur Vorteile; zu den Nachteilen gehört ein Abrücken von liebgewonnenen Traditionen und das Verlangen neuer Lösungsmöglichkeiten, wie z. B. die weibliche Ordination im Katholizismus. Die natürliche Theologie bestimmt rituelle Änderungen bzw. ein Zurückdrängen von Selbstzweckritualen und ein kirchliches Zurückziehen aus den gesellschaftspolitischen Machtpositionen. Genau dieses Argument (»Aushöhlung kirchlicher Einflüsse«, »Kampf gegen religiöse Rituale« usw.) wird den Logen von den Gegnern der Freimaurerei vorgeworfen. Wer die tolerante Einstellung der Freimaurer kennt, der weiß, wie grundlos diese Vorwürfe sind.

Das religiöse Verständnis der Freimaurer bezieht sich ausschließlich auf eine umfassende Sittenlehre; in diesem Sinne werden auch die beiden biblischen Testamente verstanden. So wird Gott – und das unterscheidet die Maurerei von den Konfessionen – als philosophischer Begriff verstanden, als eine Art »Oberster Hüter« der freimaurerisch-universellen Moral.

Allerdings: Diese philosophierende Theologie birgt auch eine gewisse Gefahr in sich, und zwar den Versuch, das Irrationale zu rationalisieren. Da wir Menschen der Unendlichkeit nur mit den wenig tauglichen Mitteln der Endlichkeit beikommen können, blühen in manchen freimaurerischen Hochgradformationen eigentümliche Kompensationen. So ähneln hier die rituellen Arbeiten einem katholischen Hochamt samt »Prälat« und Bischofsstab.

Verfechter der humanistisch-laizistischen Freimaurerei, denen auch Agnostizismus nichts Fremdes ist, fragen sich, ob Gott eine konfessionelle Ausschmückung inner- und außerhalb der Freimaurerei wirklich nötig hat. Ob Jungfrauengeburt, Gottessohnschaft, Heiligenverehrung, eine eifersüchtige Abkapselung in der Eucharistie (usw. usf.) im katholisch-kirchlichen Bereich, oder eine Non-Stop-Befreiung des Heiligen Landes aus der türkischen Besatzung in den freimaurerischen »christlichen Rittergraden« wirklich notwendig und gottesgefällig sind, oder nur der menschlichen Sehnsucht nach feierlichen Dramaturgien dienen, das kann jeder Mensch, ob Maurer oder Profaner, nur für sich selbst beantworten.

Universalismus und Ritualismus – unter letzterem verstehen wir eine übertriebene Fokussierung auf rituelle Handlungen – schließen sich gegenseitig aus. Zu den militantesten Kindern des Universalismus gehört die Emanzipation in der Profanei, die stets eine Frontstellung, vor allem gegen die katholische Kirche, einnimmt, und sich mehr in lokalen Rahmen (»Bibelzirkeln«) manifestiert. Universalisten schicken die Verfechter der Emanzipation gegen die sinnentleerten Rituale der religiösen Fundamentalisten –

vom katholischen »Engelwerk« und »Opus Dei« bis zu den südstaatlichen US-Protestanten – und wollen aus dem herkömmlichen Gottesdienst modernistischen Menschendienst gestalten.

Eingebettet zwischen der inbrünstigen Religiosität frommer Juden und der ausbrünstigen Gleichgültigkeit antiker Vielgötterei entfernt sich der religiöse Universalismus vom Ufer des monotheistischen Fundamentalismus hin zum Ufer lockerer Vielgötterei. Dabei wird im Schiff der Universalisten immer mehr Ballast an Gottesfürchtigkeit über Bord geworfen. Sogar die Sprache der universellen Religiosität entwickelt sich zu einem »Religions-Esperanto« (Peter Strasser) und steuert damit im seichten Wasser religiöser Gleichgültigkeit zu einem, tunlichst für alle Menschen gemeinsamen Nenner hin. Genau dieser Gefahr – und auch das soll nicht verschwiegen werden – setzen sich auch die zum Agnostizismus neigenden universalistischen Freimaurer aus.

Reverend Anderson, und das ist kein Zufall, beginnt die »Alten Pflichten« mit der unmißverständlichen Bestimmung, daß weder ein »dummer Gottesleugner« noch ein »Wüstling ohne Religion« in die Bruderschaft aufgenommen werden darf. Nachdem in der ersten Auflage der »Alten Pflichten« der christliche Glaube vorgeschrieben stand, wurde später diese Eingrenzung auf die »Religion, in welcher alle Menschen übereinstimmen« ausgedehnt. Das bedeutet, daß nicht die jeweilige Konfession, sondern der Glaube an ein »Höheres Wesen« über die Aufnahme eines Suchenden in eine reguläre Loge entscheidet. Mit dem Begriff der Religion verband Bruder Anderson das »Sittengesetz«, die »Ehre«, die »Rechtschaffenheit« und die »Wahrhaftigkeit« eines »freien Mannes von gutem Ruf«.

Dieses eindeutige Bekenntnis zur Religion bestimmt die angewandte ethische – also moralische – Handlung der Brüder.

Wie kann man die Religion zur Grundlage der Moral machen? Es ist relativ einfach:

- Der Glaube an Gott ist die Überzeugung von der Anwesenheit eines »aktiven« höheren Wesens.
- Gottes »Aktivität« ist die Schöpfung, die wir allerdings nicht biblisch-eingeschränkt sehen.
- Schöpfung ist das Gegenteil von Tötung, von Vernichten.

Ergo: Für einen religiösen Menschen, wie reguläre Freimaurer es sein müssen, steht die Erhaltung des Lebens, der Natur an oberster, alles andere bestimmenden Stelle eines moralischen Verhaltens. Und auf diese Weise verhindert die Religion jedwede Mißdeutung und Relativierung der Kantischen Ethik.

9. »ORDNUNG« IST DAS HALBE LEBEN – FÜR BRÜDER MANCHMAL DAS GANZE

Der Begriff, stets mit Inhalt gefüllt, hat für das maurerische Leben eine besondere Bedeutung: Die mit dem Hammerschlag erfolgte Aufforderung des Leiters einer Logenarbeit (»In Ordnung, meine Brüder ...!«) hat Pflichtcharakter; jeder steht von seinem Sitz auf. Die beiden Hochgradsysteme nennen sich darüber hinaus noch »Orden«.

Auch hier spielt die Religion, diesmal als ordnendes Prinzip verstanden, eine wesentliche Rolle; und das nicht nur in den Logen der »christlichen Freimaurerei«.

Freimaurer haben also auch ein inneres, ideelles Nahverhältnis zur »Ordnung«. Auch hiefür sind die »Alten Pflichten« Quelle und Beweis zugleich:

Das II. Hauptstück Reverend Andersons lautete: »Von der bürgerlichen Obrigkeit, der höchsten und der untergeordneten.« Also darf der Freimaurer, der – wie das im I. Hauptstück unmißverständlich bestimmt ist – kein »Wüstling ohne Religion« sein, er muß auch »ein friedfertiger Untertan der bürgerlichen Gewalt« sein. Hier wird die gesellschaftliche »Gewalt« eindeutig bejaht. Und dann weiter: Der Freimaurer muß jede »Meuterei« und »Verschwörung« meiden und darf sich nicht »pflichtwidrig gegen die Unterobrigkeit betragen«. Also nicht einmal gegen die unmittelbaren Vorgesetzten oder den Dorfgendarmen oder was Anderson als »Unterobrigkeit« auch verstanden haben mag.

Der Freimaurer ist demnach stets »friedfertig« und »treu«; der typische Untertan. Das II. Hauptstück der »Alten Pflichten« ist nichts anderes als die endgültige Absage von jedwedem »Revoluzzertum«, da der Freimaurer kein »Empörer gegen den Staat« sein darf.

Gegner der Freimaurer sehen in den Brüdern die wahren Verkörperer einer internationalen »Weltverschwörung«. Diesen sachunkundigen Böswilligen empfehlen wir das Studium der »Alten Pflichten«. Genauso wie kein »Gottesleugner« Freimaurer sein darf, finden wir auch keine »Umstürzler«, Revolutionäre oder ähnliche Neinsager gegen die bürgerliche Ordnung in diesen Reihen. Wir wissen, daß auch die Französische Revolution – außer den Parolen von »Freiheit – Gleichheit – Brüderlichkeit« – keinen Bezugspunkt zur Freimaurerei hatte, da das spätere, blutige Jakobinertum mit der regulären Freimaurerei genausowenig zu tun hatte, wie die kriminelle »Loge P2« mit den italienischen Brüdern, obwohl die »Loge P1« (»Propaganda Uno«) eine Zeitlang als Vorfeldorganisation der Großloge »Grande Oriente d'Italia« in Rom galt. Allerdings: Nicht wenige italienische Freimaurer – und nicht nur Garibaldi, Mazzini, Cavour – traten immer schon gerne auf den politischen Bühnen auf. Daher ist es kein Wunder, daß die Großloge von England heute noch mit scheelen Augen das Treiben so mancher italienischer Brüder betrachtet; obwohl die Engländer es waren, die 1733 das »maurerische Licht« nach Italien brachten.

Das »Ja« zur Religion, das »Ja« zur bürgerlichen Ordnung und zu ihren sämtlichen Obrigkeiten drückt das aus, was man als permanent-sehnlichen Wunsch der Bruderschaft verspürt: die Hoffnung auf Harmonie. Anderson wollte mit allen Mitteln Zerwürfnis und Streitigkeit von den Logen fernhalten; daher die Tabuisierung der Themen »Religion« und »Politik«. Sollten Freimaurer heute noch dieses absolute Verbot befolgen, so könnten sie sich nie für Menschenrechte und Minderheitenschutz, um nur zwei Beispiele zu nennen, einsetzen. Deshalb die heutige Einstellung: Nicht »Religion«, sondern die Konfessionen, nicht Politik, sondern Parteipolitik sollen in den Logenreihen tabuisiert werden.

So sieht zumindest die österreichische Praxis aus; in gar nicht so wenigen deutschen Logen fällt auch die Gesellschaftspolitik und nicht nur die Parteipolitik in die Verbotsszene. Diese konservative, bisweilen reaktionäre Einstellung stört auch Horst Kischke, der die apolitische Obrigkeitsliebe verurteilt und sogar die grundlegende Überholung der »Alten Pflichten« und das Verfassen von »Neuen Pflichten« verlangt. Wir können Horst Kischke beruhigen: Auch das Neue Testament entstand nicht deshalb, weil die

Evangelisten das Alte für »überholt« oder gar »reaktionär« hielten, sondern weil sie eine neue – wenn auch von Jesus nie beabsichtigte – Religion gegründet haben. Und da die Freimaurer wohl keine »neue Freimaurerei« ins Leben rufen wollen, begnügen sie sich immer noch mit dem Grundgesetz des Reverend Anderson.

Wie sehr die reguläre Freimaurerei an die religiösen Prinzipien gebunden bleiben muß, beweist ein unakzeptabler Vorschlag von Horst Kischke, der anstelle der Regulationsregelung durch die Großloge von England eine Art »Großloge Europa« vorschlägt, die auch den atheistischen »Grand Orient de France« einschließen sollte. In diesem Fall müßten die Maurer auch mit Frauen-, Gemischt- und anderen irregulären »Logen« eine freimaurerische Einheit bilden. Damit würde die gesamte Freimaurerei unter das Niveau eines Kegelklubs sinken.

Horst Kischke zitiert in diesem Zusammenhang einen Beitrag von Reinhold Sebott (»Humanität« 6/1983), der die durchaus berechtigte Frage stellt: »Könnten Moral und Sittengesetz ohne Gott keinen Bestand haben?« Auf diese richtige Frage gibt jedoch Sebott die falsche Antwort: »Moral und Sittlichkeit [...] können ohne Rückgriff auf Gott [...] erkenntnistheoretisch [...] sichergestellt [...]« werden. Vielleicht in der Theorie – mit oder ohne »Erkenntnis« –, nicht jedoch in der Praxis, da das Gewissen allein viel zu schwach ist, ohne Sanktionen auch der Sittenlehre zu entsprechen.

Der ehemalige Präsident des Jugendgerichtshofes in Wien, Udo Jesionek, bringt diese Frage auf den Punkt: »Das Vertrauen in eine christliche Tradition – das Gewissen«, wobei es ihm nicht so sehr um das Hervorkehren des christlichen Glaubens, sondern um das Ernstnehmen des Glaubens als Sittengesetz geht. Daher verurteilt Richter Jesionek so manche Gläubige: »Sie beten andächtig den Dekalog herunter, und nachher gehen sie Zeitung stehlen.«[16]

Das Prinzip der Ordnung kehrt in die Freimaurerei immer wieder zurück; erst recht in der Symbolik, wobei Symbolik die Bestimmung und die Auslegung der einzelnen Symbole definiert.

Symbole sind Zeichen, Wörter und Begriffe, die von einer bestimmten Gruppe eine besondere Bedeutung erhalten. Dazu ein Beispiel: Für unseren Kulturkreis ist das Kreuz Symbol des Christentums. Jeder weiß, daß dieses Kreuz der römische Galgen war, an dem der Mensch Jesus sein irdisches Leben aushauchte.

Das Kreuz des Christentums steht, verständlicherweise, im Mittelpunkt der christlichen Freimaurerei. Interessant ist die nichtreligiöse Auslegung des Symbols »Kreuz« von Horst Kischke, der im Kreuz kein Todes-, sondern ein Lebenssymbol sieht: Der waagrechte Balken bedeutet Leben, Existenz, Materie und der senkrechte steht für den Geist. Während der senkrechte Balken nach oben strebt, erstreckt sich der waagrechte parallel zur Erde. Logischerweise müßte dieses Kreuz – ohne dabei das Christentum zu verulken – auf den Kopf gestellt werden, um die Bedeutung der beiden Balken besser zu symbolisieren. Da religiöse Menschen davon überzeugt sind, daß der Geist »Gottes Werk« ist, müßte der senkrechte Balken nach dem Tod länger sein als der waagrechte, der (lebens-)zeitliche, da nur der Geist (»Seele«) und nicht der Körper aufersteht.

Diese Deutung des Symbols »Kreuz« ist zwar primär nicht maurerisch, doch paßte sie gut in die Gedankenwelt der Maurerei: Wichtig dabei – und das entspricht durchaus der religiösen Vorstellung von Freimaurern – ist die zweite, gewissermaßen dynamische Deutung des »Kreuz«-Symbols; eben die Kreuzung; dadurch soll der gemeinsame Punkt zwischen Geist und Materie, der im ideellen Mittelpunkt des Gesamtsymbols steht, zum Ausdruck gebracht werden. Jetzt, in diesem Stadium, können wir das Kreuz wieder aufstellen, dadurch wird »der Kreuzungspunkt nach oben verlagert, womit angedeutet werden soll, Gott sei der Ursprung und die regulierende Kraft der Materie. Auf jeden Fall hat die Materie nicht den gleichen Rang wie das Geistige.«[17]

Der Ursprung jedes Symbols ist »geheim«; auch der des Kreuzes, zumindest zur Zeit der römischen Verfolgung, als die ersten Christen ihren Glauben nur in Katakomben und Krypten ausüben konnten. Heute ist das Kreuz kein Geheimsymbol mehr, für viele jedoch – die seinen Mißbrauch von der Inquisition bis zum Ku-Klux-Klan verfolgen – etwas Verhaßtes, etwas Fürchterliches. Das Kreuz ist und bleibt ein Galgen, etwas Angsteinflößendes, doch das Kruzifix mit der draufgenagelten Menschengestalt sollte das ewige Leid der unschuldig Verfolgten symbolisieren.

In einem bestimmten freimaurerischen Hochgradsystem, in einem christlichen Ritterorden, steht im Mittelpunkt der Logenarbeit das beschriftete Kreuz: »In hoc signum vincens« (»In diesem Zeichen wirst du siegen«) bedeutet, trotz der operativen

Auslegung – Befreiung des Heiligen Grabes durch die Kreuzritter –, nicht so sehr den Kampf zwischen Menschen und Religionen, sondern den Sieg des Geistes, der Barmherzigkeit, der »ritterlichen« Tugenden.

Die freimaurerischen Symbole haben keine religiöse, sondern stets eine ethische Bedeutung; selbst die Testamente der (christlichen) Bibel werden in den Logen der ersten drei Grade (Lehrling, Geselle, Meister) nicht als religiöses Werk, sondern als »Symbol der Überlieferung« verstanden. Alle anderen, zum Symbol erhobenen Gegenstände (Zirkel, Winkelmaß, Rauher Stein, Mörtel, Spitzhammer, Kelle, Senkblei, Wasserwaage und vieles mehr) dienen genauso wie die drei Säulen der »Weisheit«, »Stärke« und »Schönheit« der moralischen Selbsterziehung.

10. KEIN ERSATZ FÜR »ERSATZRELIGION«

Auch die stärksten religiösen Wurzeln der Freimaurerei machen aus ihr keine Ersatzreligion, vor allem dann nicht, wenn wir bereit sind, zwischen »Religion« (Glaube an Gott) und »Konfession« (institutionalisierter Glaube) zu unterscheiden. Trotz dieser Unterscheidung sprechen auch wir von Religion oder Religionen und meinen damit eine bestimmte Glaubensrichtung. Diese sprachliche Überschneidung sollte uns nicht irritieren.

In vielen Logen wird zur Eröffnung der rituellen Arbeit der erste Satz aus dem Johannes-Evangelium zitiert; manchmal richtig, manchmal falsch: »Am Anfang war das Wort« oder: »Im Anfang war das Wort« Die Unterscheidung ist den meisten Brüder nicht immer klar. Mit »Am« sprechen wir die gesamte zeitliche Entwicklung an; damals, als es noch »am Anfang« war. Mit »Im« signalisieren wir die religiöse Zeitlosigkeit; wir sind immer noch »im Anfang«; der gesamte Prozeß der Schöpfung, der Anfang kennt keine Zeit, keine Entwicklung: Wir sind »zeitlos« immer noch drinnen.

In manchen Ritualen, vor allem in dem des Dritten Grades, des Meisters, überschreiten die Freimaurer die Grenze zum Transzendentalen, zum Metaphysischen und beschäftigen sich mit den Fragen des Todes, oder, in der freimaurerischen Sprache formuliert: mit dem »Vorausgehen in den ›ewigen Osten‹«.

Im Gegensatz zur rein materialistischen Auffassung – mit dem Tod hört einfach alles auf – glauben Freimaurer an ein immaterielles Weiterbestehen (kein »Weiterleben«) nach dem Tod. Wie im Ende jeder rituellen Arbeit bilden die Brüder am Grab eines verstorbenen Freimaurers die »Kette« der Hände. Löst man die »Kette der Hände«, so bleibt ewig die »Kette des Herzens« bestehen. So bleibt der Bruder im Herzen, also im Gedächtnis seiner Mitbrüder ewig bestehen. Dieser Vorgang ist an und für sich weder religiös noch transzendent; vielleicht werden die Gefühle nur religiös umrahmt …

Konkreter als das Gefühlsleben der Brüder bestimmen die »Grundsätze für die Anerkennung von Großlogen« (»Basic Principles for Grand Lodge Recognition«) der Großloge von England – die »Mutterloge« aller regulären Freimaurer – die Voraussetzungen der Anerkennung; das sind unter anderem:

- Freimaurer müssen Männer (von gutem Ruf) sein
- Pflichtglauben an ein »höheres« (oder »höchstes«) Wesen
- die Verpflichtung (»Eid«) muß auf die Bibel abgelegt werden.

Die »Basic Principles« bestimmen auch die drei »Großen Lichter« (Bibel, Zirkel, Winkelmaß); Bibel und Winkelmaß müssen geöffnet werden.

Die wirklichen Hüter der religiösen Tradition sind heute nicht die englischen, sondern die amerikanischen Brüder, die entsprechend der maurerischen Toleranz trotz ihres unerschütterlich-protestantischen Glaubens an Gott immer schon für eine strikte Trennung von Staat und Kirche waren und es immer noch sind. Die einstigen »Väter der Verfassung« – überwiegend Freimaurer – lehnten mit Brief und Siegel Staatskirchentum wie Kirchensteuer entschieden ab; und das, obwohl sie nie »linke« Revolutionäre im Sinne der Jakobiner waren. Die Gründerväter der USA wollten lediglich im Kampf gegen den fernen »George the Tyrann« in London ihre kämpferische Einheit bewahren. Vor allem die Präsidenten Jefferson und Madison – beide Brüder ihrer Logen – wachten über die Trennung »Kirche – Staat«. Dazu Madisons erste Erklärung anläßlich seiner Logenaufnahme: »Die Regierung des Landes hat sich aus allen religiösen Fragen herauszuhalten!«

Mit dieser Tradition brach nicht der Katholik John F. Kennedy, der kein Freimaurer war, sondern der 43. Präsident, George W. Bush, der sein Land am liebsten zu einem einzigen protestantischen Kirchenbezirk der Baptisten umwandeln würde. Bush senior wie junior sind die typischen Nicht-Freimaurer im Weißen Haus. Bereits Bush senior rief am 31. Jänner 1991 anläßlich des Golfkriegs die gesamte Nation zum Gebet auf. Sein Credo: »One nation under God« kam einem Aufruf zum Kreuzzug gleich. Genau diesem Kreuzzugsgedanken entsprach Bush junior mit seinem »axis of evil«. Diese pseudoreligiöse, antifreimaurerische Rhetorik spiegelt das erbarmungslose Freund-Feind-Schema der protestantischen Südstaatenmentalität in ihrer massiven Intoleranz wider. Das ist Antifreimaurerei in Reinkultur.

II. DAS RELIGIÖSE IM »PRINZIP HOFFNUNG«

Im Gegensatz zum Rechtsfundamentalismus US-protestantischer bzw. arabisch-islamischer Prägungen finden wir in den linkslinken (das wenig schmückende Prädikat des »Linksextremismus« bleibt der autonomen Krawallszene vorbehalten) Theorien gewisse freimaurerische Ansätze. So z. B. in der Philosophie des Salonkommunisten Ernst Bloch, der jedoch – und das unterscheidet ihn von maurerischen Meinungen – stets das Revolutionäre suchte und die Reformen ablehnte.

Blochs Annäherung an religiöse Vorstellungen freimaurerischer Transzendenz macht sich vor allem in seinem Spät- und wohl berühmtesten Werk, im »Prinzip Hoffnung« am besten bemerkbar. Hier entfaltet Bloch einen nahezu messianischen Existentialismus mit starken religiösen Untertönen. Genau gegen diese Untertöne wandten sich Vertreter der sogenannten Frankfurter Schule (Theodor W. Adorno, Hans Jonas, aber auch Günther Anders), die in Blochs Werk »einen zu einseitig im Religiösen fundierten Transzendenzbezug«[18] erblickten.

Diese Kritik der »Frankfurter« weist Blochs Biograph, Arno Münster, entschieden und zu Recht zurück; an Stelle einer »Billigen Hoffnungsdogmatik«, wie das die »Frankfurter« Bloch vorgeworfen haben, zeichnet Blochs Philosophie einen »starken

Anfang« und eine »Anweisung zum Handeln« aus. Genau in diesen beiden Prämissen erblickt Münster eine »unübersehbare jüdisch-messianische Metaphysik«. Kenner freimaurerischer Esoterik erkennen hier unübersehbare masonische Momente.

Ernst Bloch, der Humanist, der kaum seinem »jüdischen Messianismus« widerstehen konnte, war alles andere als ein Held. Auch das bringt ihn in freimaurerische Nähe. Bloch, der »radikale Utopist«[19] hat Ja-und-Amen zur stalinistischen Diktatur nicht nur gesagt, sondern auch geschrieben. Zu Blochs Schande steht seine Verteidigung der »Moskauer Prozesse« in der »Neuen Weltbühne«. Zu Hause, so seine Witwe Carola Bloch, verurteilte der Philosoph die stalinistischen Schauprozesse. Dementsprechend verhielt sich Bloch in der DDR-Zeit als Inhaber eines Leipziger Uni-Philosophielehrstuhls: Er schwieg zu der berechtigten Kritik der Dissidenten an der SED-Führung. Auch zum 17. Juni 1953, als Sowjetpanzer den Streik ostdeutscher Arbeiter blutig niederwarfen, schwieg Bloch und zog sich in sein »Prinzip Hoffnung«, dessen Veröffentlichung er im Berliner Aufbau-Verlag nicht gefährden wollte, vornehm-feige zurück.

Selbst die, gleichfalls durch die sowjetischen Panzer erstickte ungarische Revolution (1956) veranlaßte Bloch eine Woche nach dem blutigen Ende des Budapester Aufstandes am 16. November 1956 lediglich zu einem kritischen Vortrag an der Ostberliner Humboldt-Universität über »Hegel und die Gewalt des Systems«. Obwohl Bloch seine Systemkritik hinter Hegel versteckte, verstanden seine Zuhörer, vor allem die später verhafteten Dissidenten Wolfgang Harich und Walter Janka, wieso Bloch Hegels »Weltexperiment der Freiheit« forderte.

Bloch entfernte sich zusehends von der DDR, und so nützte er eine Weltreise nach dem Berliner Mauerbau 1961 zur Flucht. Nach langem Zögern wurde dem KP-Renegaten in Tübingen eine Gastprofessurstelle eingerichtet. Politisch blieb Bloch auch in der Bundesrepublik ein »Linker« und dozierte ungeniert gegen den Vietnam-Krieg, gegen Notstandsgesetze und überhaupt gegen die amerikanische Weltpolitik. Er blieb oder wurde erst jetzt in der Freiheit eine »Figur der Unruhe«.[20] Er verhielt sich genauso, wie seine Faust-Figur im dritten Teil des »Prinzip Hoffnung«: »Am sichtbarsten die Meistergestalt der Unruhe, die nun auf der Höhe und in der Mitte aller anderen erscheint: Doktor Faust oder die intensiv-extensive Unbedingtheit zugleich. Er ist der Grenzüberschreiter schlechthin.«[21]

Genau diese »Grenzüberschreitung«, diese jüdisch-messianische Unruhe des hellen, nahezu alles erklären wollenden Geistes, rückt Ernst Bloch wieder in freimaurerisch-religiöse Nähe. Hochbetagt, zweiundneunzigjährig, stirbt Ernst Bloch 1977 in seinem Tübinger Haus mit dem kurzen, selbstaufgebenden Satz: »Ich kann nicht mehr.« Genauso sollten auch Freimaurer sterben, so sollten sie ihren letzten Weg in den »Ewigen Osten« antreten, nachdem sie ihr irdisches Tun den Brüdern übergeben haben.

12. Gewissen und Gerechtigkeit

Neben dem vorgetäuschten, weil praktisch undurchführbaren Begriff der »Gleichheit«, die höchstens als »frommer Wunsch« überzeugter Atheisten zu werten ist und deshalb innerhalb der Freimaurerei keinen Platz hat, zieren zwei Begriffe das farbenfrohe Inventar freimaurerischer Instrumente: Gewissen und Gerechtigkeit. Daß diese beiden Lieblingsbegriffe der Freimaurer ohne religiöse Basis und Berechtigung nicht existieren können, soll hier bewiesen werden.

Zunächst das Gewissen, dieser »höchste Richter in unserer Brust«, wie es im maurerischen Ritual formuliert wird:

Am Abend einer rituellen »Arbeit«, in deren Mittelpunkt ein etwas langatmiger, von jeder Kurzweil erfolgreich befreiter Vortrag eines »philosophierenden« Bruders stand, bemühte ich mich, seinen eigentlichen Gegenstand zu definieren. Als Soziologe, der unter dem Zwang des »Alles-definieren-Müssens« leidet, kreierte ich eine kurze Begriffsbestimmung: »Gewissen ist eine Mischung aus Moire und Moral«, wobei »Moire«, so erklärte ich, der jiddische Ausdruck für »Angst« ist. Demnach ist unser Gewissen nichts anderes als das Produkt unserer Angst vor irdischen und überirdischen Mächten und unsere konkrete Vorstellung, was erlaubt und unerlaubt ist.

Das Gewissen ist wie Luft: Es macht sich erst durch Fehlen bemerkbar. Natürlich »fehlt« uns das eigene Gewissen nicht, es rührt sich nur nach einer vollzogenen »falschen« Tat, nach »unpassenden« Gedanken, wobei »falsch« und »unpassend« von unserer subjektiven Moral abhängt. So sprechen wir dann von »Gewissensbissen«, deren bestes Heilmittel die Selbstlüge ist, mit der wir unendlich viele Abweichungen von der »geltenden« Moral erklären und entschuldigen können. Vom Ehebruch bis zur Steuerhinterziehung, von Intrigen bis Täuschungen (usw. usf.) reicht die Palette der Gewissensberuhigungen mittels Lügen.

Wem – und dazu sollten alle Freimaurer gehören – dieser schwankende Boden unserer täglichen und nächtlichen Lebenspraxis nicht genügt, der muß das Relative gegen das Absolute eintauschen. Der US-Kardinal Newman hat es auf den Punkt gebracht: »Gewissen ist das Echo der Stimme Gottes.«

Die Gewissens(er)forschung gehört zu den Lieblingsthemen der Theologen und der Freimaurer. Auch hier zeigt sich die gemeinsame Grundlage: die Religion. Der katholische Theologe Eberhard Schockenhoff[22] schlägt eine interessante Brücke zwischen Gewissen und Gerechtigkeit. Er ist davon überzeugt, daß unser Gewissen nichts anderes ist als die Antworten auf die Gerechtigkeits- und Fairneßfragen.

Die eigentliche Gefahr des Gewissens ist seine ständige Beruhigung, die häufige Anwendung der Selbstlüge. Aus diesem Grund zieht der Theologe Eberhard Schockenhoff gegen eine »Strategie der Selbstimmunisierung« zu Felde. Diese »Immunisierung« des eigenen Gewissens ist – im Extremfall – die kritiklose Bejahung politischer und religiöser Diktaturen, die vom Faschismus bis zur jesuitischen Papstverehrung reichen.

Schockenhoff warnt eindringlich vor dem »christlichen Sondergewissen«, von der falschen Vorstellung, »hinter jedem rechtschaffenen Gedanken den anonymen Heiligen Geist dingfest machen zu wollen. Solch ein »Sondergewissen« kennen die Freimaurer nicht; sie haben kein »Sondergewissen«, sondern nur ein Gewissen, das ständig selbst überprüft wird.

Die Hauptkriterien des Gewissens eines Freimaurers – und nicht das »freimaurerische Gewissen«, weil dieses ein »Sondergewissen« wäre, das es in den Logen generell nicht gibt – orientieren sich an den allgemeinen Zielsetzungen der Freimaurerei (»Humanität«), »Toleranz« und »Menschenliebe«). Die speziellen und individuellen Kriterien des Gewissens eines Freimaurers basieren auf der »Brüderlichkeit« (Hilfe und Beistand, wenn auch stets innerhalb der Gesetze und der guten Sitten).

Eine weitere Bindung der religiösen Fundamente der Maurer zur christlichen (diesmal: katholischen) Moral zeigt sich in der masonischen Bejahung eines Satzes aus dem Konzilstext des Papstes »Gaudium et spes«: »Im Inneren seines Gewissens entdeckt der Mensch ein Gesetz, das er sich nicht selbst gibt, sondern dem er gehorchen muß und dessen Stimme ihn immer zur Liebe und zum Tun des Guten und zur Unterlassung des Bösen anruft in uns, wo nötig, in den Ohren des Herzens tönt: Tu dies, meide jenes ...« – Anders könnten es auch Freimaurer in ihrem Ritual nicht formulieren.

Auf diesem Konzilstext können die Freimaurer eine auch für sie bindende Dialektik des Gewissens aufbauen: »Gesetz« heißt die These, »Realität« die Antithese und »Gewissen« die Synthese. Das Gewissen äußert sich allerdings als Produkt von Wertkonflikten, die – zunächst – unterschiedliche und – schlußendlich – gemeinsame Prioritäten setzen.

Man sollte allerdings, trotz aller Ähnlichkeiten zwischen freimaurerischen und theologischen Gewissensbestimmungen, auch nicht auf den grundlegenden Unterschied beider Auffassungen vergessen: Während die christliche Theologie (in den Evangelien) den Menschen vorwiegend von der negativen Seite als etwas »Krankes«, »Besseres« und »Verlorenes«, der erst nach Christi Märtyrertod von seiner »Erbsünde« befreit wurde, sieht, stellt die maurerische Moral den Menschen mit seiner großen, auch ethischen Entwicklungsmöglichkeiten in den geistigen Mittelpunkt.

Am Ende dieser Gedankenkette über das Gewissen können auch die Freimaurer Schockenhoffs Schlußthese – »Als Stimme des Gewissens spricht Gott für sich selbst« – bejahen. Ein wenig anders sollten die Maurer dieses Resümee jedoch ziehen: Der unerschütterliche Glaube an die lebenslange Erziehung des Gewissens ist das Echo auf die Stimme des Absoluten, den wir auch »Gott« nennen können.

Während »Gleichheit« und »Gewissen« neben »Toleranz« und »Humanität« zu den häufigsten freimaurerischen Termini gehören, hört man nur selten über die wirkliche Begründung von Gleichheit und Gewissen, von der »Gerechtigkeit«, die nicht nur in der Logenpraxis, sondern auch in der theoretischen maurerischen Literatur stiefmütterlich (oder sollten wir von »stiefbrüderlich« sprechen?) behandelt wird. Während es genügend Logen gibt, welche die Begriffe »Wahrheit«, »Gleichheit«, »Toleranz«, »Humanität« führen, stieß – zumindest der Autor dieses Buches – noch nie auf den beischmückenden Namen »Gerechtigkeit«.

Die Freimaurer befinden sich auch diesbezüglich in guter Gesellschaft, da das Thema der Gerechtigkeit auch in der philosophischen und soziologischen Literatur nicht sonderlich intensiv bearbeitet wird. Zu den großen Ausnahmen gehört der 2002 verstorbene amerikanische Philosoph John Rawls, der mit seinen Büchern »Theorie der Gerechtigkeit« (1971), »Politischer Liberalismus (1993) und »Gerechtigkeit als Fairneß« (Neuentwurf von Erwin Kelly, 2003) wichtige Ansätze leistete.

Rawls beschäftigte sich weniger mit der Praxis und hütete sich vor Rezepten für die Gesellschafts- und Sozialpolitik, sondern dachte »nur« über die Grundsätze einer »gerechten« Gesellschaft nach. Er skizzierte die Strukturen einer »gerechten Gesellschaft« im sozialen »Urzustand«, ohne etablierte Positionen, ohne verfestigte Führungsrollen.

Alle Entscheidungen in dieser »Urgesellschaft«, die offensichtlich an »Urkommunismus« oder an die israelischen Kibbuzzim erinnern sollten, werden kollektiv gefällt und ethisch motiviert; das heißt, daß sich alle nach dem, von Natur aus am schlechtesten Gestellten richten müssen. Oder anders, freimaurerisch formuliert: »Das schwächste Glied bestimmt die Stärke einer Kette.« Genau in diesem Prinzip sieht Rawls die Fairneß der Gesellschaft, die Gerechtigkeit.

Der Vorteil dieser gerechten Gesellschaft überwiegt – nach Rawls – den Vorteil der Streuung sogenannter Grundgüter, wie z. B. Vermögen, Rechte, Chancen und Freiheiten einzelner. Der Harvard-Philosoph war allerdings kein reiner Theoretiker und sah selber die Unmöglichkeit einer verwirklichten »gesellschaftlichen Gerechtigkeit«, da sich die Gesellschaften aus dem (ideell-idealen) »Urzustand« weiter entwickelt haben; und das weit vom »Nur-Kollektiv« weg. In seinen Vorlesungen an der Harvard University, aus dem das Buch »Gerechtigkeit als Fairneß« entstand, entwickelte Rawls seine »Faktum des Pluralismus«-Theorie. Die hier verlangten »Auffassungen des Guten« will der Philosoph nicht als eine »umfassende Ethik« sehen, sondern als »Fundament freistehender Überlegungen«. Die Zusammenfassung solcher

»Überlegungen« will Rawls in einem »übergreifenden Konsens« bündeln, welche die »Gerechtigkeit« praktizieren.

Rainer Forst[23] erinnert uns hier an die Ähnlichkeit zwischen Rawls Theorie der »öffentlichen Rechtfertigung« und der Diskurstheorie von Jürgen Habermas; beide wollen die Ideale des gesellschaftlichen Urzustandes als die »Grundsätze der Gerechtigkeit unter freien und gleichen Bürgern« sehen, die für alle »zustimmungsfähig« sein muß.

Die hier von Rawls wiedergegebenen Gedankenketten sind, vor allem seine Forderung nach gerechter Verteilung der individuellen Talente, als »gemeinschaftliches Guthaben« in einer demokratischen Gesellschaft schlichtweg undurchführbar. Verwirklicht wird es ausschließlich in der Propaganda einer Diktatur, wo »Volk«, »Rasse« oder »Klasse« als glückliche und gleiche, wenn auch anonyme Masse vorgegaukelt wird. So ist der Weg vom Ideal- zum Idiotenzustand gar nicht so weit.

»Idiot« steht hier nur im dostojewskischen Sinne, dessen Held im gleichnamigen Roman eine »idiotische« Nichtbeziehung zur Wirklichkeit hat. Genauso entfernt sich auch John Rawls von einer verwirklichten »gerechten Gesellschaft«. Rawls schöpft seinen Grundfehler aus marxistischen Quellen: Auch er, wie der Salonrevolutionär aus Trier, sieht im Eigentum den größten Feind einer gesellschaftlichen Gerechtigkeit und fordert deshalb eine solche »Demokratie mit Eigentumsbesitz«, welche eine möglichst breite Eigentumsstreuung zuläßt. Als nächster Schritt verlangt Rawls eine »gerechte« (Um-)Verteilung der Produktionsmittel. Die aufgehende KP-Sonne des 19. und die untergegangene des 20. Jahrhunderts lassen proletarisch-vereinigt grüßen.

Die politische Philosophie des »späten Rawls« (Rainer Forst) mündet in der Sentimentalität der »Versöhnung« mit der Wirklichkeit; und jetzt kommt die für Rawls unerwartete Kehrtwendung in eine Sackgasse der gesellschaftlichen Wirklichkeit: Rawls spricht von einem »Verlust (der) ethisch-religiöser Einheit der Gesellschaft« (Rainer Forst). Rawls hält diesen »Verlust« sogar für einen Vorteil. Wo hier eine »Versöhnung« liegt, das bleibt schleierhaft.

»Gerechtigkeit« ist keine anthropologische Eigenschaft, da sie den Positions-, Territoriums- und sexuell-familiären Behauptungen, die soziale Grundbedürfnisse der Natur sind, widerspricht.

Das Streben nach Gerechtigkeit ist jedoch vernünftig, solange sich der Mensch davon eine »gerechte« Behandlung der eigenen Person verspricht. Die biblische Aufforderung – »Tu es keinem anderen an, was du nicht willst, das man dir antut« – zielt geradeaus auf die beiden Fundamente der Religion – die Angst und das Absolute – hin. Ängstlicher Aberglaube (»Das Böse wird mit Bösem vergolten«) und die Sehnsucht nach etwas Absolutem, das uns von der ständigen Unsicherheit des Relativen befreit, führen uns zur Schlußfolgerung: Nur Gott ist gerecht!

»Gerechtigkeit« – und damit sind wir (endlich!) bei den religiösen Vorstellungen der Freimaurer – symbolisiert und signalisiert Harmonie, Ausgewogenheit und das maurerische Werkzeug der Wasserwaage. Auch die nicht zu unterschätzende Volksweisheit einer sich selbst auferlegten Moral (»Im Leben muß man für alles bezahlen«) zielt in diese Richtung.

Neben dem »Wort«, so dürfen wir das Johannes-Evangelium ergänzen, war auch die Gerechtigkeit im Anfang – und dieses »im« kann als Dauerzustand jedes Menschenlebens angesehen werden. So begleitet die religiöse Gerechtigkeit unser ganzes Leben. Das ist die Quintessenz der allgemeinen Ethik und (auch) der maurerischen Moral.

Rawls Gerechtigkeitstheorie ist in der politischen Praxis genauso undurchführbar wie die seines berühmten Vorgängers, der zwei Jahrhunderte vor ihm lebte: Jean-Jacques Rousseau. Rawls' wie Rousseaus »Gerechtigkeit« diente – ohne daß es die beiden Denker je beabsichtigten – einem Selbstzweck.

Die Freimaurerei kennt jedoch keinen Selbstzweck, alles was in ihr – im rituellen wie auch im nichtrituellen Rahmen – vorhanden ist, dient einem bestimmten Zweck, der stets in eine menschenorientierte Absicht mündet. Mit dieser Absicht und mit diesem Ziel vor den Augen, sich für eine tolerante und humane Gesellschaft einzusetzen, machen sich die Freimaurer auf »Menschensuche«: ähnlich dem Athener Philosophen und Ahnherrn der Bescheidenheit, Diogenes, der sich in Hellas am hellichten Tag, mit einer Laterne in der Hand, auf Menschensuche machte. Sein verzweifelter Ruf (»Zeigt mir einen Menschen«) stieß auf Unverständnis. Was sucht eigentlich, so dachten sich die Bürger Athens, dieser »alte Narr« im gleißenden Sonnenlicht mit einer anscheinend nutzlosen Laterne in der Hand, auf dem großen Athener Markt, wo doch so viele Menschen teils müßig herumstanden, teils schnellen Schrittes ihren Geschäften nachgingen?

Niemand war bereit, Diogenes »einen Menschen« – oder vielleicht: »den« Menschen – zu zeigen, der den Anforderungen des genügsamen Philosophen entsprochen hätte. Genauso einen Menschen, der nicht nur für sich oder höchstens für seine Familie lebt, wollen Freimaurer aus sich machen.

Zwei Jahrtausende nach der verzweifelten Suche des Diogenes machte sich – allerdings nicht in Athen, sondern in Genf – ein anderer Denker auf die gleiche Suche. Im Jahre 1749 beteiligt sich ein kaum vierzigjähriger »Pädagoge und Schriftsteller«, wie er sich selber bezeichnete, an einer Ausschreibung der Akademie von Dijon. Das Preisthema der Akademie entsprach der Zeit: »Trugen die Künste und die Wissenschaften seit der Renaissance zur Verbesserung der Sitten bei?« Der Name des Preisträgers, der in einem brillanten Essay den zweckoptimistischen Fortschrittsglauben seiner Zeit widerlegte, war Jean-Jacques Rousseau.

Der Genfer Gelehrte, dieser Ahnherr aller »Grünen« und »Alternativen«, zog mit scharfen Argumenten gegen die Zivilisation seiner Zeit, die den Menschen verdarb, weil sie ihn der Natur entfremdete, ins Feld. Rousseau wollte allerdings, wie ihm das sein Intimfeind, der Freimaurer Voltaire, unterschob, nie »zurück zur Natur«. Voltaire, der trotz aller Gegensätze zu Rousseau sich in freimaurerischer Toleranz übte (»Ich teile zwar überhaupt nicht seine Meinung, doch würde ich alles dafür tun, daß er diese frei äußern kann«, so ein sinngemäß zitierter Satz Voltaires) und trotzdem befürchtete, daß der Autor des pädagogischen Romans »Emil oder Über die Erziehung« die Kinder »zurück auf die Bäume« treiben möchte.

Bedeutender als Rousseaus zwiespältige Pädagogik – einerseits predigte er eine Art »antiautoritäre« Erziehung in Liebe und andererseits steckte er seine fünf Kinder ohne Gewissensbisse in ein Waisenhaus – waren sein Werk und sein Wirken für Gleichheit und Menschenrechte. Mit seiner vielbeachteten Studie »Über den Ursprung und die Grundlagen der Ungleichheit unter den Menschen« (1754) schrieb sich Rousseau in die unmittelbare Nähe freimaurerischer Geistigkeit.

Rousseaus wohl bedeutendste Arbeit war sein »Contract Social«. In seinem Gesellschaftsvertrag wird der »Gemeinwille« (»volonté générale«) zum beherrschenden sozialen Lebensprinzip erhoben, wobei die Sicherung individueller Freiheiten vom Willen der Mehrheit gewährleistet wird.

Rousseau – wie auch Platon (»Die Herrschaft der Philosophie«) – war ein reiner Theoretiker. Weder seine pädagogischen, noch seine gesellschaftspolitischen Forderungen können in der Praxis bestehen. Heute wissen wir ganz genau, daß sein angebeteter »Gemeinwille« in Extremform zum Faschismus führt, zur Diktatur der Mehrheit. Während man den »Contract Social« in einer kleinen, überschaubaren Gemeinschaft, wie das z. B. in seiner Vaterstadt Genf der Fall war, noch halbwegs erfolgreich verwirklichen kann, muß dieser in größeren Gemeinschaften bzw. Gemeinschaftsverbänden, wie das in einem Staat passiert, konsequenterweise versagen.

Warum eigentlich? Wieso funktionieren die besten »Gesellschaftsverträge«, wie das auch in der Sozialpolitik unserer Zeit immer noch der Fall ist, nur im relativen Wohlstand oder in unterentwickelten Gesellschaften, wo Großfamilien und Sippen alles bestimmen? Weil die Emanzipation, die egoistische Verselbständigung einzelner Gruppen, mit der Überbetonung ihrer speziellen Interessen zur Entsolidarisierung unserer Gesellschaft führt. Und plötzlich herrscht nur mehr das »Gesetz des Dschungels«.

Genau diese Gefahr sah Voltaire, der Rousseaus idealistisches Herumtheoretisieren so entschieden ablehnte. Voltaire war zeitlebens ein religiöser, wenn auch kein frömmelnder Mensch. Rousseau hat jedoch Gott und Glauben aus seinen Gedanken ausgesperrt: Und genau das religiöse Empfinden, der Glaube an eine gemeinsame und gleichberechtigte Schöpfung, kann den »Gemeinwillen« im Interesse aller Menschen lenken.

Rousseau war ohne Zweifel ein Frühaufklärer: Den Durchbruch seiner Ideen, die Französische Revolution, konnte er, der am 2. Juli 1778 starb, nicht mehr erleben, doch trug er zur Befreiung der Menschen aus ihrer Unmündigkeit fast so viel bei wie Kant. Der gewaltige Unterschied zwischen dem Genfer und dem Königsberger Philosophen liegt in Kants Erkenntnis: Nur die Religion, die sich als Gewissen des einzelnen Menschen dokumentiert, kann eine dauerhafte und vor allem stabile Befreiung aus »unverschuldeter Unmündigkeit« gewährleisten. Genau diese Meinung vertrat auch Rousseaus großer Gegenspieler, der Freimaurer Voltaire.

Zum allgemeinen Vorurteil gegen die Freimaurer (»Weltverschwörung«) gesellt sich ein weiterer, genauso unhaltbarer Vorwurf der »Verjudung«. Horst Kischke erwähnt in diesem Zusammenhang zu Recht einen geistigen Vorläufer des Nationalsozialismus, Erich Ludendorff, dessen mystische Haßkette – »Juden – Freimaurer – Jesuiten« – selbst den nichtantisemitischen italienischen Faschismus beeinflußte; Mussolini sprach nicht ungern von einer »vatikanisch-freimaurerischen Verschwörung« gegen sein System. Unzählige Weltverschwörungstheorien, die heute noch gerne in Polen, Rußland und Ungarn von faschistischen Bewegungen zitiert werden, sind Kindeskinder dieses alten Ungeistes.

Ludendorff vermied jedwede intellektuelle Belastung und formulierte schlicht, einfach und falsch: »Das Geheimnis der Freimaurerei ist überall der Jude!« Zu den unzähligen, gutteils völlig verlogenen Argumenten gegen Freimaurer und Juden wird die starke rituelle Bindung zum Alten Testament herangezogen. Dieses Argument, auch wenn es völlig falsch ausgelegt wird, stimmt; vor Beginn jeder rituellen Arbeit wird auch das Alte Testament, allerdings immer gemeinsam mit dem Neuen, aufgeschlagen.

Die antisemitischen Gegner der Freimaurerei verschweigen bewußt die Tatsache, daß es sich hiebei – und das kann nicht oft genug betont werden – um die »christliche Bibel« handelt. Am Anfang der heute noch gültigen und lebendigen Freimaurerei im 18. Jahrhundert stand die Freimaurerei in unmittelbarer christlich-protestantischer Nähe. In den Logen gab es zu dieser Zeit keine Juden.

Neben der prinzipiellen Einheit beider Testamente in der Freimaurerei erhält das Alte Testament, z. B. im Hochgradsystem des »York Ritus«, eine gewisse Vorrangstellung. Das hat vor allem einen kirchenpolitischen Hintergrund. Bereits Luther betonte die primäre Position des Alten Testaments als Quelle der Evangelien; damit dokumentierte er seine Gegnerschaft zum römisch-katholischen Ritual.

Vergessen wir nicht: Die geistigen Gründerväter der Freimaurerei in England standen im Nahverhältnis zur Anglikanischen Hochkirche, die gleichfalls die geistige Vorrangstellung des Alten Testaments betont.

Der zweite Grund der »Bevorzugung« des Alten Testaments in manchen Formationen der Freimaurerei – neben der kirchenpolitischen – liegt in den »Bestrebungen [...], die religiösen Wurzeln [...] in dem vorchristlichen Altertum sehen zu wollen«.[24] Und dann Kischkes logische Schlußfolgerung: »Mit Liebe oder Bekennen zum Judentum hat freimaurerische Ritualistik und Symbolik [...] nichts zu tun.« Dementsprechend spielen alttestamentarische Gestalten, vor allem König Salomo, eine wesentliche Rolle in maurerischen Ritualen.

Der Toleranzgedanke widerspricht allen drei monotheistischen Religionen; hiefür gibt es genügend Beweise aus Bibel und Koran:

Die Religionen haben Gott gekündigt, ihn arbeitslos gemacht. Genauso wie Gott Adam und Eva wegen eines unerlaubten Vitaminstoßes aus dem Paradies hinaus- und dadurch uns alle in das wirkliche Leben hineingetrieben hat, haben sich die Religionen an ihm gerächt und ihn überflüssig gemacht. So kann man nämlich – vorwiegend in seinem Namen und gänzlich ohne sein Zutun – morden, vertreiben und vergewaltigen.

Und das nicht nur seit dem 11. September 2001, als einige Hundert Menschen in vier Flugzeugen und 4000 in zwei Wolkenkratzern qualvoll starben.

»Wenn du im Flugzeug bist, solltest du zu Gott beten, denn du tust dies für Gott. Wie der allmächtige Prophet sagt, ist eine Tat für Gott besser als die ganze Welt.« Dieses Gebet fanden FBI-Beamte im Gebäck des Attentäters Mohammed Atta.

Für Gott morden nicht nur Muslime. Auch der fromme Jude Jigal Amir erschoß im Namen Gottes den israelischen Ministerpräsidenten Itzhak Rabin. Ignatius von Loyola, der Gründer des Jesuitenordens, definierte einst einfach und prägnant: »Ich glaube, daß das Weiße, das ich sehe, schwarz ist, wenn die hierarchische Kirche es so bestimmt.« Im Jahre 1204 haben christliche Kreuzritter Konstantinopel erobert und veranstalteten dabei ein kaum geringeres Blutbad als zwei Jahrhunderte später (1453) die Türken, die die Christen aus Konstantinopel vertrieben.

Die sogenannten Heiligen Bücher – die Fünf Bücher Mose, dieser eigentliche Kern der jüdischen Bibel –, die beiden Testamente der christlichen Bibel und der Koran, von den unzähligen Schriften der Sekten und Freikirchen ganz zu schweigen – sind keine »Grundbücher Gottes«, die sein Reich rechtlich fixieren, sondern auch der Ausgangspunkt menschlichen Hasses.

Die drei monotheistischen Religionen bergen den größten Widerspruch der Menschheitsgeschichte in sich. Sie riefen – Aladins Wunderlampe gleich – die »Geister« des Wohlstandes, der Demokratie und schließlich der Aufklärung hervor, wobei letztere sie selber, die Religionen, überflüssig machten. Das, was wir am 11. September 2001 in New York, vorher und nachher in Israel, in Japan und wo auch immer erleben – die entsetzlichen Untaten der Selbstmordattentäter – ist über 3000 Jahre alt.

Im Jahre 1200 vor Christus kämpfte ein jüdischer Hüne, ein nahezu unbesiegbarer Riese namens Samson, gegen die Unterdrücker der Hebräer, damals waren es die Philister. Samsons unbesiegbare Kraft wurzelte in seinen Haaren. Allerdings zeigen auch Riesen Schwäche; zumindest den Frauen gegenüber. So verriet der einfältige Samson das Geheimnis seiner Kraft der Geliebten Dalila. Diese Vorfahrin aller Friseurinnen und Feministinnen schor dem liebes- und schlaftrunkenen Helden die Haare. Der von den Philistern leicht überwältigte Ex-Heroe wurde gefangengenommen, geblendet und nach Gaza verschleppt.

Nachdem in Gaza seine Haare nachwuchsen, ließ er sich zu Ehren des Philistergottes Dagon vor die Mittelsäulen ihres Tempels vorführen und zur Schau stellen. Nach seinem Gebet zu Gott (»Denk an mich, und gib mir noch einmal Kraft!«) stieß er mit wüstem Schrei – »So mag ich denn zusammen mit den Philistern sterben!« – die beiden Säulen auseinander. Die beiden Tragsäulen fielen um und mit ihnen der Tempel, der 3000 Philister und Samson unter sich begrub. Fast so viele wie unter den Türmen des World Trade Center in New York.

Wir kennen das Alte Testament, diese Aneinanderreihung von Kampf, Mord und Brutalität. Allein nach der Einnahme der Stadt Jericho haben die Hebräer niedergemetzelt, was nur ging. Zitat aus dem Alten Testament: »Es starben Mann und Weib, Jung und Alt, Rinder, Schafe und Esel.«

Moses, der Heer- und Volksführer, war kein besonders friedliebender Mensch. Als er vom Berg Sinai mit den beiden Steintafeln zurückkam, sah er entsetzt, wie die Juden den Eingottglauben verließen und um das BSE-freie »Goldene Kalb« tanzten. Moses' Rache war fürchterlich: Durch seine Elitegarde ließ er 3000 »verirrte Andersgläubige« töten. Und so steht es in der Bibel (Moses, 42,27): »So spricht der HERR, der Gott Israels: Ein jeder gürte sein Schwert um die Lenden und gehe durch das Lager hin und her von einem Tor zum anderen und erschlage seinen Bruder, Freund und Nächsten.«

Der Gott der monotheistischen Religionen ist nicht gütig. Vor allem liebt er das Strafen: in Sodom und Gomorrha, in Ägypten, wo er alle Erstgeborenen töten ließ, und einmal, während der Sintflut, wollte er fast die gesamte Menschheit ausrotten.

Wer fälschlicherweise annimmt, daß das Neue Testament des Weltchristentums ein Hort des Friedens und der Nächstenliebe ist, dem darf ich einige Jesus-Zitate entgegenhalten: »Wer Vater und Mutter mehr liebt als mich, ist meiner nicht würdig.« Und etwas noch härter formuliert: »Ich bin gekommen, um den Sohn mit seinem Vater zu entzweien und die Tochter mit ihrer Mutter.« (Warum allerdings nicht Tochter gegen Vater und Sohn gegen Mutter ankämpfen soll, das beantwortete zwei Jahrtausende später Sigmund Freud mit seinem Ödipuskomplex.)

Noch krasser klingt dieses Wort bei Lukas (14,26): »So jemand zu mir kommt und hasset nicht seinen Vater, Mutter, Weib, Kinder, Brüder, Schwestern, auch dazu sein eigen Leben, der kann nicht mein Jünger sein.«

Nicht weit von dieser Diktion entfernt liegt die traditionelle Frauenfeindlichkeit der katholischen Kirche. Der angebliche Grund dieser Haltung wurzelt bei Paulus, der in seinem berühmten 1. Korinther-Brief (13,34) schrieb: »Wie in allen Gemeinden der Heiligen lasset die Frauen schweigen in der Gemeinde [...]« Und in seinem Brief an die Epheser (5,22–23) steht es noch krasser: »Die Frauen seien untertan ihren Männern als dem Herrn. Denn der Mann ist des Weibes Haupt [...]«

Seit dem Jahre 380, als das Römische Reich christianisiert wurde, gürteten sich die Jesus-Jünger das Schwert um und machten alles, was nicht christlich war, dem Erdboden gleich. In den sechs Kreuzzügen zwischen 1096 und 1291 wurden nicht nur Palästina und Konstantinopel unterjocht, sondern so ziemlich alles, was sich in den Weg stellte, ermordet. Dabei kamen über fünf Millionen Muslime, Juden, aber auch Christen um.

Vergessen wir auch nicht auf die christliche Inquisition; die geistlichen Tribunale haben über eine Million Menschen den weltlichen Henkern ausgeliefert. Torquemada, der gefürchtete Dominikanermönch, ließ innerhalb eines einzigen Jahres über 12.000 »conversos« (getaufte Juden) und »moriscos« (Mauren) bei lebendigem Leib verbrennen. Von den ermordeten Indianern durch die Konquistadoren und den Hexenverbrennungen brauchen wir gar nicht mehr zu reden. – Und all das im »Namen Gottes«. Die erste Hexe wurde Ende des 13. Jahrhundert (1275) in Toulouse verbrannt; ihr folgten bis zu 80.000 unschuldige junge und alte Frauen, darunter 1431 Jeanne d'Arc, die Jungfrau von Orléans.

Auch die große Zahl verfolgter, vertriebener und ermordeter Juden durch die katholische Kirche sollte hier nicht unerwähnt bleiben. Seit Papst Innozenz III. (1198–1216) die Juden als »von Gott verfluchte Sklaven« abstempelte, gab es kein Pardon für das Volk Jesu Christi mehr.

War Jesus, woran ich persönlich nicht glaube, der erste »jüdische Antisemit«? Der Evangelist Johannes (8,43–44) läßt es uns glauben, wenn er Jesus zitiert: »Warum versteht ihr (gemeint: die Juden) denn meine Sprache nicht? Weil ihr mein Wort nicht hören könnt! Ihr habt den Teufel zum Vater, und nach eures Vaters Gelüste wollt ihr tun.«

Erst der Aufklärung gelang es, die mörderische Macht der katholischen Kirche zurückzudrängen. Das kollektive Schuldbekenntnis der katholischen Kirche von Papst Johannes Paul II. im »Heiligen Jahr« 2000 war historisch gesehen mehr als begründet.

Nicht sonderlich zimperlich geht auch der Islam mit dem Leben der Gläubigen und »Ungläubigen« um. Trotzdem sollten wir das »Kind« des Mohammed-Glaubens nicht mit dem Blut-»Bade« des Terrors ausschütten. Als Mohammed 632 mit knapp über 60 Jahren starb, hinterließ er die fortschrittlichste zur Macht gelangte Religion seiner Zeit. Während im christlichen Europa Millionen von Menschen an Seuchen und an mangelnder Hygiene umkamen, gab es auf der Arabischen Halbinsel Spitäler, Bibliotheken, Wohlfahrtseinrichtungen. Diese Glanzzeit des Islams dauerte allerdings nur bis zum Ende des 12. Jahrhunderts.

Trotzdem: Die eigentlichen Wurzeln des heutigen terroristischen Islam reichen bis ins 20. Jahrhundert zurück, als 1920 Hassan al-Banna in Ägypten die »Muslimbruderschaft«

gründete. Seine politischen Ziele gleichen haargenau denen des – meiner Meinung nach nur vorläufig – zurückgedrängten Taliban: Ausschluß der Frauen aus dem öffentlichen Leben, Verbot von Tanzveranstaltungen und des freien Medienkonsums.

Wie der Pentateuch, die Fünf Bücher Mosis, und das Neue Testament, so ist auch für den Koran der Kampf kein Fremdwort. So steht es in Sure 61: »Gott liebt diejenigen, die auf seinem Weg in der Schlachtordnung kämpfen [...]« und Sure 9 wird noch deutlicher: »Und wenn die heiligen Monate abgelaufen sind, dann tötet die Heiden, wo ihr sie findet, greift sie, umzingelt sie, lauert ihnen auf!«

Die große Mehrheit der Menschen ist Anhänger einer der drei monotheistischen Religionen. Vor allem sie sind – und das nicht nur in Nordirland, in Israel, in St. Pölten und wo auch immer, – vom Besitz der alleinseligmachenden »Wahrheit« überzeugt.

Die Ideologien dieser Religionen sind leicht durchschaubar, da sie nichts anderes als die Verbündelung und Etikettierung der jeweiligen Politik symbolisieren.

Nicht mehr so leicht analysierbar wie diese gesellschaftspolitische Tatsache ist die psychologische Notwendigkeit des institutionalisierten Glaubens, der Religion. Freud beruft sich dabei auf die »menschliche Hilflosigkeit« und auf das daraus »resultierende Bedürfnis nach Schutz, Orientierung und Halt im Leben.« So gesehen steht jeder Glaube, mit oder ohne Religion, am Kreuzungspunkt zwischen dem Wissen um unsere Endlichkeit und die schwachen Kräfte einerseits und den unzähligen, kaum mehr bewältigbaren Anforderungen, mit denen wir konfrontiert werden, andererseits. Daß an diesem Kreuzungspunkt nicht nur die echten, sondern auch die zahlreichen Ersatzreligionen, wie z. B. die mannigfachen Süchte, stehen, muß wohl nicht extra erwähnt werden.

Einen Schritt weiter als Freud ging Sartre in unsere freimaurerische Richtung. Er war davon überzeugt, daß die Menschen »Suchende nach der verlorenen Ganzheit« sind. Oder anders, mehr in unserer Sprache ausgedrückt: Suchende nach Liebe und Harmonie. Der Weg zu diesem »harmonischen Ganzen« gleicht allerdings einer »narzißtischen Himmelfahrt«, wie das Sartre formulierte.

Hier stoßen wir auf einen zusätzlichen Aspekt der Religionen: auf den Narzißmus, auf die übertriebene Selbstliebe, die jeden konfessionell Glaubenden erfüllt. Die extreme, bereits krankhafte Entartung dieses Narzißmus kennen wir aus Geschichte und Gegenwart der Selbstmordattentäter. Erwähnen müssen wir hier auch den außerordentlich starken psychologischen Effekt der Zugehörigkeit zu einer Religion (oder auch zu einer Ersatzreligion, meist faschistischer Prägung). Hier spielen äußere Merkmale wie Fahnen und Uniformen eine genauso große Rolle wie Sprache und Ausdrucksweise mit rassistischem Inhalt.

Gibt es einen Ausweg aus der verzwickten Situation, in die uns der Monotheismus getrieben hat? Ist das wirklich nur die Aufklärung und sonst nichts? Bereits das Judentum unter König David und nicht erst die Philosophen und Revolutionäre der französischen Aufklärung haben den Keim des Ausweges gepflanzt. Als König David seine verheiratete Geliebte Bathseba schwängerte und ihren Mann im Krieg fallen ließ, hielt Davids Haus- und Hofprophet Nathan eine Strafpredigt. Damit wurde in der Geschichte das erste Mal die Einheit von »Herrschaft-und-Heil«, eine untrennbare Symbiose auch des alten Ägypten, durchbrochen. Genaugenommen vollzog diese Trennung zwischen Herrschaft und Heil nicht Davids Prophet Nathan, sondern Abraham, der auf dem Berg Sinai Gottes Bund entgegennahm. Seit dieser Zeit ist in unseren kulturellen Breitengraden Gott und nicht irgendein Kaiser oder König »allmächtig«.

Nathans Aufforderungen an David, seine Schandtat zu bekennen – und nicht die Aufklärung –, ist die eigentliche Wurzel unserer heutigen Demokratie. In der pluralistischen Demokratie ist es gut und nützlich, wenn Taten und Untaten der Herrscher, der Regierenden von der Opposition, von den Medien an den Pranger gestellt werden. Vor allem die protestantische USA hält eisern am Prinzip des Propheten Nathan fest.

Das große Problem des Islam, welcher eine stabile Demokratisierung verhindert, ist die Nichtbereitschaft, Herrschaft und Heil voneinander unwiderruflich zu trennen. So gibt es in der muslimischen Welt kaum eine mediale und auch keine demokratische, sondern höchstens eine fundamentalistische Opposition.

Wir »glauben« irrtümlich, daß unsere säkularisierte Gesellschaft keine Religion mehr kennt. Weit gefehlt! Als besten Beweis dienen uns hier die amerikanischen Ereignisse nach dem 11. September 2001. Nicht zufällig nannte die US-Armee ihren, durchaus berechtigten (?) Rachefeldzug gegen die Taliban »Unendliche Gerechtigkeit« (»Infinite Justice«). So eine »unendliche Gerechtigkeit« ist jedoch nie von dieser Welt, sie ist nur in der Sphäre des Glaubens auffindbar. Diese Zivilreligiosität der Amerikaner steht in unmittelbarer Nähe zur demokratiestiftenden Haltung der hebräischen Trennung von Herrschaft und Heil. Wir sehen, wie es den Amerikanern seit ihrem Unabhängigkeitskrieg hervorragend gelingt, ihr alles einende Gemeinwesen an ihre Religion zu binden. Das ist keine Theologisierung der Politik, sondern die Ausnutzung einer sinnvollen Autorität Gottes als Motivierung und Mobilisierung der nationbildenden gemeinschaftlichen Kräfte. Auch Englands „God save the Queen« zeigt in diese Richtung. Schuschniggs frommer Wunsch, »Gott schütze Österreich!« paßt genauso hierher, wie der Satz eines sozialdemokratischen Ministerpräsidenten bei der Gründung der Bundesrepublik nach der Befreiung vom Nationalsozialismus: »Wir haben den Fluch einer Welt ohne Gott gesehen.«

Seit dem 11. September 2001 ist es zur wohlstandseuropäischen Mode geworden, »Friedenstagungen« der drei monotheistischen Religionen zu veranstalten. So zitierten auch in Wien Ende November 2001 auf dem 7. Wiener Kulturkongreß Islamwissenschaftler Friedliebendes aus dem Koran: »Wer einen einzigen Menschen, der sich keines Mordes schuldig gemacht hat, tötet, der hat solche Schuld auf sich geladen, als hätte er die gesamte Menschheit getötet.« Am Abend des ersten Tagungstages zeigte das Fernsehen Tote und blutende Opfer nach einem Selbstmordattentat in Israel. Am nächsten Tag wurde weiter – wie es in solchen Fällen üblich ist – »das Gemeinsame vor dem Trennenden« auch im Islam betont. Der islamische Philosoph Smail Balic, nach eigenen Angaben ein »gläubiger Moslem«, forderte auf dieser Wiener Tagung »eine zeitgemäße Auslegung des Islam und die Abkoppelung der Religion von der Politik«. Mit anderen Worten: eine Politik der Aufklärung in einer Religion, die im Gegensatz zum Judentum und Christentum keine Aufklärung, keine Trennung zwischen Herrschaft und Heil kennt.

Vor allem in unseren christlichen Breitengraden ist es Mode geworden, im Buddhismus eine »friedliebende Religion ohne Gott« zu suchen. Nun – und auch das nur im Telegrammstil – ist auch der Buddhismus alles andere als friedlich: Auf Sri Lanka werden die hinduistischen Tamilen von der buddhistischen Regierung erbarmungslos verfolgt. In Birma, heute heißt das

Land Myanmar, gewann die buddhistische Partei die Wahlen mit dem Versprechen, alle Moslems, Hindus und Christen aus dem Land zu jagen. Oder noch schlimmer: das Giftgasattentat der buddhistischen Fundamentalisten, der Aum-Sekte in Tokio.

Auch das erbarmungslose Kastensystem des Hinduismus macht diesen Glauben nicht unbedingt friedlich und fortschrittlich. Gandhis Trennungsversuche zwischen Kirche und Staat werden heute noch von religiösen Hindu-Führern vehement bekämpft. Auch der Konfuzianismus ist wegen seiner Frauenfeindlichkeit und Gehorsampflicht kein leuchtendes Beispiel für die Zukunft.

14. JUDEN IN DEN LOGEN

Entsprechend der konfessionellen Intoleranz der monotheistischen Religionen fanden – trotz ihrer Assimilationsbestrebungen – Juden hauptsächlich in Frankreich, im Gegensatz zu Deutschland und (wenn auch nur zum Teil) in Österreich freien Zugang zu den Logen. Die starke Anlehnung der französischen Freimaurerei an die revolutionären Ideen auch an die militante Aufklärung, die sehr ernst genommene Verwirklichung der Toleranz, öffneten den französischen Juden den völlig freien Zugang in die Freimaurerei.

Da die katholische Kirche in Österreich traditionsgemäß eine negative Einstellung zur Freimaurerei einnahm und daher der »französische Geist« in den österreichischen Logen nichts Unbekanntes war, konnten auch zahlreiche assimilierte österreichische Juden Freimaurer werden.

Anders war die Situation in Deutschland, vor allem im protestantischen Teil des Nordens. Hier gab es keinen kirchlichen Druck gegen die Maurerei, sondern nur den antisemitischen Ludendorffs und Konsorten. Die »englische Freimaurerei« war von Anfang an nicht nur (christlich) religiös, sondern apolitisch, vor allem »revolutionsfeindlich« eingestellt. Diesem Prinzip folgte auch die deutsche Freimaurerei, die sich im Norden, aber teilweise auch in anderen deutschen Ländern, an den christlichen Ritus angelehnt hat. So fanden die Juden nur in sogenannten »Winkellogen« Aufnahme. Das änderte sich nach dem Zweiten Weltkrieg, nach dem Holocaust, grundlegend; allerdings fehlt jetzt in Deutschland die gehobene, assimilierte jüdische Bürgerschicht.

Stark unterschiedlich ist die Situation der heutigen jüdischen Gemeinden in Deutschland und in Österreich. Während über 70.000 der rund 100.000 Juden in Deutschland aus den Ländern der ehemaligen Sowjetunion eingewandert sind und sich, zumindest in der ersten Generation, nicht sonderlich »integrationswillig« zeigen, rekrutieren sich die meisten Juden in Österreich aus den einst Vertriebenen und aus ungarischen, polnischen und extschechoslowakischen Juden, die heute bereits fixer Bestandteil der jüdischen und der österreichischen Gesellschaft geworden sind.

Diese Situation spiegelt sich auch in den Logen wieder; so finden wir in Österreich – hauptsächlich in Wien – relativ viel mehr jüdische Brüder als es in deutschen Logen der Fall ist. Noch dazu bekennen sich viele deutsche Logen nördlich von Frankfurt zur »christlichen Freimaurerei«, wo Juden kaum eine geistige Heimstatt finden können.

In den österreichischen Logen ist diese Situation gänzlich anders; da »Religion« hier nahezu ein Fremdwort ist, vom christlichen Glauben ganz zu schweigen, spielt das religiöse Bekenntnis oder Nichtbekenntnis gar keine Rolle. In der sogenannten »humanistischen« Freimaurerei – dazu bekennt sich die Großloge von Österreich ohne Wenn und Aber – fühlt sich jeder Deist oder Theist wohl. Christen, Juden und Muslime »arbeiten« in voller Harmonie in den österreichischen Logen nicht neben-, sondern immer miteinander.

15. RELIGION PUR

In einem Vortrag vor einigen Wiener Logen sprach der Autor dieser Zeilen über die »Renaissance der Religionen« und endete, wie es nach einem freimaurerischen Vortrag üblich ist, mit einem sogenannten »Kettenspruch«, mit seinem persönlichen Bekenntnis: »Gott schuf die Menschen und die Menschen die Religion.« Diese Überzeugung zielt auf die »Nützlichkeit« jedes Glaubens, jeder Theologie hin, wie das William James bereits 1902 formulierte: »Gott existiert, weil die Annahme der Existenz Gottes nützlich ist.«[25]

Natürlich ist diese »Nützlichkeit« Gottes, bzw. der Religionen kein Gottesbeweis, vielmehr ein »Menschenbeweis«, ein Beweis denkender und fühlender Menschen auf der permanenten Suche nach dem Sinn des eigenen Lebens. Wie der Grazer Philosoph Peter Strasser, so sind auch wir Freimaurer davon überzeugt, daß diese, auf die Nützlichkeit relativierte Theologie, die Toleranz gegen Andersgläubige fördert.

Strasser nennt diese Begründung des Glaubens »Pragmatische Theologie« und lehnt sie gleichzeitig ab: »Der Nutzenbegriff des Pragmatischen führt [...] zu einer schädlichen Unklarheit, ja Unentscheidbarkeit hinsichtlich der Frage des rechten oder wahren Glaubens.«[26] Genau aus diesem Grund bekennen sich Freimaurer zu dieser Art der »pragmatischen« Religion, weil sie – im Gegensatz zur ersten Fassung der »Alten Pflichten« – in keiner Konfession die »wahre«, allein seligmachende Religion zu akzeptieren bereit sind.

Die religiöse Auffassung der Freimaurer entspricht, wie bereits erwähnt, der Farbkomposition des Regenbogens, wie es auch der US-Theologe John Hick (»The Rainbow of Faiths«) empfiehlt: Die Summe dieser Farben ergibt weiß, und genau dieses Symbol – Peter Strasser spricht hier von einer »Symbolischen Theologie« – bedeutet auch für die Maurer das »Sein der Seienden«, also Gott, den einzigen, wie der monotheistische Glaube bestimmt. Der doppelte Vorteil dieses religiösen Symbols der Freimaurer liegt sowohl in der verschmolzenen Einheit von »Gottes Weis(s)heit« als auch in der jederzeit möglichen Erstrahlung aller Regenbogenfarben, wobei wir immer wissen, daß das Wesentliche die Einheit des einzigen ist und es auch bleibt.

Die maurerisch-religiösen Farben des »Regenbogens« führen auf Peter Strassers Spuren zum »natürlichen Licht«. »Licht«, vor allem wenn es »natürlich« ist, gehört zu den häufigsten freimaurerischen Symbolen. Das »natürliche Licht«, wie auch alle anderen Symbole in der Freimaurerei, sind von einer universellen, menschen- und religionenumspannenden Bedeutung. Dieses »natürliche Licht« führt die Freimaurer zu den menschenimmanenten Erkenntnismöglichkeiten der rationalen, durch die Religion begründete Ethik (Denken, Gedächtnis, Einsicht).

Das religiöse Verständnis der Freimaurerei, dieses Symbol des »natürlichen Lichts«, dessen Irrationalität – eine Voraussetzung religiöser Praxis – rationale Überlegungen nicht ausschließt, führt uns mit Denken, Gedächtnis und Einsicht in das undogmatische

Reich der vorpaulinischen judeo-christlichen Urgemeinde. Der politisch motivierte Weg des Paulus ist nicht das geistige Ziel der Freimaurerei. Daher orientiert sich die Freimaurerei eher nach Johannes als nach Paulus. So wird auch der berühmte Satz aus dem Johannes-Evangelium (»Und das Licht scheint in der Finsternis, und die Finsternis hat es nicht begriffen«[27]) zum rituellen Arbeitsbeginn ins Gedächtnis gerufen.

Einen gänzlich anderen Weg geht Paulus, der Glauben und nicht Ratio verlangt: »Denn da die Welt angesichts der Weisheit Gottes auf dem Weg ihrer Weisheit Gott nicht erkannte, beschloß Gott, alle, die glauben, durch die Torheit der Verkündung zu retten.«[28] Peter Strasser geht hier folgerichtig den Weg zum religiösen Existentialismus, der uns nachweist, daß »töricht« für das »streng Irrationale« steht. Diesen Weg gehen Freimaurer allerdings nicht.

Der freimaurerische Weg zur Religion führt auch über die Philosophie.

Die gemeinsame Grundlage der freimaurerischen Theorie und logenwirksamen Praxis bildet das, was wir als »Philosophie der Freimaurerei« bezeichnen. Die einzige Schwierigkeit ist die nüchterne Tatsache, daß die »Freimaurerei« als solche keine eigene »Philosophie« hat. Wir müssen daher den Spieß umdrehen und nicht die Philosophie in die Freimaurerei transportieren, sondern umgekehrt die freimaurerischen Grundsätze und Realitäten – einem blauen und roten Faden gleich – durch die Haupt- und Nebenadern der Philosophiegeschichte führen, um die prinzipielle Brauchbarkeit und die brauchbaren Prinzipien unserer Ideen auf ihre Gültigkeit zu prüfen.

In der griechischen Kolonie Elea (Süditalien) lebte 500 Jahre v. Chr. der Begründer der »eleatischen« Denkschule, Parmenides (540–470 v. Chr.), den wir auch als Begründer des »Rationalismus« mehr feiern als lesen können, da er kaum schriftliche Unterlagen hinterließ. Früh erkannte Parmenides die Diskrepanz zwischen Sinneswahrnehmungen und vernunftmäßigen Überlegungen. Da er unbedingt als Begründer des Rationalismus in die Philosophiegeschichte eingehen wollte, gab er stets der Vernunft den Vortritt und degradierte jene Sinneserfahrungen, die der von ihm angebeteten Vernunft widersprechen, zu »Sinnestäuschungen«. Nach diesem Prinzip, dessen gedanklich-systematischer

Großmeister Platon wurde, leben heute noch gar nicht so wenige Menschen, doch umso mehr Freimaurer.

Der erste große Pragmatiker hieß Heraklit (550–480 v. Chr.), dessen »Panta rhei« (»Alles fließt«) in die Geschichte einging. Heraklit und alle Menschen aller Zeiten können »nicht zweimal in denselben Fluß steigen«. Heraklit könnte überhaupt zum Vordenker der Freimaurerei werden; mich wundert es, daß nach ihm bisher keine Loge benannt wurde. Heraklit dachte inmitten der frühhellenistischen Vielgötterei an einen einzigen Gott. Dieser »Gott« symbolisierte für Heraklit vor allem die Harmonie aller Gegensätze. Ohne Krieg könnten wir den Frieden genausowenig schätzen, wie die Sättigung ohne Hunger, wie den Tag ohne die Nacht, den Winter ohne den Sommer. Darüber hinaus verwendete Heraklit – das erste Mal systematisch durchdacht und verewigt – statt Gott den Begriff »Logos«, auch als »Weltvernunft« verstanden. Wir nähern uns, nicht nur was diesen beliebten Logennamen anbelangt, unseren gedanklichen Ansätzen.

»Gott«, »Logos« oder auch »Weltvernunft« waren für Heraklit verwandte, identische, jederzeit austauschbare Begriffe. So auch für die Freimaurer der nicht-Grand-Orient-orientierten Logen. In der masonischen Philosophie wird die heraklitische Einheit der Gegensätze als Ganzheit verstanden.

Frisch gebadet in Heraklits »Panta rhei« erreicht der seine philosophischen Wurzeln suchende Freimaurer, jetzt schon trokkenen Fußes, das wohl berühmteste Orakel der Welt: in Delphi. Apollon hieß der unsichtbare göttliche Hausherr und Pythia seine priesterliche Sprecherin. Pythia ließ die für Freimaurer grundlegende Aufforderung auf ihren Tempeleingang meißeln: ERKENNE DICH SELBST! Man soll diese unmißverständliche Einladung zur Selbsterkenntnis, die nicht mit einem neumodisch-psychologisierenden »Selbstfindungsprozeß« verwechselt werden darf, sehr ernst nehmen. Pythia, im Namen Apollons, weissagte nicht nur großen Fürsten, Königen und Heerführern die Zukunft, sondern teilte jedem Vorübergehenden die eher unerfreuliche Tatsache mit, daß sein Leben vorausbestimmt sei, und er seinem Schicksal nicht entrinnen könne. Der große Reformator Calvin aus Genf war mit seiner Prädestinationslehre sicherlich Gast bei Pythia.

Die drei großen Griechen – Sokrates, Platon und Aristoteles – erlauben uns, den maurerischen »Faden« durch ihre Lehren zu ziehen und zu prüfen, wo wir recht und wo sie unrecht haben; soviel zur freimaurerischen Bescheidenheit. Sokrates (470–399 v. Chr.), der wohl Bescheidenste unter den drei Großen, fragte ständig, diskutierte oft und schrieb nichts nieder, sondern überließ die Fachpublikation seinem geschäftstüchtigen Schüler Platon. Von Sokrates lernen wir trotzdem recht viel. Als erster erkannte er, daß Moral etwas Relatives ist und stets von der jeweiligen Gesellschaft bestimmt wird. Und dann sein nächster, wohl berühmtester Satz des wirklichen Selbsterkenntnisses: »Die Klügste ist die, die weiß, was sie nicht weiß.« (Mir gefällt, daß Sokrates – so die platonische Überlieferung – dabei die weibliche Form wählte; Männer brauchen bekannterweise länger als Frauen, bis sie ihre eigenen Grenzen erkennen. Und dann ist es meist zu spät – aber das nur nebenbei.)

Eine weitere wichtige Lehre des Sokrates bezieht sich auf seine Erkenntnis: »Wer weiß, was richtig ist, wird auch das Richtige tun.« Hier wird die Logik zur Ethik. Da Freimaurer von der »Richtigkeit« ihrer Ideale überzeugt sind, handeln sie auch »richtig«. Dieser einfache, durch nichts bewiesene Satz des Sokrates kann auch als Antwort auf die oft gestellte Frage (»Wer ist ein Freimaurer?«) verstanden werden: Der Mensch, der humanistische Ideale setzt und den Weg dorthin auch sucht.

Das Image der Freimaurer in der Profanei ist nicht sonderlich gut. Dieses Schicksal teilen sie nicht nur mit den Pharisäern und Jesuiten, sondern auch mit den Sophisten. Heute werden die Sophisten als Verkörperer unnötiger Wortklaubereien mißverstanden. Auch dieses Vorurteil, wie die meisten, ist falsch. Sophisten waren Wanderlehrer, die aus den griechischen Kolonien in das neu aufgeblühte, reiche Athen – wir schreiben das Jahr 400 v. Chr. – strömten, wo die Reichen immer wißbegieriger und die Wissenden immer reicher wurden. Die Sophisten waren, im Gegensatz zu ihrem späteren schlechten Ruf, nüchterne Denker, die den Mythen und Spekulationen den Kampf ansagten. Da sie nicht sonderlich religiös waren, gaben sie unumwunden zu, auf viele, vor allem grundlegende Fakten keine Antworten zu wissen. Sie gelten daher auch als Begründer des »Skeptizismus«. Einer der wichtigsten Sophisten, Protagoras, holte die Gedanken aus dem Himmel und behauptete schlicht und einfach: »Der Mensch ist das Maß aller Dinge.« Genauso klingt der Lehrsatz der »Realos«

unter den Freimaurern, die mit dem Mystischen nicht viel anfangen können. Neben Heraklit sollte man diesen Protagoras in die masonische Ahnengalerie aufnehmen.

16. DIE NEIGUNG ZUR RELATIVIERUNG

Die Sklavengesellschaft des wohlhabenden Stadtstaates Athen konnte sich den Luxus einer geistigen Elite, die ihr Brot nicht im eigenen, sondern im Schweiße der Sklavenantlitze verdiente, leisten. So wurden in den kühlen schattigen Gärten heiße Diskussionen darüber geführt, was von den Göttern als etwas Unumstößliches (»Naturgegebenes«) geschaffen wurde und was »nur« ein Produkt der (jeweiligen) Gesellschaft sei. Die Sophisten waren Anhänger der gesellschaftlichen Prozesse, und so gelten sie heute noch als die Begründer der Gesellschaftswissenschaften. Während Sokrates und seine Anhänger von pseudoreligiösen »ewigen Normen« sprachen, relativierten die sophistischen Wanderlehrer Gott und die Welt. Protagoras und seine Sophisten hätten viel Freude mit der freimaurerischen, angewandten Ethik. Durch ihre Neigung zur Relativierung – daher stehen weltliche und geistliche Führer toleranzfremder Ideologien und Religionen feindlich der Maurerei gegenüber – haben Sophisten und Freimaurer etwas Gemeinsames: sie und die Brüder sind »ethische Moralisten«, die nicht nur die Unterscheidung zwischen »Gut« und »Böse« (das ist die Aufgabe der Ethik) postulieren, sondern auch Verfechter ihrer praktikablen Anwendung (Moral) sind.

Genaugenommen standen die Sophisten in keinem Widerspruch zu Sokrates, sie suchten nur die Anwendbarkeit der sokratischen Denkweise: die des Hinterfragens. Heute wie damals ist es bedeutend leichter, (angenehme) Antworten zu geben als (unangenehme) Fragen zu stellen. Während Sokrates alles in Frage stellte – »Selbst die Götter!« hieß es in seinem Todesurteil –, suchten die Sophisten die pflegeleichte und eher ungefährliche Variante dieser Denkform: Sie stellten nicht alles in Frage, sondern bemühten sich, vieles zu hinterfragen. Genau dieses permanente Hinterfragen sollte auch unsere maurerische Arbeitsweise charakterisieren. Wenn die Freimaurer stolz darauf sind, keine Dogmen zu haben, so müssen wir die, durch die Sophisten handhabbar gewordene und deshalb ungefährlichere Form des Hinterfragens beibehalten.

Am meisten Wissen kann man durch Fragen erzielen. Das wußte Sokrates und tauschte im Endeffekt Wissen gegen Leben ein. Aber wer will das schon, selbst dann nicht, wenn heutzutage kaum ein Fragender hingerichtet wird? Ein ewig Fragender verliert zwar nicht sein Leben, aber seine Glaub- und Kreditwürdigkeit und wird zum »nichtkompetenten Dilettanten« gestempelt.

Auch die Freimaurer haben das ehrliche Fragen verlernt, auch sie sollen nicht den unsichtbaren Schurz des Nichtkönnens und -kenners umbinden. Fragen, nicht Antworten verlangen Mut!

Wer fragt, der regt die Ganglien und spricht die Vernunft an. So auch Sokrates, der die Vernunft zum Fundament der Erkenntnisse bestimmte. Sein humanistischer Rationalismus sollte einer der Eck- und Grenzsteine freimaurerischen Denkens sein, da man jenseits der Schierlingsbechergrenze nur mehr auf einen geist- und gottlosen Pseudorationalismus mit inneren Leerläufen stoßen kann.

Die Vernunft sollte zur Schutzpatronin der Freimaurer erkoren werden, vor allem der sokratische Rationalismus, der in seiner moralischen Wirkung – Heraklits Spuren folgend – die jeweilige Gesellschaft aus der Funktion einer Bestimmerin von Recht und Unrecht zugunsten der Vernunft entläßt.

Sokrates war sicherlich der mutigste Philosoph aller Zeiten. Das Richtige erkennen hieß für ihn, den richtigen Weg, den der eigenen Überzeugung, zu gehen. Das sind die wirklichen Helden und Heiligen, das sind die Jägerstädters und die Korczaks, das sind aber nicht die ängstlichen und aggressiven Menschen, die es rechtzeitig gelernt haben, sich den Mund auch dann nicht zu verbrennen, wenn selten so heiß gegessen wie gekocht wird. Zumindest in der freimaurerischen Wirklichkeit der Logen, in diesen »Geschützten Werkstätten« der Mutbehinderten, könnte man dem Weg der Überzeugung folgen, um dem masonischen Spruch – »Der Weg ist das Ziel« – wenn schon nicht »Draußen durch die Tat«, so »Hier – in den Logen – durch das Wort« zu entsprechen.

Die zweite große Gestalt der griechischen Philosophen war Platon (427–347 v. Chr.), ein grandioser Denker und ein noch besserer Geschäftsmann, der mit 29 Jahren zusehen mußte, wie sein Lehrer Sokrates den Schierlingsbecher leeren mußte. Sicherlich beschloß damals dieser geniale Geschäftemacher, einen anderen, bedeutend ungefährlichen, dafür lukrativen Weg als sein Meister zu gehen. Platon wußte in seiner berechtigten Einbildung, daß er – im Gegensatz zu Sokrates – keinen Schüler, wie er selber einer war, bekommen werde, der für seinen Nachruf sorgt. Daher war er zeitlebens bemüht, viel Schriftliches – 35 große philosophische Dialoge, die Verteidigungsrede des Sokrates und hunderte inhaltsschwere Briefe – zu hinterlassen.

Sokrates stellte kluge Fragen, Platon gab ebensolche Antworten. Fragen kann man überall – auf dem Marktplatz, in den Gärten, Gaststuben und Wirtshäusern – stellen, Antworten am besten in festen und fixen, institutionalisierten Rahmen geben. Daher – um seine finanzielle Unabhängigkeit zu sichern – gründete Platon seine berühmte »Akademie«. Hier entwickelte Platon seine »Ideenlehre«, die auch den Freimaurern nichts Unbekanntes ist.

Das Martyrium Sokrates, dieser inhumane, doch leider sehr realistische Gegensatz zwischen dem »Wirklichen« und dem »Ideellen«, störte Platons Gerechtigkeitssinn. Dem mutigen Weg des Sokrates folgte auch Platon – und folgen auch die Freimaurer –, doch wollte er dabei weder seine existentielle, geschweige denn seine persönliche Sicherheit gefährden; genauso, wie es Freimaurer handhaben. Deshalb hüllte er seine harte politische Kritik in weiche, für Führung wie Masse unverständliche, für ihn selber gefahrlose Theorien. So gesehen ist Platon das große praktische Vorbild.

Da die nicht sonderlich leichte Platonische Philosophie im Detail kein Spiegelbild maurerischen Denkens ist, sollte man hier, nur im Telegrammstil aus seiner Lehre skizzieren:

Platon unterschied zwischen der sterblichen »Materie« und der unsterblichen »Form«. Diese zeitlose »Form«, abstrakten Musterbildern gleich, sind Phänomene, die hinter jeder » Materie« stehen. Diese Zweiteilung übertrieb Platon maßlos und glaubte, hinter der sinnlich faßbaren Wirklichkeit eine zweite, ewige Wirklichkeit der »Ideen« zu erkennen. Sein berühmtes »Höhlengleichnis«, das er – den modernen Methoden der Werbung (Einprägen durch Wiederholungen) vorwegnehmend – seinen Schülern unentwegt vortrug, kennt man: Wir Menschen sitzen zeitlebens in einer Höhle und sehen nur die Schatten verschiedener Figuren, die hinter uns durch einen Feuerschein auf die Höhlenwand projiziert werden. Wir sehen also nicht die wahren, wirklichen Gestalten, sondern nur deren Schatten und halten diese für die Wirklichkeit. Damit will Platon in der Theorie, was Sokrates in der Praxis vollzog, darlegen: Die wirklichen Ideen liegen immer hinter den wahrgenommenen Phänomenen. Dazu muß man jedoch die Augen öffnen, die geschützte Bequemlichkeit der Höhle verlassen und das Abenteuer der Entdeckung wagen. Das wollen aber die Menschen nicht, das verbieten ihnen ihre geistlichen und weltlichen Führer, die mit mutigen Menschen, die sich mit den erlaubten Schattenbildern nicht begnügen, meist kurzen Prozeß machen. Diesem Prozeß wollte sich Platon jedoch nicht ausliefern und so verdunkelte und verkomplizierte er seine, von Sokrates übernommene Lehre auf seinem akademischen, für Athens Führung gefahrlosen Boden.

Platon war also fest von der ewigen Existenz einer Ideenwelt überzeugt, deren Schatten man fälschlicherweise für die Wirklichkeit hielt. So gänzlich Unrecht hatte der berühmteste und geschäftstüchtigste Schüler des Sokrates natürlich nicht; wir werden tatsächlich von unseren Ideen gelenkt. Nur wäre es falsch, diese »Urformen« alles Seienden für ein Produkt der Göttlichkeit zu halten. So dürfen wir die Ideen – im Gegensatz zu Platon und trotzdem voller Bescheidenheit – als »destillierte Erfahrungen« bezeichnen. Die alters-, geschlechts- und kulturspezifischen Erfahrungen, die den flüchtigen Augenblick überleben und sich in unserem Unter-, Mit- oder Vollbewußtsein festsetzen, werden destilliert, indem wir nur das, was wir für das Wesentliche halten, behalten. Dann prüfen wir in einem zweiten Schritt die destillierten, bereinigten Ideen und prüfen ihre Brauchbarkeit, Anwendbarkeit. Das Nichtbrauchbare scheiden wir aus und das Übriggebliebene verdichten wir zu Ideen. Diese bereinigten und erhärteten Ideen – und damit kehren wir zu Platon zurück – erheben wir zu »ewigen«, unabdingbaren Postulaten. Solche postulathafte Ideen sollten – für die Freimaurer – die Lehren der Toleranz, Humanität und Menschenliebe sein. Es ist eine Frage des Charakters, der Persönlichkeit, wie sehr man nach den Prinzipien dieser Postulate lebt, handelt, oder zumindest denkt.

Bereits der Dritte der drei großen Griechen, Aristoteles (384–322 v. Chr.) übte scharfe Kritik an der Platonischen Ideenlehre. Aristoteles, der aus Makedonien nach Athen Zugewanderte, war ein echter Sohn seines naturwissenschaftlich orientierten Medizinervaters. Dementsprechend lehnte der junge Schüler in Platons Akademie den großen Meister ab, dessen – wie wir heute sagen – »nicht-empirische« Denkweise unakzeptabel erschien. Platon war dermaßen in seiner abstrakten Ideenwelt verfangen, daß er die konkrete Sinnenwelt, außer in der Einhebung der Akademiegebühren, vollinhaltlich negierte.

Beide, Platon wie Aristoteles, wollten die Welt verändern, sie verbessern: der Meister, indem er die schattenfixierten Höhlenbewohner aus ihrer halbdunklen Beengtheit in das ewige Licht der »Ideen« führen wollte, und sein Schüler, indem er die Veränderungen in der Natur beobachtete, wie das einst Heraklit tat.

Aristoteles war kein großer Weltveränderer, sondern ein systematischer Beobachter. So gesehen unterliegen Freimaurer, welche die Welt verändern wollen, ohne sie zu kennen, den platonischen Postulaten, während andere, die zwar die Welt kennen, diese jedoch nicht verändern wollen, der aristotelischen Einsicht des ohnedies vollzogenen, steten Wandels. Es wäre trotzdem falsch, Aristoteles nur für einen frühen Evolutionär zu halten.

Die orthodoxen, fundamentalistisch orientierten Freimaurer entsprechen der Platonischen Ideenwelt, indem sie die rituellen Tempelarbeiten von jedem Sinneneinfluß fern- und freihalten wollen. Die reformierten Freimaurer folgen dem aristotelischen Prinzip der Empirie, der Erfahrungslehre: Aus den verdichteten Erfahrungen entsteht das, was sie die »Eigenschaft« des Wahrgenommenen bezeichnen. Platon wollte nur denken, Aristoteles auch wahrnehmen. Beide großen Griechen – und die Freimaurer mit ihnen – halten die Vernunft für das wichtigste Instrument menschlichen Handelns. Während Platon und die orthodoxen Freimaurer mit einer »angeborenen Vernunft« operieren, wollen Aristoteles und mit ihm die reformierten Freimaurer die Vernunft zuerst mit Empirie füllen.

Aristoteles vollzog den, für seine Zeit wagemutigen Schritt vom Empirismus zum Funktionalismus, indem er von der Zweckmäßigkeit und von der Zweckursache aller Naturphänomene überzeugt war. Mit seiner »vorprogrammierten Zweckmäßigkeit« beschrieb Aristoteles den natürlichen Ablauf organischen Lebens: Regen und Feuchtigkeit lassen Pflanzen wachsen, die dann von Menschen und Tieren verzehrt werden.

Aristoteles war ein Kind der stets glücksuchenden Griechen, wobei »Glück« symbolisch für ein erfülltes Leben, aber auch für die angewandte Ethik, also für die Moral steht. Er sprach von drei Formen des Glücks: zunächst von Lust und Vergnügen, dann von Freiheit und Verantwortung und schließlich von Forschen und Denken. Es wäre jedoch falsch, in dieser Morallehre eine stufenweise Wertigkeit zu sehen, da Aristoteles keinem aristokratischen Fehlschluß unterlag.

Aristoteles klassifizierte und wertete nicht, sondern sprach sich für das Gleichgewicht aller drei Glücksformen aus, wobei er stets zur Mäßigkeit riet. Orthodoxe, fundamentalistische Freimaurer neigen wie pseudo-elitäre Geistes- und Abstammungsaristokraten zu einer Unterbewertung der »Lustbarkeit« und zu einer Überbewertung der »Geistigkeit«.

Die freimaurerische Philosophie ist nahezu ausschließlich ethikorientiert, indem Gut und Böse mit Recht und Unrecht gleichgesetzt werden. Die Freimaurer sind davon überzeugt, daß das menschliche Gewissen der beste Spiegel alles Ethischen ist. So gesehen ist ihr Gewissen die konkrete und individuelle Stellungnahme ethischer Postulate.

Auch diese Worte klingen schön, doch – sie sind hohl. Ein kombiniertes Beispiel hierzu: Wir alle betrachten Jägerstädters »Nein!« zum Dienst mit der Waffe in einem verbrecherischen Angriffskrieg als ethisch-moralisch, ja heldenhaft-heiligmäßiges Handeln. Für Jägerstädter war sein Gewissen wichtiger als sein Leben. Hut (wenn schon keinen Soldatenhelm) ab! Aber wie erleben wir die Weigerung der Zeugen Jehovas, (auch) das eigene Leben mittels Bluttransfusion zu retten? Ist diese, nach heutigen (auch) biblischen Kenntnissen völlig falsche Einstellung richtig? Auch diese Handlungsweise, wie die Jägerstädters, folgt dem eigenen Gewissen.

Welche Postulate, Axiome, aber auch handhabbare Anwendbarkeiten liefern uns philosophische Gedanken zum freimaurerischen Gewissen? Assoziieren wir Gewissen ausschließlich mit Überzeugung, so handeln die Zeugen Jehovas, die nicht nur sich, sonder auch ihre unmündigen Kinder ohne »Gewissensbisse« aufzuopfern bereit sind, um ihre »Seele« zu retten, genauso »gewissenhaft« wie Mafiosi mit ihrem 11. Gebot: »Du sollst töten!« Den Ausweg aus diesem Dilemma weisen uns die Sophisten mit ihrer

Vermutung, daß die jeweilige Umgebung die Werte und Normen, nach denen wir uns zu halten genötigt sind, schafft, die die Richtigkeit des Handelns und des Denkens bestimmen. Sokrates nahm hingegen an, daß das Gewissen bei allen Menschen gleich und angeboren ist. Wieso er trotzdem den Schierlingsbecher leeren mußte, verstand auch er selber nicht so genau.

Das freimaurerische Gewissen »ruht« – manchmal im wörtlichen Sinne – auf der Basis der brüderlichen Kommunikation. Als sozialphilosophischer Ansatz verpflichtet sie das maurerische Gewissen, dem Bruder in »Liebe« und mit »Achtung« zu begegnen. Wer dagegen sündigt, wer nicht einmal seinen Bruder toleriert, handelt wider das eigene Gewissen und ist angehalten, sein (Fehl-)Verhalten unverzüglich zu korrigieren. Wer dem Bruder hingegen auf gleicher und liebevoller Ebene begegnet, der transferiert diese Verhaltensweise auch in die Profanei und kommt der Aufforderung nach dem »Bau am Tempel der allgemeinen Menschenliebe« entsprechend nach.

Auf die drei Giganten der griechischen Philosophie – Sokrates, Platon und Aristoteles – folgte die bunte, oft unausgegorene Zeit des sogenannten »Hellenismus«.

Es ist sicherlich kein Zufall, daß die politischen Grundlagen eines für die damalige Zeit weltumspannenden, auch geistigen Reiches *der* Schüler des Aristoteles, Alexander der Große (356–323 v. Chr.), schuf. Alexander besiegte nicht nur die persische Großmacht, sondern so manche Fürsten und Pharaonen, Könige und Kaiser von Ägypten bis Indien. In seinem mächtigen Reich ging zwar die Sonne unter, doch die des hellenistischen Geistes auf. Und überall verbreitete sich die griechische Philosophie.

Unter den zahlreichen hellenistischen Denkschulen sind für die Freimaurer vor allem zwei Richtungen wichtig: die Stoiker und die Epikureer.

Der Athener Philosoph Zenon (er lebte um 300 v. Chr.) versammelte seine Schüler und Anhänger in einem Säulengang – auf Griechisch »Stoa« – und lehrte dort die Bedeutung der Weltvernunft, die auch er, Heraklit folgend, »Logos« nannte. Zenon gilt auch als Begründer des Naturrechts, ein auf die Vernunft gegründetes allgemeines Recht aller Menschen. Er war der erste Philosoph, der in Logos und Weltvernunft kein Monopol der »freien Menschen« sah, sondern auch die Sklaven in seine Überlegungen mit aufnahm. Für damalige Zeiten ein revolutionäres Vorhaben. Die Stoiker, gleichfalls geistige Vorfahren der Freimaurer, waren echte »Monisten«, indem sie die Einheit nicht nur aller Menschen, sondern auch die Harmonie des Universums prägten. Damit sind sie echte Kosmopoliten geworden, gleichfalls ein Wesenszug zeitgenössischer Freimaurerei.

Die »Kosmopoliten« wiesen die Stoiker auf die große »Gemeinschaft aller Menschen« hin und die daraus resultierenden Verpflichtungen des Humanismus. Es ist kein Zufall, daß die Stoiker es waren, die den geistigen Brückenschlag von der hellenistischen zur römischen Philosophie schufen. Immerhin fühlten sich drei bedeutende römische Denker – Marc Aurel (121–180 v. Chr.), Cicero (106–43 v. Chr.) und Seneca (4 v. Chr.–65) – der stoischen Philosophie verpflichtet. Der berühmte Satz Senecas (»Der Mensch ist dem Menschen heilig«) könnte am Eingang aller Freimaurertempel stehen.

Wie einst die Sophisten wurden auch die Stoiker von der Nachwelt gutteils fehlgedeutet, wenn auch nicht so negativ. Ihr Name bleibt heute nur mehr für die »stoische Ruhe« erhalten. Die Stoiker wendeten sich nämlich gegen den sinnlosen, oft selbstzerstörerischen Kampf und gegen das Hadern des Menschen gegen sein Schicksal. So manche psychotherapeutische Ratschläge vorwegnehmend forderten die Stoiker die Menschen auf, sich ruhig und gelassen mit den eigenen Problemen und Schwierigkeiten auseinanderzusetzen. Daher die berühmte »stoische Ruhe«.

Die zweite hellenistische Denkrichtung, die für die Freimaurer ausschlaggebend ist, waren neben den Stoikern die Epikureer. Epikur (341–270 v. Chr.), der in Athen seine Schule und Lehre begründete, erhob die Lust zum höchsten Gut der Menschen. Über der Gartentür seiner Schule standen die beiden Sätze: »Fremder, hier wirst du es gut haben. Hier ist die Lust das höchste Gut.«

Wie so viele andere philosophischen Begriffe, so wird auch die »Lust« heute mißverständlich auf die sexuelle oder bestenfalls auf die kulinarische eingeengt. Im Gegensatz zu unserer sinnlich armen Gegenwart verstanden die Griechen die »Lust« als Summe aller, auch geistigen Freuden. Epikur wies allerdings, als lebensbejahender Philosoph mit Vorsicht, auf die Gefahren der Lustübertreibung hin und warnte vor den nur selten günstigen

Nebenwirkungen der Lust. Dafür plädierte er unumwunden für die »Lust der Freundschaft«, für die Sinnerfüllung des geistig wie kulinarisch anregenden Zusammenseins. Das masonische »Brudermahl« ist nur eines der vielen epikureischen Erben.

Auch die Forderung des Epikur (»Lebe im Augenblick!«) ist keine leichtfertige Abwendung von der Verantwortung für die Zukunft, sondern ein wichtiger psychotherapeutischer Rat: sich auf die jeweiligen Aufgaben, auf die gegenwärtigen Freuden zu konzentrieren. Wer die Suppe ißt und sich schon auf das Fleisch freut, hat auch von der köstlichsten Suppe nichts. Oder auf die Freimaurer gemünzt: Nicht die theoretische Freude der morgigen Weltverbesserung, sondern die praktische Genugtuung der heutigen Ichveränderung sollte für alle wichtig und von Bedeutung sein.

Am Ausgang des Hellenismus, im Übergang bereits zum Christentum römischer Prägung, standen die sogenannten Neuplatoniker und ihre führende Gestalt Plotin (205–270). Diese spätantiken Philosophen wirkten bereits im neuen Zentrum der Macht: in Rom. Platons Spuren folgend, huldigte auch Plotin dem Dualismus, der Zweiteilung zwischen Körper (Platons Schattenwelt) und Seele (Platons Ideenwelt). Für Plotin war die Seele fixer Bestandteil des göttlichen Lichts, das er für das »Eine«, für »Gott« hielt, und der Körper ein Teil der »Finsternis«.

Plotin weiß, daß der menschliche Körper, als Hülle der Seele, sterblich ist. Dementsprechend spricht er auch der Finsternis jedwede Existenz ab. Die Finsternis des Plotin erreicht das Licht nicht, und was man nicht erreicht, das kann man auch nicht begreifen. Die Finsternis »begreift« das Licht nicht – und hier begegnen wir der Aufforderung des Johannes-Evangeliums, das auch der geistige Mittelpunkt, unter Zirkel und Winkelmaß, des maurerischen Rituals ist.

Plotins Lichtsymbol entspricht auch dem Glauben, daß überall auf der Welt etwas von dem »göttlichen Licht« scheint, daß in allen und jedem ein Teil des »göttlichen Mysteriums« widerstrahlt.

Damit haben wir den ganzen Weg zwischen Ratio und Religion in der freimaurerischen Philosophie beschritten. Alles andere, alles was jetzt noch folgt, ist nur mehr ein Aufbau auf das hier Gesagte.

17. OHNE RELIGION KEINE ETHIK

Wer die nachhellenistischen philosophischen Grundlagen der Freimaurerei – abgesehen von Kants idealistischer Ethik – ausschließlich mit Spinoza zu datieren beginnt, um sich in Windeseile in die vielgerühmte »Aufklärung« zu flüchten, der irrt genauso wie die pseudomodernistischen Verteufler und Verdunkler des angeblich veralteten und reaktionären Mittelalters.

Masonische Forscher finden bei dem legendären Bischof von Hippo, dem Nordafrikaner Augustinus (354–430), der in Tagaste die Welt Afrikas erblickte und in Karthago studierte, kräftige sozialpolitische Ansätze. Das Elitäre in der freimaurerischen Ethik findet sich bereits bei Augustinus wieder, der zwar behauptete, daß kein Mensch wirklich Gottes Erlösung »verdient«, doch legte er im gleichen Atemzug Zeugnis über das Sein und das Schicksal einiger »Auserwählter«. Diese Menschen – für Juden die »Juden«, für Zigeuner die »Zigeuner« und für Freimaurer die »Freimaurer« – tragen eine besondere Verantwortung und gehen den Schicksalsweg selbstschaffender Eliten. Augustinus' Ethik, oder besser gesagt: Moral, empfiehlt allen Menschen – auch den Nicht-«Auserwählten« – so zu leben, als wären sie doch »Auserwählte«, den Lebensweg zu gehen, auf dem man sie als »Gottes Erwählte« erkennen kann. Die freimaurerische Forderung – »Wie hier durch das Wort, so draußen durch die Tat!« – entspringt auch der augustinischen Ethik.

Augustinus stellte das »Reich Gottes« oder den »Gottesstaat«, wie er ihn nannte, in Paranthese zum »Weltstaat«. Augustinus sah zwar keine prinzipielle Trennung beider Formationen, doch hielt er sich lieber in der Nähe des durch die Kirche repräsentierten »Gottesstaat« auf. Kein Wunder; schließlich und endlich lebte der Bischof von Hippo zur Zeit der Auflösung des Römischen Reiches, das damals noch alles andere als »heilig« war.

Augustinus wollte die Menschen – die »Auserwählten«, wie auch alle anderen – nur auf dem Wege zum »Gottesstaat« sehen; diesen »Weg als Ziel« symbolisierte für Augustinus die Kirche. Genauso wie Freimaurer ihren esoterischen Weg nur in der geschützten Geistigkeit der Logen erblicken und von hier aus wirken wollen, war Augustinus nicht bereit, den Menschen außerhalb der Kirche zum »mündigen« Entscheidungsträger zu machen. Genauso wie Freimaurer die psychobiologische Naturgesetzlichkeit der »Sozialdarwinismus« leugnen und die »Toleranz«, wie die Kirchen die »Nächstenliebe«, zum Dogma erheben, stemmte sich das vor-reformatorische Mittelalter erfolgreich gegen eine Entmündigung der Kirche als Verkörperin des »Gottesstaates«.

Während sich fundamentalistische Freimaurer stets und mit vollem Recht auf Augustinus berufen könnten, stützen sich progressive Maurer auf den wohl größten Philosophen des Mittelalters, auf Thomas von Aquin (1225–1274). Wie schon der Name sagt, stammt er aus dem Städtchen Aquino, zwischen Rom und Neapel. Der spätere Dozent an der Pariser Universität war Philosoph und Theologe in einer Person. Wie moderne Maurer, so glaubte auch Thomas nicht an die unwiderrufliche Gegensätzlichkeit zwischen Ratio und Religion. Als »katholischer Reformator«, so vorsichtig wir mit diesem Begriff auch umgehen müssen, interessierte ihn nicht die recht zweifelhafte Pseudowahrheit des Dogmas, sondern die darunterliegenden, tiefverwurzelten »natürlichen theologischen Wahrheiten«. Thomas riet, Gott nicht nur auf dem dogmatischen Offenbarungsweg zu suchen, sondern mittels unserer Vernunft.

Wie die beiden theologischen Wege – Offenbarung und Vernunft – zu Gott führen, so treffen sich auch die beiden Wege der Ethik in der »Gut-und-Böse«-Erkenntnis. Thomas ruft unser »Gewissen«, das er nur in Ermangelung einer wirklich revolutionären Gesinnung nicht Gott-ähnlich preist, als »höchsten Richter« in der Scheidung von Gut und Böse an. Freimaurerischer geht es wohl kaum mehr! Und noch eine Großtat von Thomas: Mitten im Hochmittelalter behauptete er, daß die Seele der Frau ebensoviel wert sei wie die des Mannes.

Alte jüdische und christliche Vorstellungen zeugten davon, daß Gott auch eine weibliche Seite hat, die man zunächst mit »Mutter Natur« und später mit »Sophia« (»Weisheit«) umschrieb. Die »Sophia« verfolgte auch die mittelalterliche Denkerin Hildegard von Bingen in ihren Schriften.

Thomas von Aquin öffnete die Tür zur Vernunft, indem er die »Göttlichkeit« der Vernunft mehr als nur andeutete. Nachdem Thomas die fest verschlossenen Türen und Fenster muffiger »Gelehrsamkeiten« öffnete, fegte ein neuer Wind durch die mittelalterlichen Städte des 15. und 16. Jahrhunderts; Renaissance und Reformation meldeten sich. Der Prozeß wurde vollzogen: Die Befreiung von der christlichen Einheitskultur und Einheitsphilosophie führte zur Selbstbefreiung der Menschen; zumindest der denkenden.

Renaissance bedeutet »Rückführung«; damit meinte man eine Rückkehr zu den (antiken) Quellen hellenistischer Menschwerdung. Renaissance in der Kunst und Humanismus in der geistigen Welt einer neuen Wissenschaftlichkeit rückten, antiken Vorbildern gleich, den Menschen auch in den Mittelpunkt philosophischer Betrachtung.

Wo Thomas von Aquin die Tür aufmachte, traten die Humanisten freizügig und freiwillig ein. Der Renaissance-Denker Marsilio Ficino rief entzückt aus: »Erkenne dich selbst, o göttliches Geschlecht in menschlicher Verkleidung!« Und Ficinos Zunftgenosse, Giovanni Pico della Mirandola hielt eine überschwengliche Lobrede »Über die Würde des Menschen«.

Mit dem nächsten konsequenten und bereits revolutionären Schritt verließ man den Weg des Thomas von Aquin endgültig: Die Pantheisten begannen Gott zu atomisieren, indem sie in jedem Lebewesen, in der Natur selber Gott erblickten. Gegen diese Entthronung Gottes stellte sich die katholische Kirche mit Feuereifer – und das im wörtlichen Sinne: Am Blumenmarkt von Rom wurde der Pantheist Giordano Bruno verbrannt.

Auf die eher schlichte, fast gotisch wirkende, wenn auch harmonische Renaissance folgte die Periode des üppigen Barock, das eigentlich »unregelmäßige Perle« bedeutet. Wir schreiben bereits das 17. Jahrhundert.

Die farbenprächtige, formvollendete Schönheit einer »unregelmäßigen Perle« war zwar nicht boden-, aber sehr anständig, da der philosophische Sinn in der Sinnlichkeit gesucht und dort gefunden wurde. »Carpe diem« (»Nütze den Tag«) lautete das Lebensmotto des Barock. Die »unregelmäßige Perle«, und damit erreichen wir auch hier freimaurerische Ufer, war nicht nur bunt, sondern auch schwarz, symbolisierte nicht nur das Leben, sondern auch den Tod. Zum »carpe diem« kam auch das »memento mori« (»Bedenke deine Sterblichkeit«), zur Eitelkeit die Vergänglichkeit. Leben und Lust, Leid und Leichen waren eins, und der Tod war nicht stigmatisiert, ausgestoßen, verdrängt, wie das heutzutage üblich ist.

Der Freimaurer denkt an den Tod; auch an seinen eigenen und feiert trotzdem sein üppiges Ritual in prachtvollen Ver- und Bekleidungen. Seine philosophische Praxis ist Barock in Reinkultur. Die angewandte Freimaurerei paßt viel besser in die damalige widersprüchliche Zeit des 17. Jahrhunderts – der Dreißigjährige (Konfessions-)Krieg (1618–1648), die entsetzlichen sozialen Gegensätze zwischen Reich und Arm – als in die heutige, vollautomatisierte und nivellierte Gleichmacherei einer geistigen Verarmung.

Das Barock – man lebte üppig und starb verzweifelt – war auch die Hochblüte des Theaters. »Die ganze Welt ist Bühne«, schrieb Shakespeare in seinem »Wie es euch gefällt«, »und alle Frauen und Männer sind bloße Spieler. Sie treten auf und gehen wieder ab, sein Leben lang spielt einer manche Rollen durch sieben Akte hin«. Auch die Maurerei ist eine, wenn auch prachtvolle Bühne.

»Das Spiel«, manifestiert in der Dramaturgie des maurerischen Rituals, ist genauso wenig »minderwertig«, wie das Farbenprächtig-Theatralische des Barocks; es ist viel mehr ein Ausdruck der Lebensbejahung, eingerahmt in eine intellektuelle Bedürfnisbefriedigung.

Hier im Barock bricht das erste Mal der antike Dualismus auseinander, das ist die Geburtsstunde der »feindlichen Brüder«, genannt »Idealismus« und »Materialismus«. Beide Brüder sind daseinsorientiert, beide verfolgen das gemeinsame Ziel der Existenzverwirklichung. Ihre Mittel sind unterschiedlich: Die Idealisten behaupten, daß unser Dasein ausschließlich seelisch-geistiger Natur ist, die Materialisten hingegen akzeptieren nur stoffliche Größen. Die beiden Wege kreuzen sich nicht einmal zufällig. Zu den wohl bedeutendsten Vertretern dieser Materialisten gehörte der englische Philosoph Thomas Hobbes, der auch in jedem Lebewesen nur eine bestimmte Ansammlung von »Stoffpartikeln« sah.

Als durchaus verständliche Reaktion auf die damals immer noch herrschende kirchliche Lehre eines »göttlichen Idealismus« fielen die Materialisten in das andere Extrem und landeten unweigerlich in der kalten, angeblich vorhersehbaren Berechnung der »Mechanik«. Diese Erben Newtons behaupteten kühn, daß man jede Veränderung in der Natur mathematisch-genau berechnen könne. Dieser Irrtum pflanzte sich in der großen Zeit der Aufklärung – und genaugenommen auch in manchen maurerischen Lehren – fort.

Langsam verlassen wir das Barock und suchen nach einem brauchbaren philosophischen Bindeglied zur Aufklärung. Wir finden dieses in der Gestalt des René Descartes, der als größter Denker des 17. Jahrhunderts gilt. Auch für die Freimaurer.

Von dem ehrlich fragenden Sokrates über den genialen Vermarkter Platon führt eine direkte Linie zu Descartes, der in der Vernunft die eigentliche Quelle des Erkennens erblickte. Der Begründer der eigenen Existenz, des Seins (»cogito ergo sum«: »Ich denke, also bin ich«) wollte das gesamte geistige Universum in die Existenz des Einzelmenschen transferieren. Descartes (1596–1650) ist bloß 54 Jahre alt geworden, aber er nützte seine ihm – und in der Folge: uns allen – geschenkten Jahre gut, da er sich zum Begründer der neuzeitlichen Philosophie hinaufarbeitete. Descartes war auch der erste große »Systembauer«, der dadurch seinen geistigen Nachfolgern – Spinoza, Leibniz, Locke, Hume und Kant – den philosophischen Weg ebnete.

Jedes philosophische System versucht in seiner Totalität Antworten auf alle Fragen des Geistes zu geben. Descartes philosophisches System bestand demnach aus der Vermittlung der »Sicherheit unserer Erkenntnis«, in der »Verläßlichkeit von Wahrheit, Wirklichkeit und Wahrnehmung« und des daraus resultierenden vertraulichen »Umgangs mit diesen Phänomenen«. Der Mensch, lehrt uns Descartes, kann nur auf seine eigene Existenz bauen.

Allerdings: Descartes, wie auch Platon, verfallen einem vorphysiologischen Idealismus, indem beide die eingebildete Trennung zwischen Vernunft und Sinnen vollziehen, wobei beide Philosophen die Vernunft höher als die bloße Sinneserfassung rangieren. Heute wissen wir, daß ohne Sinneserfahrung keine Wahrnehmung und ohne Wahrnehmung kein Denken (Vernunft) möglich sind.

Descartes großer Verdienst ist die Öffnung einer existentiellen Philosophie, die auch die freimaurerische Denkweise prägend gestaltet. Bedingt durch seine Dogmengebundenheit können die freimaurerischen philosophischen Prinzipien nicht direkt am kartesianischen Lehrgebäude anhängen. Man benötigt dazu noch einige Zwischenglieder. Solch ein Bindemittel zwischen der maurerischen und der kartesianischen Lehre schuf Baruch Spinoza (1632–1677), der den offenen Kampf den leeren Ritualen, den erstarrten Dogmen vehement ansagte. Seine historisch-kritische Betrachtungsweise verschonte auch die Heilige Schrift nicht. Genau diese »Anmaßung« verübelten ihm seine jüdischen Zeitgenossen, die Spinoza aus der Glaubensgemeinde ausschlossen. Nicht zuletzt dadurch wurde Spinoza von der Reaktion in die Toleranz hineingedrängt. Der gelernte Linsenschleifer, der auch seinen Beruf voll ausfüllte und damit seine materielle Existenz sicherte, prägte das klare Sehen, das Erkennen neuer Perspektiven. Er war unter den großen Philosophen sicherlich ein »Bruder ohne Schurz«.

Spinoza war, und auch das verzieh ihm die jüdische Gemeinde nicht, ein richtiger Pantheist; für ihn war Gott Natur und umgekehrt; alles was existiert, war für Spinoza göttlich. Descartes holte die Existenz aus überirdischen Sphären, reinigte sie von metaphysischer Schlacke und edelte sie zur Göttlichkeit. Hier erleben wir bereits entscheidende Ansätze maurerischer Religiosität: Anrufung eines nichtpersonifizierten Gottes.

Spinoza ging in die Geschichte der Philosophie vor allem als Ethiker ein, indem er die Ethik– noch nicht soziologisch relativierend – mit Moral oder auch »Lebenskunst« gleichsetzte. Spinoza war zeitlebens ein tiefreligiöser, gläubiger Mensch, der Gott dem Menschen näher bringen wollte. Das zeigt sich auch in seiner Ethik: Das menschliche Leben wird von »guten« Naturgesetzen gelenkt, die oft in Widerspruch zu den individuellen und auch »bösen« Gefühlen und Empfindungen stehen. Dieser psychologische Widerspruch störte Spinoza, der noch keine Ahnung von Freuds Psychoanalyse haben konnte, überhaupt nicht. Auch »Das sogenannte Böse« des Konrad Lorenz mußte Spinoza fremd sein – was versteht schon ein niederländischer Linsenschleifer von österreichischen Graugänsen?

Descartes war ein Dualist, er trennte alles nach »Denken« und »Ausdehnung«; Spinoza dachte bereits monistisch: Er betrachtete die gesamte Natur als eine einzige, große Einheit. Genau an dieser Stelle kann man die freimaurerische Philosophie wieder ankoppeln: Freimaurer sind auch Monisten; für sie ist die große allumfassende Brüderlichkeit als ethische Einheit entscheidend.

Spinoza dachte freimaurerisch, Freimaurer denken spinozaisch; auch was den Begriff der »Freiheit« anbelangt. Für Spinoza ist Freiheit die freie Entfaltung aller unserer, von der (göttlichen) Natur geschenkten Möglichkeiten. Freiheit heißt also Möglichkeiten einsetzen, Chancen nützen. Doch die Freiheit wird allerdings von unseren inneren Anlagen und äußeren Bedingungen gelenkt, begrenzt. Daher ist die einzige, wirkliche und absolute Freiheit nur Gott, weil er ist »Ursache seiner selbst«. Folgerichtig bleibt dem Menschen der »freie Wille« für ewige Zeiten versperrt.

Die philosophischen Grundprinzipien freimaurerischen Denkens werden zwischen dem englischen Empirismus (Locke, Hume) und dem kontinentalen Rationalismus (Descartes, Spinoza) placiert. »Empirismus«, so wie wir es verstehen, ist kein dumpfer und dummer Materialismus, sondern der Ausdruck menschenkonzentrierten Denkens, ganz im Sinne Aristoteles' (»Nichts existiert im Bewußtsein, was nicht zuvor in den Sinnen gewesen ist.«).

Das maurerische System, das sich nahtlos – nicht nur organisatorisch, sondern auch ideell – in die Gedankenwelt der Großloge von England einfügt, läßt sich mühelos vor allem auf den Empirismus des David Hume (1711–1776) zurückführen. Humes Empirismus ist prüfsteinartig, indem er unentwegt – bezogen auf irgendeine Aussage – vier Fragen stellt: nach »Größe«, »Zahl«, »Tatsachen« und »Dasein«. So wollte Hume alles, auch jeden abstrakten Gedankengang, der nichts über »Größe« oder »Zahl«, »Tatsachen« oder »Dasein« aussagt, »ins Feuer werfen, denn er kann nichts als Blendwerk und Täuschen enthalten.«

Dank dieser konsequenten Härte erhält die Welt in den Augen des Betrachters bisher ungeahnt scharfe Konturen; metaphysisch-mystische Verschwommenheit wird gnadenlos ausgeblendet.

Hume – und das ist vor allem für die Maurer von essentieller Bedeutung – stellt fest, daß der Mensch, um »Vorstellungen« bilden zu können, »Eindrücke« sammeln muß. Die Humeschen »Vorstellungen« kann man leichthin auch als »Erfahrungen« bezeichnen.

Wir erleben die Welt, im Gegensatz zu Schopenhauer, nicht als »Wille«, sondern als »Eindruck«; und aus einer Vielzahl von Eindrücken sammeln wir unsere »Vorstellungen«. Leider – und genau darunter leiden ideologiepolitisch einseitig eingestellte Freimaurer – ist der Weg »Eindruck – Vorstellung« keine Einbahnstraße. Festgefahrene, aus zahlreichen psychischen Gründen deformierte »Vorstellungen« (z. B. »Fremdenhaß«) trüben unseren Blick und beeinflussen auch weitere »Eindrücke«. Mit anderen Worten: Wir sehen nur mehr das, was wir sehen wollen. Genau vor diesen »falschen Vorstellungen« warnt uns David Hume.

Das eigentliche philosophische Dilemma freimaurerischen Denkens wurzelt in der weder leichten, noch geglückten Position zwischen »Empirismus« und »Rationalismus«. Rationalisten sind nämlich, im Gegensatz zu den Empirikern, Verfechter vorgefaßter Meinungen. Dazu gehören auch sogenannte »positive Vorurteile« wie die Annahme, daß die menschliche Vernunft zwischen Recht und Unrecht unterscheiden kann. Daran glaubten seit Sokrates zahlreich Idealisten, so auch die Denker der Aufklärung – und daher auch die Freimaurer.

Hume und seine Empiriker waren davon überzeugt, daß nicht die Vernunft, sondern die Gefühle die ethisch-moralischen Unterscheidungen treffen. Hume erklärt an Hand eines konkreten Beispiels, warum er an die Göttin »Vernunft« nicht zu glauben vermag. Sein Beispiel heißt »Hilfeleistung«. Wenn irgendjemand einen Hilfsbedürftigen unterstützt, dann motivieren ihn zu dieser Tat sein Gefühl und nicht die Vernunft.

Wir besitzen – laut Hume – zwar ein angeborenes Gefühl »für das Wohl und Wehe anderer«, aber das hat nichts mit der Vernunft, nichts mit rationalen Überlegungen zu tun. Daher fruchten noch so wohlgemeinte Aufrufe, wie die jüdisch-christliche »Nächstenliebe«, oder der freimaurerische »Bau am Tempel der allgemeinen Menschenliebe« kaum, weil wir unser Tun und Lassen nicht mit »vernünftigen«, sondern mit Gefühlsmotivation lenken.

Eine Schlüsselposition in der Frühaufklärung nahm Immanuel Kant (1724–1804), der auch das masonische philosophische Grundverständnis stark beeinflußte, ein. Kant zeigt uns einen im Prinzip durchaus gehbaren Weg, wie wir uns zwischen »Vernunft« und »Gefühl« leichten Fußes bewegen können. Seit Descartes stellen nämlich Philosophen die neugierige Frage nach dem »Wissen über die Welt«. Diese heute noch gültige Primärfrage wurde von Anfang an mit einer Sekundärfrage versehen. Ist die Welt so, wie wir sie sehen, oder wie sie sich unsere Vernunft darstellt? Damit wird das erste Mal der Blick auf die soziologische Differenzierung von »Ist-« und »Soll-Zustand« freigegeben.

Es stimmt zwar, daß wir die Welt mit unseren Sinnen erfassen, wie es die Empiriker unentwegt behaupten, doch unser gesamter

Wahrnehmungsapparat spielt sehr oft falsch; ob wir die Welt durch eine »rosarote« oder durch eine »schwarze Brille« sehen, ändert zwar unsere Wahrnehmung, jedoch nicht die Welt. Aufgrund dieses Brillenbeispiels behauptet Kant, daß wir die Welt nach bestimmten Voraussetzungen unserer Vernunft, die alle unsere Erfahrungen prägen, sehen.

Kant – und das müssen wir gesondert erwähnen, um seine Philosophie, vor allem aber seine Bedeutung für unsere Gedankenwelt besser zu verstehen – sprach von den beiden »Formen der Anschauung«, von »Zeit« und »Raum«. Alles, was wir – konkret oder abstrakt – erleben, spielt sich in diesen beiden »Formen der Anschauung« ab, die auch unsere Sinneseindrücke, wie ein Krug das Wasser, »formen« und für die Betrachter prägen. Die »Formen der Anschauung«, also »Zeit« und »Raum«, sind relativ, sind gegenwartsgebunden wie die »Form« des Wassers im (jeweiligen) Krug. So ist es mehr als zweifelhaft, wenn wir über die »ewigen Werte« menschlichen Tuns und Lassens »philosophieren« und dabei geflissentlich auf die Gegenwartsfixierung der »Formen der Anschauung« vergessen.

Das nächste Kantische Grundthema betrifft die »Kausalität«: Wir Menschen haben es uns angewöhnt, bei jeder Wirkung nach der adäquaten Ursache zu forschen. Besser gesagt: Wir sollten es tun, da die Vernunft uns hierzu bewegt. Die freimaurerische Philosophie ist vernunftorientiert und neigt dazu, die »notwendigen Gesetze der Natur« (Spinoza) zu negieren. Bereits Kant warnt uns, die Vernunft des Menschen zu überbewerten und lenkt unsere Aufmerksamkeit mehr auf die Kausalität. Auch was den Beweis Gottes anbelangt; gleich Aristoteles und Thomas von Aquin können wir Gottes Existenz mit Hilfe der Kausalität beweisen, weil er die erste Ursache aller Geschehnisse ist – gewissermaßen der »Vater des Urknalls«!

Kant schrieb allerdings Gott und die Religion aus der sicheren Sphäre von »Erfahrung« und »Vernunft« in eine Art dritte Dimension, wohin Erfahrung und Vernunft nicht mehr reichen. Genau hier setzt auch die religiöse Vorstellung der Freimaurerei an: Gott, der Große der Allmächtige Baumeister ist weniger ein Lenker, der dauernd in unser Leben eingreift – er konnte Auschwitz genausowenig verbieten, wie Mutter Teresas Taten erlauben –, sondern Ursache und Ausgang für uns alle. Kant (»Es ist moralisch notwendig, das Dasein Gottes anzunehmen«) wie die Freimaurer postulieren Gott und seine Existenz. Gottes Existenz ist für den Protestanten Kant ein »praktisches Postulat«, das wir, ohne beweisen zu können, schlicht und einfach behaupten.

»Gottes Existenz« als gedankliche Grundvoraussetzung führt Kant – und uns mit ihm – zu zwei weitern Postulaten: zur »unsterblichen Seele« und zum »freien Willen« des Menschen. Über diese drei Postulate ist Kant nicht bereit zu diskutieren, er nimmt sie als Gegebenheit an. Genauso denken auch Freimaurer im Einflußbereich der Großloge von England. Die drei theoretischen Postulate führen uns direkt in die Praxis der Kantischen »Moral des Menschen«.

Bereits Hume warnte davor, die »Ist-« und »Soll«-Sätze miteinander zu verknüpfen. Heute wissen wir, daß man Moral nicht einfach, wie eine Zahlenreihe, fortschreiben kann. Kant akzeptierte die Warnung Humes und teilte uns mit, daß jeder Mensch eine Art »praktische Vernunft« besitzt, der – einem moralischen Leitfaden gleich – ihm zeigt, was Recht und was Unrecht sei. Die »Vernunft«, natürlich auch die »praktische«, ist laut Kant eine uns Menschen angeborene Eigenschaft. Diese angeborene Vernunft verdichtet sich zu einem »Moralgesetz«, das eine absolute Gültigkeit wie die physikalischen Naturgesetze besitzt.

Der Königsberger Eremit formulierte sein »Moralgesetz« als »kategorischen Imperativ«, den alle Menschen in jeder Lebenssituation besitzen. »Kategorisch« bezieht sich auf alle Situationen und »imperativ« auf den Befehlscharakter.

Kants »kategorischer Imperativ« ist soziologisch durchsetzt: »Handle so, daß die Maxime deines Willens jederzeit zugleich als Prinzip einer allgemeinen Gesetzgebung gelten könne.« – Wie weit sich unsere alltäglichen Handlungen von diesen Prinzipien und Maximen entfernt haben, das sollte jeder für sich selbst beurteilen.

Für Kant ist jeder (andere) Mensch ein »Zweck an sich« und kein »Mittel«, mit deren Hilfe wir etwas erreichen wollen. Genauso sollte die »Bruderliebe«, die Beziehung zu den Brüdern verstanden und gehandhabt werden. Schön wäre es!

Kants Moralpostulate werden in der Philosophie zur »Pflichtmoral« erhoben; ob wir allerdings auch von einer »Kürethik«, von einer individuellen Auslegung und Darstellung sprechen können, das sei hier dahingestellt.

Auf seinem Grab in Königsberg steht ein langer Satz über die zwei für Kant wesentlichsten »Dinge« des Menschenlebens: »Der bestirnte Himmel in mir« und »Das moralische Gesetz in mir«. Schöner kann kein freimaurerischer Gedanke lauten. Immanuel Kant erweist noch einen anderen Dienst für die freimaurerische Philosophie: Er führt uns – mehr thematisch als chronologisch – in die Aufklärung hinüber.

Neben den Größten der »Großen« – Sokrates, Platon und Aristoteles – schmücken nahezu alle Vertreter der Aufklärung die freimaurerische Ahnengalerie. Sie sind heute unser ganzer Stolz, wir berufen uns unentwegt auf sie und fühlen uns als ihre direkten Nachkommen, als »Kinder der Aufklärung«. Manchmal sind Freimaurer in Anbetracht ihrer gesellschaftspolitischen Trägheit bestenfalls »Stiefkinder« dieser großen und mutigen Umsturzbewegung des 18. Jahrhunderts.

Eingebettet zwischen dem lebensbejahenden Barock und der problemverdrängenden Romantik wird die zweite Hälfte des 18. Jahrhunderts als »Zeitalter der Aufklärung« gepriesen. Motto und Ziel der Aufklärung war die Herbeiführung praktischer Veränderungen durch geistigen Wandel, in dem der große Kampf gegen die kleinen Geister der Vorurteile, Aberglauben, Fanatismus und Schwärmerei angesagt wurde. Der Generalfeind hieß »Unvernunft« und »Unfreiheit«. Hohen Zielen nachstrebend versprachen sich die Aufklärer eine bessere Welt durch »Tugend« und »Verstand«, durch die »Klarheit des Geistes«.

Experten der Aufklärung sprechen gerne von einer »rationalistischen« und einer »emanzipatorischen« Aufklärung. Vertreter beider Formen prägten, propagierten und predigten das »Neue Denken«, wobei sich die Rationalisten für ein klares und die Emanzipatoren für ein freies Denken einsetzten.

Das kühle, logische, eben »rationale« Denken war schon zu dieser Zeit nichts Neues. Von Aristoteles über Augustinus bis hin zu Thomas von Aquin schulten viele Philosophen ihre logische Denkfähigkeit. Wirklich neu war die emanzipatorische Aufklärung. »Emanzipation«: Das Wort selber signalisiert »Befreiung«, vor allem Selbstbefreiung. So gilt noch heute der Satz Kants – »Aufklärung ist der Ausgang des Menschen aus seiner selbstverschuldeten Unmündigkeit« – als Kern- und Hauptsatz der Aufklärung als solche.

Die Aufklärung – im Gegensatz zu ihren masonischen Stiefkindern – betrieb keineswegs nur theoretische Arbeit, sondern strebte vor allem praktische Reformen an. So gesehen sprechen wir heute von den drei Hauptursachen der Aufklärung, die gleichzeitig auch ihre – und auch die freimaurerischen – Betätigungsfelder sind:

- Die politische Aufklärung betrieb die Veränderung im gesellschaftlichen Verhalten, indem sie dem aufstrebenden Bürgertum »politische« und später auch effektive Munition (1848) in die Hand gab.
- Die religiöse Aufklärung strebte Veränderungen gegenüber der herrschenden (römisch-katholischen) Kirche an, indem sie die Ablösung des christlichen Weltbilds verlangte. Genau diese Bestrebung verzeiht die katholische Kirche noch heute den Freimaurern nicht.
- Die psychologische Aufklärung wollte die verkrustete, reaktionäre Verhaltensform der Menschen verändern. Der Weg, der gleichzeitig auch das Ziel ist, heißt Ablösung des metaphysischen Menschenbildes durch den Vorrang des Selbstbewußtseins.

Diese drei Hauptursachen bzw. Beweggründe der Aufklärung sind keine statistischen Größen, sondern prinzipielle Richtlinien einer mobil gewordenen Gesellschaft.

Die Sinnhaftigkeit aller Aufklärungsbewegungen endet dort, wo die Perspektiven durch Gesamtdeutungen ersetzt werden. Diesen Weg ging sowohl das revolutionäre Bürgertum, das bereits Ende des 19. Jahrhunderts in einer Herrschaftsstruktur erstarrte, als auch – um ein gänzlich anderes Beispiel zu nennen – die Psychoanalyse, die eine ähnliche Linie von der geistigen Aufklärung des jungen Freud bis zur unbeweglich gewordenen Orthodoxie und Unduldsamkeit des späten Freud und seiner »linientreuen« Schüler beschrieb. Genau diese Gefahr lauert auf die angewandte Geistigkeit der nicht-österreichischen Freimaurerei, die gegenwärtig in einem wohlstandsgepolsterten »Altherrenklub« verharrt.

Die Aufklärung in ihrer Hochblüte (18. Jahrhundert) strebte auch ein neues Wissenschaftsbild an, das zwar in der Sackgasse mechanistischer Forschungsansätze landete, trotzdem aber das heute noch gültige Prinzip der »Empirie« aus der Forschungstaufe hob. Der Lust der aristotelischen Beobachtung folgend plazierte die Aufklärung auch die Wahrheit, die neben der Vernunft zur zweiten Göttin erhoben wurde, im Raum der illusionsfreien Wahrnehmung der Wirklichkeit. Damit wurden die vielen »ewigen Wahrheiten« herrschender Schichten auf der Mülldeponie der Geschichte entsorgt. (Daß sich allerdings auch das zur Herrschaft verurteilte und erstarrte Bürgertum 150 Jahre später seine »ewigen Wahrheiten« von dieser Mülldeponie holte, beweist nur die psychologische Tatsache, daß die sogenannten »Wahrheiten« ohne Überprüfung durch die Wirklichkeit unausrottbar sind; wie Kunststoff lassen auch sie sich nicht kompostieren).

18. AUFKLÄRUNG: KRITIK OHNE PAUSE

Die Aufklärung erweist sich zwar nicht als das große Allheilmittel der Geschichte gegen alle soziale und politische Krankheiten; eine Tugend kann man ihr jedoch nicht absprechen: Aufklärer reagieren immer auf das Vorhandene, auf das politisch Seiende; sie üben unaufhörlich Kritik. Das ist ihr Vorteil; mehr noch: ihre geschichtliche und gegenwartsbezogene Bedeutung. Ihr Nachteil wurzelt in der Selbsttäuschung: Sie verwechseln Reagieren mit Agieren. Die Aufklärer »rollen«, einer Billardkugel gleich, nur, wenn sie »gestoßen« werden, wenn sie an konkrete Mißstände »stoßen«.

Freimaurer, die sich als »Kinder der Aufklärung« verstehen, verfallen in den gleichen Fehler: Das Höchste, was man von ihnen erwarten kann, ist eine »Reaktion« auf politische, ihnen nicht genehme »Aktionen«. Das Eigenständige, das ausschließlich aus dem geistigen Innen her stammen kann, bleibt dem Aufklärer fremd, weil nur Glaube und Religion innere Substanz und nach außen wirkende Stärke vermitteln können.

Diese Tatsache haben allerdings auch auf die schiefe Bahn geratene »Neffen« der Aufklärung, die französischen Revolutionäre (Robespierre) erkannt und daher den Gottesglauben in ihrer Verfassung verankert.

In England hingegen hat sich die Aufklärung andere Bahnen und Ventile gesucht. Das Inselland, fern von Vatikan, Schönbrunn und Versailles, hat sich dreifach selbständig gemacht: Die parlamentarische Demokratie sicherte die politische, das

Weltreich die wirtschaftliche und die Anglikanische Hochkirche die religiöse Freiheit und absolute Selbständigkeit von den Kontinenten jenseits des Ärmelkanals und des Atlantiks. Trotz Bruder- und Glaubenskriege im 17. Jahrhundert konnte der Absolutismus in England nicht Fuß fassen; religiöse und politische Toleranz behielten die Oberhand und machten daher die europäische Aufklärung überflüssig. Seit 1688 (die Revolution beendet Absolutismus und Religionskrieg) bleibt Radikalismus in England unbekannt und bestenfalls ein Randphänomen der Fußballrowdies und Hooligans. So stand die englische Aufklärung nicht im Gegensatz zu Kirche und Staat, sondern – ganz im Gegenteil – sie harmonisierte und ergänzte die politische und religiöse Macht. Ähnliche Konstruktionen finden wir in den skandinavischen Ländern. So ist es kein Wunder, daß die »treuesten« Söhne der stark religiös gefärbten englischen Freimaurerei die Mitglieder der »Andreas-Logen« im hohen Norden Europas sind.

Im Gegensatz zur höchstmöglichen Harmonie zwischen Aufklärung, Kirche und Staat – im Schatten eines liberalen Protestantismus in England und als revolutionärer Protest gegen einen intoleranten Katholizismus und nicht minder reaktionären Staat in Frankreich – blühte die deutsche Aufklärung, in Ermangelung einer einheitlichen Staatsgrenze und einer Religion, auf den vielen kleinen Provinzuniversitäten der deutschen Länder mit ihrer kleinkariert-minibürgerlichen Enge.

Mehr als in Deutschland, weniger als in Frankreich, dafür von der eigenen Aristokratie »hausgemacht«, meldete sich die österreichische Aufklärung als Ausdruck einer praxisorientierten, wenn auch milden gesellschaftlichen Reform seit Maria Theresia. Das zarte Pflänzchen der österreichischen Aufklärung erstarrte und erstickte bald in der zentralistischen Verwaltung des Kaiserhauses. So verkörperten neben frankophilen, schöngeistigen Aristokraten und Literaten hohe Staatsbeamte – damals wie heute – Aufklärung und auch Freimaurerei. Dementsprechend verliefen auch die Reformen des »aufgeklärten Absolutismus« des Kaiser Joseph II. in zentralistisch geordneten und gelenkten Staatsbahnen.

Die österreichische Aufklärung war »von oben« angeordnet, zweckgebunden und diente der Stärkung und Modernisierung des Herrscherhauses. Obwohl Joseph II. mit seiner Kirchenpolitik, er wollte »eine vom Staat abhängige Kirche schaffen« (Reinalter)[29], scheiterte, trug auch der asketische Franz Joseph I. – trotz Kirchennähe und -einfluß – aufklärerische Züge: Auch er, wie Joseph II., verstand sich als »erster Diener« seines Volkes.

Das nächste und genaugenommen letzte große philosophische System nach der Aufklärung war ein verständlicher Rückschlag, ein Ausdruck seelischer Bedürfnisse: die Romantik. Vom Ende des 18. bis zur zweiten Hälfte des 19. Jahrhunderts, als Antwort auf die Aufklärung, wurden an Stelle der »kalten« Vernunft die »lauwarmen« Gefühle in den Mittelpunkt des Denkens gerückt.

Die Romantik begann als deutsche Antwort auf die französische Aufklärung, und so war ihr erster und wohl vielseitigster Vertreter – kurioser geht es kaum mehr – ein Franzose aus Genf. Jean-Jacques Rousseau (1712–1778), Sohn protestantischer Eltern, der – im Gegensatz zu Voltaire – in seiner romantischen, naturvergötternden Denkweise mehr Deutscher als Franzose war.

In der Romantik wird nicht nur die Vernunft ins Exil geschickt, sondern auch die Seele von der »Psyche« abgelöst. Die Seele war noch bis Kant fixer Bestandteil der Aufklärung; sie wurde allerdings nicht angebetet, sondern kühl-sachlich ins Eck der Unsterblichkeit gestellt und Gott überlassen.

Mit dieser Seele als nüchternes Postulat konnten die Schwärmer der Romantik »herzlich« wenig anfangen und so holten sie die Seele aus der verstaubten Ecke philosophischen Denkens, kleideten sie bunt-anziehend an und nannten sie »Psyche«.

Die Romantik begann demokratisch. Während die »Seele« als Ausdruck einer schlichten Religiosität nur die starren Postulate der »ewigen Werte« zuließ, öffnete die »Psyche« den freien Zugang zu höchst individuellen Deutungen des Daseins. Die Romantik war um 1800 auch die Zeit der ersten »revolutionären« Jugend- und Studentenbewegungen. So können die Revolutionäre von 1848, 1968 und die Aktivisten der heutigen »Grünen« als »Kinder der Romantik« bezeichnet werden.

Der große Verdienst der Romantiker lag in der Aufhebung der Trennlinie zwischen »Ich« und »Natur«. Anstelle dieses störenden Dualismus kreierte Friedrich Wilhelm Schelling (1775–1854) den Begriff des »Weltgeistes«. Der Dichter und Denker Friedrich von Hardenberg (1772–1801), der unter dem Namen Novalis Weltrang erreichte, suchte wiederum den geheimnisvollen Weg des »Weltgeistes« im eigenen Ich. Obwohl Novalis der mittelalterlichen katholischen Kirche sehr nahe stand und eine Einheit des Christentums unter Roms Einfluß suchte, prägte er – mit seiner Aufforderung zur Verinnerlichung – im Schatten Fichtes und Schlegels freimaurerische Gedanken. Seine Dichtung um die »Blaue Blume« wurde zum Flaggschiff der Romantik.

Das erste Mal in der Geschichte der Philosophie nahmen, vor allem deutsche Freimaurer, direkten Einfluß auf die herrschende Denkrichtung; neben Goethe vor allem Johann Gottfried Herder (1744–1803), der »Vater des dynamischen Geschichtsbildes«, der in der Historie den Niederschlag eines zielgerichteten Prozesses sah. Herder sprach jedem Volk seine eigene Kultur zu (»Volksseele«) und individualisierte damit – im Gegensatz zur generellen Vernunftlinie der orthodoxen Aufklärer – auch die historischen Vorgänge. Wie der Mensch in der Romantik seine eigene Identität erhielt, sollten auch Völker und Nationen ihre kulturelle Eigenart betonen.

Die Romantik teilte sich von Anfang an in zwei Richtungen: Während die »Universalromantiker«, vorwiegend Künstler, die große Einheit der Natur mit der »Weltseele« prägten, küßten die »Nationalromantiker« die volksnahe Kultur ihres Landes wach; sie waren davon überzeugt, daß das Volk seinen eigenen Organismus hatte und machten sich damit unschuldig-ungewollt – leider – zum geistigen Vorreiter des deutschen Faschismus. Auch die »Brüder« Brüder Grimm wirkten dabei fleißig mit.

Auf dem Höhepunkt der (deutschen) Romantik und im Zentrum der »Nationalromantiker« auf der Universität in Heidelberg »thront« Georg Wilhelm Friedrich Hegel (1770–1831). Auch Hegel prägt den Begriff »Weltgeist« und versteht darunter die Summe aller menschlichen Äußerungen.

Hegel und sein »Weltgeist« kannten nur eine einzige Wahrheit – die der menschlichen Vernunft. Er holte damit die Philosophie von den Sternen und verpflanzte sie in den Menschen und diesen in die Geschichte.

Für Hegel bedeutet die – sich stets wandelnde – Geschichte den einzigen Fixpunkt, die er mit einem Fluß verglich, der sich zwar ständig ändert, trotzdem ein und dasselbe »Gewässer« bleibt. Entscheidend dabei ist die Stelle, die »historische Position« des Betrachters. So darf, als später Hegelianer, der Autor dieser Zeilen folgenden Satz formulieren: *Nicht das Urteil der Geschichte entscheidet, sondern der Standpunkt des Betrachters – und er wird zur Geschichte!*

Diese Zeitfixierung steuert nicht nur die Geschichte, sondern auch die Ethik. Während wir heute z. B. die Sklaverei verurteilen, hatte Platon nichts gegen sie einzuwenden gehabt. Oder ein viel krasseres Beispiel: Hitler und seine Mörder wurden nicht wegen Auschwitz verurteilt, sondern weil sie den Krieg verloren hatten. So konnte Stalin nie wirklich zur Verantwortung gezogen werden.

Freimaurer kennen diese Geschichtsauffassung nicht, sie verurteilen diese »relative Ethik«, weil sie – als Nicht-Hegelianer – an »ewige Werte«, wie Humanismus und Toleranz, glauben; wobei das Wort »glauben« richtig gewählt wurde.

Hegel war Optimist und davon überzeugt, daß die »Vernunft progressiv« sei und daher mit der Menschheit entsprechend »vorwärts« gehe, indem sie immer »rationaler« und »freier« werde.

Der Heidelberger Hausphilosoph gilt auch als Begründer des dialektischen Denkens: Neue Gedanken in der Geschichte stehen immer anderen, älteren gegenüber. Die Spannung zwischen diesen beiden Gedanken wird durch einen dritten, der von den beiden anderen Gedanken das jeweils Beste bewahrt, aufgehoben. »Position«, »Negation« und »Negation der Negation«, oder auch »These«, »Antithese« und »Synthese« heißen die Bestandteile der hegelschen Dialektik.

Die Romantik wurde, wie bereits erwähnt, von keinem geschlossenen philosophischen System mehr abgelöst; vielmehr verließen unzählige Verästelungen den – fast – gemeinsamen Stamm der Aufklärung und Romantik. Die wichtigste, auch für die Freimaurer entscheidende Verästelung heißt »Existentialismus«, dessen geistiger Vater der Däne Sören Kierkegaard (1813–1855) ist. Sein Individualismus wird zu Recht als Reaktion der monolithischen Romantik angesehen. Wie Leibniz auf Spinoza, so reagierte Kierkegaard auf Hegel.

Der gläubige Christ und Sohn eines wohlhabenden Kopenhagener Kaufmanns lehnte bloß intellektuellen Zugang zur Religion ab. Er will auch in der amtskirchlichen Lehre keine Widerspiegelung christlicher Existenz sehen, sondern im konkreten Handeln. Hier schimmert bereits freimaurerisches Gedankengut durch. In seiner ichbezogenen existentiellen Radikalität lehnt Kierkegaard sogar den Besuch der Gottesdienste und die Kindstaufe ab.

Die Einzelpersonenorientierung der Freimaurerei als ethische Ermöglichung einer optimalen Einfügung in die größere

Gemeinschaft (»Beherrsche dich selbst!«) wurzelt, nebst antiken (Sokrates, Platon) und aufklärerischen (Kant) Vorbildern gutteils in Kierkegaards Bemühungen einer individualisierten Denk- und Handlungsweise (»Wahrheit für mich«). Im Gegensatz zu Hegel stellt Kierkegaard nicht das »System«, sondern den einzelnen in den philosophischen Mittelpunkt. Leicht können wir hier bereits konkrete freimaurerische Denkansätze erkennen.

Kierkegaard theoretisiert nicht über das »Bild des Menschen«, sondern geht mit ihm in das praktische, pulsierende Leben und sieht in ihm ausschließlich eine konkrete Existenz. Soziale Handlungen, vor allem aber die ständig größer werdende Summe seiner Entscheidungen formen und bestimmen die menschliche Existenz. Masonischer kann man kaum mehr denken. Entscheidend im Leben sind nicht die theoretischen Hintergründe eines spekulativen »Weltgeistes«, lehrt uns Kierkegaard mit kräftigen Seitenhieben auf Hegel, sondern die Bewältigung unserer existentiellen Aufgaben in der relativ kurzen und schmalen Lebenslänge.

Auch die, gleichfalls »existentielle« Religiosität Kierkegaards entspricht unseren Gefühlen; er lehnt alle theoretischen Gottesbeweise ab und konzentriert sich auf das Verhältnis des Individuums zu Gott und Religion.

Kierkegaards und mit ihm auch unser Welt- und Menschenbild baut auf Gefühl und Glaube auf; uns beschäftigen beim Zahnarzt und auf dem Totenbett nicht die mathematischen Axiome, sondern die Frage einer Schmerzfreiheit nach der Behandlung, bzw. nach »Wiedergeburt« oder nach »ewigem Leben«.

Erwähnenswert und wichtig für die freimaurerische Philosophie sind Kierkegaards drei Existenzmöglichkeiten, die er »Stadien« nennt und als Entwicklungsstufen versteht:

- Im »ästhetischen Stadium« frönt der sinnen- und kunstfreudige Genußmensch auch der eigenen Eitelkeit.
- Das »ethische Stadium« ist durch Ernst und Entscheidungen nach moralischen Maßstäben gekennzeichnet.
- Im »religiösen Stadium« fällt »der Mensch in die Hände des lebendigen Gottes«, wie Kierkegaard es schreibt.

Es ist nicht schwer, hinter diesen drei aufeinanderfolgenden Stadien die Stufen der freimaurerischen Lehrlinge, Gesellen und Meister zu erkennen.

Mit der Romantik, vor allem aber seit Hegel, versiegt der breite, einheitliche und mächtige Strom großer philosophischen Schulen. Die gnadenlosen Demolierer Hegels, an der Spitze Kierkegaard und Marx, zerstören auch die philosophische Einheit. Seither, wie könnte es auch anders sein, wetteifern einzelne Philosophen – von »Schulen« kann man kaum mehr sprechen – mit- und auch gegeneinander.

Einer der wenigen, noch halbwegs erkennbaren Pfade im Philosophendschungel schlugen Kierkegaards Kinder, die »Existentialisten« mit ihren freien, für sie typischen Rechts- (Nietzsche, Heidegger) und Linksabweichlern (Sartre), ein; Jaspers wiederum verfolgte einen liberalen Mittelweg.

Sehr viel masonischen Bezug finden wir in dieser Zeit des philosophischen Auseinanderstrebens kaum, wenn wir von solchen allgemeinen Sätzen wie Sartres Spruch »Existentialismus ist Humanismus« absehen.

Zu den wohl wichtigsten philosophischen Fragen dieser und unserer Zeit gehört die nach der »Freiheit«. Die Denker der Renaissance und der Aufklärung bejubelten den aus der (konfessionell-kaiserlichen) Unfreiheit befreiten Menschen. Sartre (1905–1980) argumentierte bereits kritisch und skeptisch: »Der Mensch ist zur Freiheit verurteilt.« Ungefragt geboren, in die Welt geworfen – dieses Schicksal verlangt vom Menschen vor allem Eigenverantwortung. Wer ist jedoch willens, fähig und bereit, für die eigenen (Un-)Taten geradezustehen? Nicht viele. Daher ist es leicht, die eigene Verantwortung Führern und Gurus in die Hände zu legen oder die »eigene Meinung« aus den Blättermassen der Massenblätter zu holen. Nur kritisch-analytische Aufklärung freimaurerischen Denkens kann diesem Unheilprozeß entgegensteuern.

Seit Kierkegaard, Marx, Freud und Sartre wissen wir, daß alles im Leben »Motivation« ist. Laut Sartre ist das »Bewußtsein nichts, ehe es nicht empfindet«. Anders formuliert: Unser Bewußtsein erscheint immer nur als das Bewußtsein von etwas – und dieses »Etwas« sind wir, die Welt und alle Handlungen, die wir selber setzen, oder von anderen erleben. Wir sehen nur das, was wir sehen wollen. Und genau dieses »Wollen« ist unsere ureigenste Freiheit, die wir für oder gegen andere, wenn auch mehr durch-, als einsetzen können.

Freimaurer können ihre Mittel und Werkzeuge entsprechend einsetzen: Mit dem Spitzhammer glätten sie den eigenen »rauhen Stein«, mit dem Mörtel fügen sie die geglätteten Steine zu einem festen Ganzen beim Tempelbau der allgemeinen Menschenliebe. Freimaurer sollten ihre Mittel und Werkzeuge in der Welt allerdings nicht nur ein-, sondern sich für diese Welt und für eigene Ideale auch durchsetzen.

Natürlich signalisiert der Existentialismus nicht das Ende der Philosophie. Es ist nur unendlich schwer, in unserer Gegenwart wirklich neue, originäre Ideen der »Weisheitslehre« zu finden. Und so greift man das Alte immer wieder auf und »erneuert« diese alten Lehren, indem man ein »Neo« davor setzt. So sprechen wir vom »Neothomismus« (nach Thomas von Aquin), Neomarxismus, Neodarwinismus; vom Neokantianismus ganz zu schweigen.

Sartre wies darauf hin, daß wir die Frage nach unserer Zeit nicht für alle Epochen und Generationen beantworten können; jede einzelne Generation muß ihre eigenen Antworten finden – die Frage selbst mußte seit der griechischen Antike nicht mehr erneuert werden.

Eine der neuesten, zeitangepaßten Denkrichtungen liefert uns die »Ökophilosophie«, die von Zivilisationskritik bis zum Kulturpessimismus reicht. Ein Seitenstrang der Ökophilosophie überspringt – auf der Reise nach Ostasien – die Grenze zur Religion und vereint sich mit dem »New Age«.

Eine zweite, nicht minder mißglückte Abzweigung ist die Parteipolitisierung der Philosophie. Diese mißratene Denkrichtung des 20. Jahrhunderts liefert (pseudo)wissenschaftliche Munition für terroristische Systeme, wie z. B. Ernst Jünger dem deutschen Faschismus.

Obwohl in unserer jüngsten Gegenwart die Informationsexplosion und die Telekommunikation die zivilisatorische Welt verändern, tragen sie kaum zur Entstehung neuer philosophischer Denkrichtungen bei. Auch wenn es gelingt, auf Knopfdruck, auf der Datenautobahn rasend, alles im Blitztempo zu erfahren, können wir in der Philosophie, wie auch in den übrigen Zweigen der Geisteswissenschaften, nur Althergebrachtes neu mischen.

Wie reagiert die masonische Philosophie auf diese heutige Situation? Die Antwort ist kurz: unbeholfen! Unbeholfen deshalb, weil nur unsere permanente Angst vor konkreten Stellungnahmen zu gesellschaftlich relevanten Fragen größer als die stark divergierende Meinung unter den Brüdern ist. Daher, und um »unnötige« Auseinandersetzungen zu vermeiden, flüchten die Freimaurer einerseits in die »glorreiche« Vergangenheit und tabuisieren andererseits die ideologisierte Politik unserer Zeit. »Romantischer« kann man wohl kaum mehr denken und (nicht-)handeln.

Die freimaurerischen Symbole, diese »Werkzeuge«, sind konkret und dienen ausschließlich der Bearbeitung faßbarer Materien. Auch die spekulative Freimaurerei weicht im Prinzip von diesem Weg nicht ab. Der einzige Unterschied zwischen der handwerklichen und der spekulativen Freimaurerei besteht im unterschiedlichen Weg zur gemeinsamen Zielrichtung. Freimaurer errichten jetzt keine Dome und Kathedralen mehr zum Lob des Herrn und zur Stärkung der Kirche, sondern gesellschaftspolitische Modelle zum Lob des Lebens und zur Stärkung einer umfassenden Humanität, die jedoch genauso konkret (sprich: handfest-praktikabel) sein muß, wie einst die Arbeit der Dommeister. Zu diesem Ziel führen viele Wege und kein geschlossenes Denksystem, das jedwede Abweichung und Konkurrenz tabuisiert. So muß der »freie Mann von gutem Ruf« – wie sich Freimaurer nennen – denken und handeln. Hauptsache: sie denken und handeln!

Teil III

Freimaurer sind nicht gottlos

Allen Freimaurern gemeinsam ist die Idee, den Einzelmenschen und ganze Gesellschaften »im Begriff des Bauens«,[30] nach einem festumrissenen Plan zu gestalten; Ziel ist die Glättung des »rauhen Steins«, seine Bearbeitung zu glatten, zu quadratischen Steinen. Diese Symbolkraft inspiriert und suggeriert das »Vollkommene«. Die Faszination des Bauens, der Nachahmungseffekt des stofflichen, faßbaren Schaffens ist die einzig ehrliche Attraktivität der Freimaurerei. Dieser Wunsch nach eigenhändigem Werken, die Möglichkeit, die »Arbeit« nach individuellen Plänen – als Werk des Meisters, als freimaurerisches »Meisterwerk« verstanden – zu vollbringen, die aufklärerische Aufforderung zur Überwindung überkommener, vielseitiger erstarrter Strukturen, zog »Monarchen und Fürsten, Präsidenten und Staatsmänner, Denker und Dichter, Künstler und Wissenschaftler sowie Geistliche [...]«[31] in den Bann der Freimaurerei. Wohlgemerkt: Es waren keine »Flüchtlinge der Ordnung«, keine »Asylsuchende des gesellschaftlichen Chaos«, sondern elitäre Vertreter einer denkenden Aristokratie; Männer des 18. Jahrhunderts, auf dem nicht sonderlich sicheren Weg zur Französischen Revolution.

Diese Ahnherren der spekulativen Maurer waren im Grunde genommen genauso verunsicherte Suchende im luftleeren Raum ideologischer Umbruchssphären wie wir es heute sind. Mit dem einen Unterschied: Gewohnt zu herrschen, Befehle zu geben und sich vor der Obrigkeit – wenn es unbedingt sein mußte – auch mal »heldenhaft« auf entlegenen Adelssitzen zu verstecken, wurden diese elitären Vertreter der »Hohen Herrschaft« kaum vom Zweifel geplagt; ihre gesellschaftliche Position war gesichert. Wie die heutigen, materiell wohlbestallten Brüder »nennenswerte« Summen, meist aus der persönlichen Portokasse ihrer Firmen, bosnischen Flüchtlingen und flüchtenden Bergbauern, die längst ihren Hof aufgegeben haben, spenden, so übten sich auch unsere Ahnen in mildtätiger Caritas.

Die historischen Wurzeln der Freimaurerei – 1717: Gründung der ersten englischen Großloge; 1723: Andersons »Alte Pflichten« entstehen aus dem »Konstitutionsbuch«; 1740: die Schottengrade in Frankreich und 1743: die Royal Arch-Grade in Irland entstehen – signalisieren nicht nur die große Zäsur von der Werk- in die spekulative Maurerei, sondern spiegeln von Anfang an den religiösen Charakter der Maurerei wider: Die »Erkenne-Dich-selbst!«-Aufforderung ist nicht nur sophistischen Ursprungs, sondern läßt sich mühelos in die Vertiefungs- und Vervollkommnungsbestrebungen christlicher Eremiten und Mönche, jüdischer (Leviten) und ägyptischer Priesterkasten zurückverfolgen.

Die hohe geistige und edukative Aufgabe der Priester kennen wir: Sie waren Philosophen und Pädagogen, Theologen und Theoretiker nahezu aller Disziplinen; sie waren Ärzte und Alchimisten, erstellten Horoskope für die Herrscher, die sie in Wirklichkeit auch »beherrschten«.

Noch vor dem Ende des 6. Jahrhunderts landeten Benediktinermönche in England, das damals aus sieben Königreichen bestand, die später – aus historischen Gründen – in drei Gruppen zusammengefaßt werden: Kent, Sachsen und Angeln. Der König von Kent wies den Benediktinern eine Stelle zum Klosterbau in Canterburry zu. Hier entstand, Peter und Paul gewidmet, das erste Benediktinerkloster außerhalb Italiens. Damit beginnt der römisch-katholische Einfluß auf England, der ein wesentliches Element der späteren Anglikanischen Hofkirche und damit auch der Freimaurerei bis zum heutigen Tage geblieben ist.

Die Benediktiner, die schon in Italien hervorragende Baumeister waren, brachten römische Baukundige nach England, in ein Land, wo es früher keine nennenswerten Steinbauten gab. Der siebente Erzbischof von Canterbury, ein syrischer Mönch aus Tarsus, ließ die ersten Klosterkirchen aus Stein und in römischem Stil bauen.

Dementsprechend nahmen die Benediktiner die Baukunst in Theorie und Praxis in ihr Lehr- und Bauprogramm auf. Nicht zufällig werden sie für die größten Baumeister der Romantik und Gotik gehalten. Sie waren auch die ersten, die zunächst provisorische Hütten an den Baustellen errichteten; hier wurden nicht nur die Werkzeuge der Bauleute aufbewahrt, die Hütten galten auch als Versammlungslokale für religiöse und profane Zwecke; ganz im Sinne der Synagogen. Aus diesen einfachen und schlichten Provisorien entstanden bald ge- und befestigte »Bauhütten«, auf Latein »logim« bzw. »logia« im Plural.

In Kontinentaleuropa – die erste Bauhüttenordnung stammt aus Italien –, wo Klöster auch die weltliche Herrschaft ausübten, entstanden die ersten profanen Bauten, meist Königs- und Gerichtssitze, auch »Pfalzen« genannt.

Die erste Pfalz in Deutschland bauten die Benediktiner im Schwarzwald in der Nähe von Calw (830) und in England als Sitz des Königs Engbert von Wessex, der Anfang des 9. Jahrhunderts die sieben Königreiche zu einem Reich – namens »Anglia« – vereinte.

Erst der vierte König nach Engbert, ein gewisser Aethelston (Mitte des 10. Jahrhunderts) wurde als erster Weltlicher in den erlauchten Kreis der Esoteriker (der »Eingeweihten") der königlichen Kunst aufgenommen. Er gilt auch als erster »Suchender« in der Frühgeschichte der Freimaurerei. Nach ihm fanden, bis zum heutigen Tag und sicherlich auch künftighin, viele »Royals« Zugang zur Maurerei.

Bereits die Benediktiner – und in ihrem Gefolge auch wir heute – unterschieden zwischen dem handwerklich-künstlerischen Können (»Königliche Kunst«) und den Geheimlehren des Mysteriums (»Hermetische Künste«).

Auf der Flucht vor den Normannen erreichten namhafte Benediktiner ihren neuen Stütz- und Schutzpunkt Cluny, aus dem ein neues Monte Cassino wurde: Ort und Hort der Sammlung, des Wissens, der Tradition. Von dieser Zeit an ziehen sich die Mönche aus der profanen Geschäftsführung der ausgedehnten, immer größer werdenden Klöster zurück und überließen diese weltlichen Fachleuten. Auch die Komptureien der Templer arbeiteten nach diesem Prinzip.

Der Monotheismus, als unerschütterliche Grundlage der Freimaurerei, legt die Spuren zum Ursprung über den paulinischen zum jüdischen Universalismus und weiter zurück zum jebusitischen Königreich im Jerusalem der vorisraelitischen Zeit, an dessen Stadtgott »Schalem« sowohl die hebräische Stadtbezeichnung »Jeruschaleim«, als auch des »Friedens«-Wort »schalom« erinnert. Der zum Gesetz gewordene Monotheismus ist ägyptisch (»Sonnengott«) gefärbt und jebusitischen Ursprungs.

Die gesetzestreue Offenbarung des Monotheismus ist zwar die gemeinsame Grundlage, sie reicht jedoch allein nicht aus, um die zeit- und gesellschaftsüberbrückende religiöse Gemeinsamkeit der Freimaurerei zu charakterisieren. Dazu müssen wir einen Schritt Richtung Religionsphilosophie wagen.

Das religiöse (Selbst-)Verständnis der Freimaurerei spiegelt sich vor allem in der Querverbindung der Theologie zur Philosophie im Sinne Ludwig Feuerbachs (1804–1872) wider. Die Dissertation des jungen Philosophiestudenten Feuerbach trug den stolzen, weltanschaulich-pragmatischen Titel: »De ratione una, universali, infinita« (»Über die Einheit, Allgemeinheit und Unbegrenztheit der Vernunft«). Bereits Titel und Thematik der Arbeit könnte als theologisches Motto neben dem psychologischen (»Erkenne dich selbst«) am Eingang des Freimaurer-Tempels stehen.

Die religiöse Wirklichkeit der Freimaurerei ist nicht konfessionell-dogmatisch ausgerichtet, sondern – wie das paulinische Christentum – (relativ) universell und (absolut) gefühlsbetont, mit viel Spielraum der freien Gestaltung. Auch Feuerbachs Religionsphilosophie ist genaugenommen eine Theologie der Sinnlichkeit, die keinen Platz im »Himmel [...] [der] farblosen Reinheit« hat. Die Philosophie als reinen Logos wollte Feuerbach mit der »Inkarnation« schmücken und die Religion mit der »Idee der Verweltlichung« stabilisieren. Sein Endergebnis heißt schlicht und einfach: »Verwirklichung«. Plastischer kann man die religiöse Wirklichkeit der Freimaurerei kaum mehr ausdrücken.

Feuerbach, der zur Philosophie über die Theologie gelangt, will diese »Verwirklichung« seiner Religionsphilosophie zu einer »Sache der Menschheit« machen. Auch das freimaurerische Vorhaben, »am Tempel der allgemeinen Menschenliebe zu bauen«, drückt den Feuerbachschen Universalismus aus.

Mit seiner philosophierenden Theologie überschreitet der Hegelianer Feuerbach bewußt die Grenzen des Christentums und wirft diesem eine »Religion des reinen Selbst« – also ohne eine »Verwirklichung« zu sein – vor. Er kreidet dem Christentum an, den Tod, diesen durchaus und ausschließlich natürlichen Akt, zu einem »Taglöhner im Weinberg des Herrn« zu bestimmen. (Im York-Ritus ein durchaus bekanntes Phänomen und ein weiterer Beweis der christlichen [Hochgrad-]Wurzeln der Freimaurerei.)

Wie der religiöse, so ist auch der christliche Bezug der Freimaurerei nicht konfessionalisierbar. Deshalb bleibt Feuerbach, dieser »Bruder ohne Schurz«, auch dann noch in freimaurerischer Nähe, wenn er sich – verursacht durch seine Schriften »Gedanken über Tod und Unsterblichkeit«, in der er unsanft von »Heuchler im Talar« und von »Zeloten auf der Kanzel« spricht, und »Das

Wesen des Christentums« – vom paulinischen Jesuanismus endgültig lossagt und der Menschheit statt »Diesseits« und »Jenseits« eine »wirkliche Welt« präsentiert.

In dieser »wirklichen Welt« beschreibt und erlebt Feuerbach in seinem Buch »Das Wesen der Religion« das »Abhängigkeitsgefühl«, das der Links-Hegelianer überhaupt für den »Grund der Religion« hält. Dieses »Abhängigkeitsgefühl« kann auch als die Kehrseite und individuelle Begründung der freimaurerischen »Bruderliebe« angesehen werden.

Von diesem theologischen Punkt an verläßt Feuerbach, gedrängt von seiner verletzten Eitelkeit – Kirche und konservative Staatsmacht haben seine akademische Laufbahn verhindert – den religiösen Boden, auf dem sich Freimaurer bewegen. Der Links-Hegelianer verweist nämlich die Religion – beharrlich mit ihrer konfessionellen Ausrichtung verwechselnd – in die »Kindheitsperiode der Menschheit«, in die Periode der »Unwissenheit, Unerfahrenheit, Unbildung [...] [und sogar] Unkultur.«[32] Kein Wunder, daß Freud, ein Anhänger Feuerbachs, diese Ideen dankbar aufgriff und die Religion als »Illusion des begehrlichen Menschen« abtat. »Der Mensch«, schreibt Freud »kann nicht ewig Kind bleiben, er muß endlich hinaus ins ›feindliche Leben‹.« Bevor Freud den religionslosen Menschen zur »Realität« erzieht, schließt der seine »Feuerbachiade«:

»Den Himmel überlassen wir
Den Engeln und den Spatzen.«[33]

Das religiöse – und nicht konfessionelle – Bild des Freimaurers kennt zwar einen, wenn auch nur symbolisch verstandenen Himmel, den er »ewiger Osten« nennt. Im Osten geht bekannterweise die Sonne auf und daher sitzt auch der Leiter einer Loge (»Meister vom Stuhl«) immer im »Osten«. Die Logen sind immer nach den vier Himmelsrichtungen benannt.

Auch da zeigt sich die Sackgasse mit ihrem pechschwarzen pessimistischen Pflaster. Das ist keine »Gasse«, kein Weg der Freimaurer.

Der religiöse Weg der Freimaurerei landet nicht in der institutionalisierten Konfessionalität mit ihrer Ichvernachlässigung, sondern in der Ichstärkung auf »Gottes großer Wiese«.

Um den Unterschied zwischen Religion und Konfession zu verdeutlichen, sollten wir den Vergleich »Wiese – Autobahn«

herstellen. Der religiöse Mensch ist mit dem Wanderer auf einer Wiese vergleichbar, der sich in jede Richtung völlig frei bewegen kann, der Zeit und Muße für die Natur, für seine Mitmenschen und vor allem für sich selbst hat. Wird er müde, so kann er sich nahezu immer und überall niederlassen, Grashalme und Wolken zählen, die Natur und sich selber in ihr beobachten.

Diese »Wiesenwanderung« hat allerdings zwei Nachteile: Man ist wetterabhängig und kann kaum Entfernungen bewältigen.

Um diese beiden Nachteile auszuschalten, den Menschen »naturunabhäng« zu gestalten und dem Bedürfnis nach Bewältigung ferner Ziele nachzukommen, wurden die Autobahnen gebaut, die Konfessionen geschaffen. Hier ist der Mensch gutteils wetterunabhängig, kann große Entfernungen in immer kürzeren Zeiten bewältigen; dafür kann er nur dort stehenbleiben, wo es ihm erlaubt ist. Wer jedoch die Konfessionalität übertreibt – und zum »religiösen Raser« wird – der gefährdet sich und die anderen, er tötet seine Freiheit und die der anderen, indem er zum »Fundamentalisten«, zum »religiösen Leichnam« wird.

Die wirkliche freimaurerische Ichbildung, die esoterische Festigung des eigenen Wertes vermittelt erst die Religion; konkret: das Johannes-Evangelium. Stärker als die Übersetzungen entwirft der griechische Originaltext dieses Evangeliums ein Christus-Bild der Ichhaftigkeit als absoluten Ausdruck der Ichverantwortung, aus der eine Du- und Wir-Verantwortung erwächst: »Ich bin der Weg und die Wahrheit und das Leben!«

Der Satz ist atemberaubend. Spricht so ein Narr, ein Blender und Verblender, ein Gotteslästerer? Nein! Hier spricht zu uns die zu Mensch gewordene Idee der universellen Schöpfung, wo sich alles findet und wiederfindet; vom kleinsten Atom bis zur Unendlichkeit des Weltalls. Es ist das SEIN im aristotelischen Sinne.

Vergegenwärtigen wir uns noch einmal dieses Christus-Credo und setzen wir es in maurerischen Zusammenhang:

- »Ich bin der Weg ...«: Der Weg, der gleichzeitig auch das Ziel ist, symbolisiert die permanente Bestrebung der (Ich-)Arbeit am rauhen Stein als Folge der Aufforderung: »Erkenne dich selbst.« Nur wer sich selbst »erkennt« findet den Weg. Das ist die maurerische These.

• »... und die Wahrheit ...«: Hier erleben wir die Erkenntniserfahrung einer Ichinstanz am Wege der Vervollkommnung in kontinuierlicher Weiterbildung. Wer die »Wahrheit« als die religiöse Wirklichkeit der Freimaurerei erkennt, der muß sich beherrschen, auf diesem Weg zu bleiben. »Beherrsche dich selbst«, heißt die Antithese.

• »... und das Leben«: »Weg« und »Wahrheit« sind nicht statisch, sondern dynamisch; sie stehen weder für, noch auf sich allein gestellt da, sondern in einer harmonisch-pulsierenden Synthese, die man auch »Leben« nennt. In dieser Synthese der ästhetisch-sinnlichen Weg- und Wahrheitsfindung spiegelt sich das masonische »Veredle dich selbst« wider.

Wer die religiösen Quellen des freimaurerischen (Selbst-)Verständnisses sucht, der muß die Pforten des Johannes-Evangeliums soweit öffnen, daß ihm – zumindest ein Blick – auf die apokryphen Texte (das sind Evangelien aus den ersten christlichen Jahrhunderten, die von Kirchentheologen aus dem neutestamentlichen Kanon ausgegliedert wurden) ermöglicht wird. Ein Zitat aus den apokryphen Evangelien: »Ich stand auf einem hohen Berg und sah einen Riesenmenschen und einen anderen, einen Zwerg, und ich hörte eine Donnerstimme und ging näher, um zu hören; und Er sprach zu mir und sagte: Ich bin du, und du bist Ich; und wo du auch seiest, bin Ich auch. Ich bin überallhin zerstreut, und wo du willst, sammelst du Mich; und wenn du Mich einsammelst, sammelst du dich selbst.«[34]

Hier ist der freimaurerische Weg von Bruder zu Bruder leicht nachvollziehbar. Das »Du« bestimmt das »Ich«; das »Ich« sichert das »Du«. »Bestimmung« in ihrer Mehrdeutigkeit: ein körperliches Definitivum einerseits und andererseits als Fügung, als Schicksal, als Schöpfung gemeint. Ein zum Leben bestimmtes bestimmtes Leben. Erst die religiöse Wirklichkeit ermöglicht ein Verschmelzen des bürgerlichen Du mit dem maurerischen Ich. Die harmonisch-dynamische Einheit der Kette, bestehend aus ineinanderreichenden Bruderhänden, erhält ihre aus der Religion geschöpfte Bedeutung.

Ob kanonisierte oder apokryphe Evangelien – sie alle reichen in das Judentum, in den mosaischen Gesetzesglauben zurück: »Als er [Anm. d. Autors: gemeint Christus] einen Menschen sah, der am Sabbat arbeitete, sagte er zu ihm: Mensch, wenn du weißt, was du tust, bist du gesegnet; doch wenn du es nicht weißt, bist du verflucht und ein Übertreter des Gesetzes.«[35]

Welche Bedeutung besitzt dieser Spruch für die Freimaurer? Nur der Mensch selbst, der mündige Mensch allein bestimmt seine Gesetzesübertretung. Die genaue Analyse dieses freimaurerisch durchaus bedeutsamen Spruches deckt unmißverständlich die unüberbrückbare Bruchlinie zwischen Judentum und Christentum auf: Ein Jude unterwirft sich bedingungslos dem heiligen Gesetz. Das Gesetz zwingt ihm die Sabbat-Ruhe auf. Der Christ, wenn er weiß, was er macht, kann auch an seinem »Sabbat«, am Sonntag, arbeiten und braucht nicht Gott, höchstens das Finanzamt zu fürchten.

Freimaurer »arbeiten« auch am Sabbat; in den österreichischen Hochgradsystemen: ausschließlich; sie müssen nur wissen, was sie tun. Die Brüder können mit vollem Bewußtsein die göttliche Ordnung des Sabbat-Gebotes verlassen; sie brechen nicht die Ordnung; sie gewinnen vielmehr ihr Selbstbewußtsein, indem sie vom gesetzesgebundenen Juden zum selbstbestimmenden Christen getauft werden.

Das, aus der paulinischen (fast) universellen Selbstbestimmtheit hervorgegangene »Ich-im-Schurz«, also der Bruder, der sich selbst erlebt, hört mit der dauernden Nabelschau einer pausenlosen Selbstanalyse des »Erkenne dich selbst« auf und übernimmt eine schaffende Tätigkeit. Zunächst, wieder einmal, sich selbst gegenüber; wobei er sich nicht mehr nur so erkennt, wie er ist, sondern wie er sein könnte, oder sogar sein müßte. »Veredle dich selbst«, lautet diese Aufforderung.

Die christliche Essenz der religiösen Wirklichkeit der Freimaurerei bahnt sich den Weg zu den apokryphen Evangelien. Ein Beispiel dazu, aus dem Thomas-Evangelium: »Wenn ihr euch selbst erkennt, dann werdet ihr erkannt werden, und ihr werdet wissen, daß ihr die Söhne des lebendigen Vaters seid. Wenn ihr euch aber nicht selbst erkennt, dann seid ihr in Armut, und ihr seid die Armut selbst.«[36]

Freimaurer sind verpflichtet, sich durch Selbsterkenntnis aus der seelischen »Armut« zu befreien. Ein weiterer Satz aus dem apokryphen Thomas-Evangelium – »Wenn ihr euch selbst erkennt, dann werden sie euch erkennen« – beweist das bereits Gesagte: Ich bin nicht nur der »Hüter«, sondern auch das Spiegelbild meines Bruders.

20. EINIGKEIT IN DER VIELFALT

Ein Stelldichein. In der Welt der Realität. Wo sich alle Ideen und Ideologien, Politik und Postulate, Medien und Mächtige und alle diejenigen treffen, die wert auf eine möglichst lange, am liebsten ewige Dauer ihrer Gedanken legen. Also auch die Religionen und die Freimaurerei. Genau genommen: die monotheistischen Religionen. Für die Freimaurerei sind nur die Vertreter und Verfechter des Eingottglaubens von Interesse, da sie ein Kind der Ideenkette »Judentum – Katholizismus – Protestantismus – Aufklärung – Kapitalismus – Pluralismus« ist.

Einer der begabtesten Schüler und Dissertanten des Philosophiepapstes Georg Wilhelm Friedrich Hegel, Ludwig Feuerbach, der Begründer der modernen Religionsphilosophie, begleitete sein Lebenswerk mit einem sehnlichen Wunsch nach wunscherfüllter Sinnlichkeit, die er aus dem »Himmel ihrer farblosen Reinheit« geholt hat. Oder anders, bereits »freimaurerisch« formuliert: »Der reine Logos bedürfe einer Inkarnation, die Idee einer Verwirklichung und Verweltlichung.«

Und genau dort, wo Hegels Dissertant Feuerbach »Das Wesen der Religion« (Titel seines Hauptwerkes) plazierte, dort trifft sich die Freimaurerei mit dem Monotheismus. Ein Stelldichein.

Die Freimaurer wollen sich und die Welt verändern, indem sie die Einstellung in der Maurerei (Stichwort »Brüderlichkeit«) und in der Profanei im Sinne der masonischen Prinzipien verbessern. Bevor man sich – Freimaurer wie Profane – auf diesem Weg mit der notwendigen gesellschaftspolitischen »Therapie« beschäftigt, bevor man für sich und für die Welt ein »Rezept der Humanität« ausstellt, ist es unerläßlich notwendig, die gegenwärtige (Welt-)Situation zu analysieren. Wer die Gegenwart verstehen will, der sollte die Geschichte kennen, um aus beiden ein Szenario für die Zukunft zu entwickeln.

Wie aber kommt jetzt die Religion ins »Spiel«? Wenn man bereit ist, über den schmalen Tellerrand der pluralistischen Wohlstandsgesellschaft hinauszublicken, kann man leicht den stark zunehmenden Einfluß der »konfessionalisierten« Religionen auf der ganzen Welt entdecken. Während in unseren kulturellen Breitengraden die »Religion« als solche eine untergeordnete Rolle spielt, lenkt und beeinflußt sie das Leben von Milliarden Menschen außerhalb des engen Wohlstandsgürtels.

Die Freimaurer kämpfen noch mit einem anderen Problem: für sie symbolisieren »Religionen« rückständige, antiaufklärerische, intolerante Tendenzen. Hier klingt, wenn auch unausgesprochen, die marxistische »Opium-für-das Volk«-Ideologie mit. Wie falsch und fatal diese Einstellung ist, das beweist vor allem der allseits beklagte »Werteverfall« in unserer Wohlstandsgesellschaft. Für die humanistischen Ideale steigt kein »Wohlstandsbürger« und auch kein Bruder auf die Barrikaden, sondern begnügt sich mit hohlen »Sonntagspredigten«.

Werte können die »Kinder« der materiellen Zufriedenheit nicht vermitteln. Deshalb benötigen sie eine »Schiene der Glaubwürdigkeit«, auf der sie ihre Ideale transportieren und transferieren können. Für diesen »Schienenbau« ist es jedoch notwendig, das Wesen der dominierenden, wie auch störenden Religionen unserer Zeit zu kennen.

Genaugenommen sind die Freimaurer nicht nur »Kinder der Aufklärung«, sondern auch »Enkel des Christentums«. Die christlichen Religionen verhielten sich nicht nur gegen Juden und Muslime explizit feindlich, sondern auch den Freimaurern gegenüber; das evangelische Christentum änderte allerdings seit dem Ende des 18. Jahrhunderts seine Meinung. Daß man in den Logen keine konservativen Rabbiner, geschweige denn Orthodoxe findet, das mag dahingestellt bleiben.

Es gibt nichts Leichteres, als mit Pauschalurteilen die Andersdenkenden und -handelnden, zumindest geistig niederzustrekken. Genau mit diesen unwürdigen Methoden sollte niemand argumentieren. Daher haben wir uns – und das war keine leichte Aufgabe – auf die Suche nach den spärlichen Spuren der Toleranz in den Religionen gemacht. Aber genau diesen Spuren entlang sollten wir Freimaurer unsere »Schienen« legen.

Den Weg von »Nathan (dem Weisen)« zu Maimonides kennen wir, also den Weg vom 18. zum 12. Jahrhundert zurück. Weniger kennen wir diesen Weg der Toleranz bis zum 9. Jahrhundert zurück. Die Wurzeln der Lessingschen »Ringparabel« liegen im Bagdad des 9. und im maurischen Spanien des 11. Jahrhunderts, als noch »Aufklärer« und sogar Freidenker im Christentum und im Islam am Werk waren.

Der potentiell politische und ideengeschichtlich-ideologische Feind des mittelalterlichen Christentums waren nicht die Juden, die man gänzlich zu eliminieren glaubte, sondern der Islam. Selbst ein Dichter und Vorkämpfer der christlichen Aufklärung wie Dante Alighieri (1265–1321), der auch zahlreiche bestechliche Bischöfe und sogar korrupte Päpste in seiner »Göttlichen Komödie« durch Inferno und Purgatorio, also durch Hölle und Fegefeuer jagte, zeigte gegenüber dem Islam kein Erbarmen und sah im »falschen Propheten« Mohammed den eigentlichen »Gegenspieler Gottes«.

Einer der wenigen Dichter des Mittelalters, der auch gegenüber dem Islam Toleranz forderte, war Wolfram von Eschenbach (1170–1220), der in seinem monumentalen Epos »Parzival« einen muslimischen Halbbruder und Lebensretter seines ritterlichen Hauptthelden besingt. In seiner Dichtung »Willehalb« läßt Eschenbach eine Christin die Christen mahnen: Man darf die Heiden »nicht wie Vieh abschlachten«, denn auch sie seien von Gott geschaffen und in den »Heilsplan« einbezogen.

Eine politische Lichtgestalt der mittelalterlichen Toleranz war Friedrich II. von Hohenstaufen (13. Jh.), der Kaiser des Heiligen Römischen Reiches. Der große »Staufer«, wie wir ihn aus der Geschichte kennen, versammelte in seinem süditalienischen Machtbereich, zum Verdruß tiefreaktionärer deutscher Fürsten, neben christlichen auch zahlreiche jüdische und muslimische Wissenschaftler und Geistesgrößen. Kein Wunder, daß die Päpste Gregor IX. und Innozenz IV. den »Staufer« posthum zum »Antichristen« und zum »Sohn des Satans« abstempelten.

Unter unseren aufklärerischen Vorbildern finden wir auch einen mittelalterlichen Kardinal, Nicolaus Cusanus, der eigentlich Nikolaus von Kues (1409–1464) hieß und der für die »notwendige Aussöhnung zwischen Christentum und Islam« eintrat. Und das zu einer Zeit, als die Türken 1453 Konstantinopel eroberten und die »Kaiserin der Kirchen«, die Hagia Sophia in eine Moschee umwandelten. In seiner Schrift »Einheit des Glaubens« betet Kardinal Cusanus zu Gott: »Wenn du gnädig [...] wirst, dann werden aufhören das Schwert und der neidvolle Haß und alle Übel, und alle werden erkennen, wie nur eine Religion ist in der Mannigfaltigkeit der religiösen Bräuche.« Nicht viel anders schrieb Reverend Anderson in seinen »Alten Pflichten«.

21. KEINE TRENNUNG ZWISCHEN VERNUNFT UND GLAUBEN

Zu den grundlegenden Mißverständnissen in manchen maurerischen Gefilden gehört die strikte Trennung zwischen Ratio und Religion, zwischen Vernunft und Glauben. Weder Kant, der die »Aufklärung« bekannterweise in der »Befreiung des Menschen aus seiner selbstverschuldeten Unmündigkeit« sah, noch die anderen Aufklärer wollten die Religion – als Gottesglaube – abschaffen, sondern diese »vermenschlichen«; in ihrem Bestreben nach »Humanismus« beriefen sie sich unter anderem auf Jesus Christus und auf den »barmherzigen Samariter«. Im Schatten eines säkularen Staates stand nicht die Abschaffung irgendeiner Religion, sondern die von staatlicher oder kirchlicher Gewalt unbehelligte Vielfalt religiöser, philosophischer und politischer Weltanschauungen. Genau in diesem Geiste lebte, dachte und arbeitete Lessing, der Sohn eines protestantischen Pfarrers, der sich zeitlebens als Christ und als Anhänger Luthers verstand.

Die Einheit von Religion und Ratio manifestiert sich am ehesten im protestantischen Christentum, das den säkularisierten Staat als ebenbürtigen Partner zu akzeptieren gelernt hat, da dieser aus der »Ehe« von Protestantismus und Kapitalismus entstand.

Die Säkularisierung blieb im monotheistischen Bereich ein Monopol des Christentums. Judentum und Islam kennen diesen Trennungsprozeß zwischen Heil und Herrschaft, also zwischen Staat und Religion nicht. Während im Judentum das »Gesetz« im Mittelpunkt allen Denkens und Handelns steht, kreist die »islamische Aufklärung« – so vorsichtig wir mit diesem Begriff auch umgehen sollten – um das »Gefühl«. So schrieben der bedeutende Mystiker im 13. Jahrhundert, Ibn Al Arabi: »Mein Herz umfaßt sämtliche Formen: das Mönchkloster, den Tempel [...] die Kaaba [...]« Und der Sufi Djalal od-Din Rumi im 12. Jahrhundert: »Wer das Glück hat, erleuchtet zu sein, weiß, das Spitzfindigkeit vom Teufel, die Liebe aber von Adam kommt.«

Die islamische »Aufklärung« ist bedeutend älter als die in den christlichen Ländern, bereits im Jahre 820 entfaltete sich an der theologischen Universität in Bagdad ein Disput, ob der Koran aus Gottes- oder aus Menschenhand entstand. Für damalige, wie für heutige Verhältnisse eine bahnbrechend-revolutionäre Entwicklung. Die Mehrzahl der Gelehrten einigte sich darauf, daß Mohammed »von Gottes Geist erfüllt« den Koran schreiben ließ. Und jetzt die bedeutende Schlußfolgerung: Da der Mensch fehlbar ist, finden sich im Koran auch widersprüchliche Formulierungen.

Im Geiste der Bagdader Aufklärung dachte auch der Arzt und Philosoph Ibn Sina (980–1037), besser bekannt unter dem lateinischen Namen Avicenna, der die leibhaftige Auferstehung beim Jüngsten Gericht genauso leugnete wie die himmlische Freude des Paradieses und die teuflische Angst der Hölle. Für Avicenna waren diese Aussagen Mohammeds lediglich Symbole einer »Weltvernunft«, geeignet ausschließlich für die große Masse der Gläubigen. Ibn Sina führte demnach die bunten Bilder des Propheten auf die rationalen Begriffe des Geistes zurück: »Auferstehung« bedeutet die Unsterblichkeit des Geistes; Paradies steht für die reine Idee (platonischen Ursprungs) und die Hölle für die irdischen Ängste und Haßgefühle.

Die folgenden Jahrhunderte standen – wie gutteils auch heute – in den islamischen Ländern im Zeichen der antiaufklärerischen Orthodoxie. Genauso wie Thomas von Aquin (»Die Wissenschaft habe eine Magd der Theologie zu sein«) verschwanden die islamischen Aufklärer aus dem geistigen Feld muslimischen Denkens. Hingegen nahmen Anteil und Macht der traditionshörigen Korangelehrten und -schulen zu.

Bis zur ersten Hälfte des 19. Jahrhunderts gab es kein Zeichen islamischer Aufklärung mehr. Erst 1839 wagte sich Sultan Mahmud II., Oberhaupt des Osmanischen Reiches, vorwiegend unter französischem Einfluß, an eine Rechts- und Verwaltungsreform heran: Er stellte »sämtliche Untertanen des Reiches« rechtlich gleich.

Die große und wirkliche Reform kam erst 1918 mit dem Ende des Ersten Weltkrieges und mit dem Niedergang des Osmanischen Reiches; auf dem Gebiet der »verbliebenen« Türkei griff Mustafa Kemal Pascha, der spätere »Atatürk« (»Vater der Türken«) hart durch und erwies sich als eine Art »Joseph II.« der Türkei. In seinem monumentalen Reformwerk ersetzte er alle Koranschulen durch staatliche Bildungsanstalten und löste Arabisch und Persisch als Sprache des Korans bzw. der islamischen Literatur durch lebende Fremdsprachen ab. 1924 verbot er die geistlichen Gerichte und ersetzte diese durch weltlich-westliche. Zwei Jahre später führte er ein neues, revolutionäres Zivilrecht ein, das eine völlige Religionsfreiheit garantierte. 1928 schließlich proklamierte »Atatürk« den säkularen Staat. Genau in diesem Jahr – und das ist sicherlich kein Zufall – entstand in Kairo die wohl reaktionärste Vereinigung des Islam, die sogenannte »Muslimbruderschaft« des Volksschullehrers Hassan al-Banna.

»Atatürk«, der trotz seiner radikalen Reformer ein gläubiger Muslim blieb und kein Atheist wurde, ging allerdings mit seinen ungeduldigen Änderung zu weit. So mußten seine Nachfolger nicht nur die Koranschulen wieder zulassen, sondern auch die »Gottesdienstordnung«, die »Atatürk« verboten hatte, wie z. B. den Ruf des Muezzin vom Minarett, wieder erlauben. Der größte Nachteil dieses türkischen extremen Radikalismus führte zur absoluten Lahmlegung jedweder islamischer Reformen; so denkt heute noch niemand an eine Trennung von Religion und Politik.

In der Zeit der amerikanischen Anti-Irak-Politik vergessen wir darauf, daß nur in diesem Land eine Abkoppelung vom orthodoxen Islam gelang; die in Bagdad regierende Baath-Partei (»Baath« bedeutet »Wiedergeburt« und signalisiert damit Wiederentdekkung des »arabischen Kulturerbes« als Gegengewicht zur muslimischen Orthodoxie) wurde von einem Christen, von Michel Aflak, gegründet. Auch Tarik Aziz, Saddam Husseins ehemaliger Außenminister und Stellvertreter, ist kein Muslim, sondern ein Christ. Daß die Baath-Partei einer Art »arabischen Leninismus« frönte, verzeihen ihr die islamischen Fundamentalisten nicht. So wird auch die ideologisch-militärische Auseinandersetzung zwischen Teheran und Bagdad verständlich. Mit ähnlichen Problemen wie Saddam Hussein in Bagdad mußte auch sein Baath-Bruder Hafis al-Assad in Damaskus (Syrien) kämpfen. Trotzdem: Auch Syrien und der Irak können nicht als säkulare Staaten bezeichnet werden, da – nur um ein Beispiel zu nennen – der Religionsunterricht auch in diesen Ländern zentraler Bestandteil des gesamten Schul- und Erziehungswesens ist.

22. NEGATION DER »GOTTLOSIGKEIT«

Wir wissen nicht, ob Gott »Gottlosigkeit« zuläßt; was wir allerdings mit Sicherheit behaupten können, ist die schlichte Tatsache, daß die »Gottlosigkeit« ihren eigenen »Gott« in der Negation schafft.

Der Atheismus ist ein Kind der monotheistischen Religionen; wie hinter jedem Generationskonflikt, wo die Kinder gegen die Eltern oft verbissen ankämpfen, weil das Konkurrenzdenken zum Entwicklungsprozeß gehört, hadern auch die Atheisten gegen Gott und schaffen damit eine zusätzliche Existenz. Der Atheismus ist, wie übrigens auch Nationalismus und Faschismus, ein Stiefkind der Aufklärung und wird als verständliche Reaktion nicht gegen die Religion, sondern gegen den Klerikalismus verstanden. Atheistische Bewegungen kennen wir nur in der Welt der politisierenden, nach Macht strebenden monotheistischen Religionen; in der ostasiatischen Glaubenswelt, wie z. B. im Hinduismus und Buddhismus, gibt es keinen Atheismus. Der Atheismus, vor allem in seiner marxistischen Prägung, ist genauso ideologisch ausgerichtet, wie es die klerikalen Konfessionen sind.

Aus diesem Grund lehnen die »Alten Pflichten« der Freimaurer jedwede Form des Atheismus ab.

Natürlich kann man »Atheismus« (Verneinung Gottes) nicht mit »Agnostizismus« (Leugnung des rationalen Erkenntnisses des Göttlichen) gleichsetzen. Da die Freimaurerei, wie bereits mehrmals erwähnt, den Glauben an einen personifizierten Gott (»Größter/Großer Baumeister aller Welten«) verlangt, ohne dabei jedoch in konfessionelle Fahrwasser zu geraten, tarnen sich so manche atheistische Brüder als »Agnostiker«, die Gottes Existenz weder bejahen, noch verneinen. Daher flüchten diese atheistischen Brüder in die schwammige, weil nicht Stellung beziehende Form des Agnostizismus; gleichzeitig versuchen sie auch, ihr schlechtes Gewissen zu beruhigen.

Warum der Agnostizismus jedem denkenden Menschen ethisch unakzeptabel erscheinen muß, bewies – wenn auch gänzlich ungewollt – einer der bedeutendsten Vertreter der Sophisten, dieser »Lehrer der Weisheit«, Protagoras: »Der Mensch ist das Maß aller Dinge, der seienden, daß sie sind, der nichtseienden, daß sie nicht sind.« Und dann folgt der entscheidende Halbsatz, auf den sich die Agnostiker berufen: »Von den Göttern weiß ich nichts, weder daß es solche gibt, noch daß es keine gibt [...]« Und dann entlarvt sich Protagoras: »Wahr sei, was der einzelne für wahr halte, gut oder schlecht sei, was dem einzelnen subjektiv so erscheine.«

Sollte demnach Protagoras und mit ihm alle Agnostiker dieser Welt recht haben, dann war all das, was Nero, Hitler, Stalin und die vielen Schlächter und Massenmörder der Menschheitsgeschichte taten und glaubten, »gut« – oder hatte Hitler, dieser symbolische Schlächter von Millionen Unschuldigen, doch nicht ganz »recht« gehabt? Geglaubt hat er jedenfalls an die Richtigkeit seiner Ideologie.

Euripides, der Schüler des Protagoras, der in der Literaturgeschichte als »erster großer europäische Dichter« gefeiert wurde, behauptet in seiner Tragödie »Über die Götter«, daß »die Menschen alle nach den Gesetzen ihres Charakters handeln« dürfen und sollten. Jetzt erst verstehen wir, warum seit Kain und Abel die Bruder- und alle anderen Morde anscheinend ein wesentlicher Bestandteil der Menschheitsgeschichte geworden sind.

Seinen zeitweiligen großen Erfolg kann der Atheismus dem Konfessionalismus, den ideologisierten und politisierenden Religionen, verdanken. Daß nicht nur die katholische Kirche, sondern auch die Atheisten ihre »Heiligen« haben, von Sokrates bis Giordano Bruno, das können sie nur ihrer bewußten Fehlinterpretation der eigentlichen Beweggründe dieser Giganten der Geistesgeschichte verdanken. Sokrates, um nur ein Beispiel zu nennen, wurde zwar wegen angeblicher »Gottlosigkeit« zum Tode verurteilt, doch war er zeitlebens kein Atheist. Ganz im Gegenteil: Er sprach, geschrieben hat er nie etwas, vom »universellen Geist« als zentraler Lenker des »Weltganzen«. Er und Aristoteles, der zwar wegen »Gottlosigkeit« nicht zum Tode verurteilt, doch in die Emigration gezwungen wurde, haben mit dieser Lehre den Weg zum »Logos«, der sogar den Zugang zu einem personalisierten Gott ermöglicht, geöffnet. So gesehen waren Sokrates und Aristoteles, zumindest in ihren Lehren, »Brüder ohne Schurz«.

Der verhängnisvolle Weg monotheistischen Machtstrebens hat Gott in die Knechtschaft eines »Götzendienstes« genommen. Wir wissen aus Geschichte und Gegenwart, wie unter dem Banner des Kreuzes, des Halbmondes, aber auch des Davidsternes Unschuldige vom Leben zu Tode gebracht wurden und immer noch werden. Daher haben Konfessionen, die allerdings auch »gute«, nützliche Aufgaben erfüllen, mit »Religion«, mit dem Glauben an eine »höhere Ordnung« nichts gemein. Genau aus diesem Grund hat die sogenannte »christliche Maurerei«, wie Agnostiker und Atheisten mit dem humanen Geist der Freimaurerei nichts zu tun.

Die monotheistischen Religionen haben den »Gottesglauben« desavouiert, diesen mißbräuchlich auf die politische Bühne gezerrt. Genau diesem Prozeß widersprachen die großen Religionskritiker Karl Marx, Ludwig Feuerbach, Friedrich Nietzsche und Sigmund Freud, um nur einige zu nennen. Wenn Freud z. B. im Gottesglauben lediglich »infantile Vater- oder Muttervorstellungen« zu erkennen glaubte, dann mag er im Wunsch nach Gottespersonifizierung recht gehabt haben. Aber auch der »gütige, weißbärtige Gottesvater« oder die »unberührte, ewigjungfräuliche Gottesmutter« haben ihre psychologische, psychotherapeutische Bedeutung. Mit der Religion, wie Freimaurer es verstehen, haben auch diese Vorstellungen nichts gemein. Dazu ein Zitat aus dem Buch des protestantischen Theologen Heinz Zahrnt (»Gott kann nicht sterben«): »[...] das Unbekannt- und Ungenanntbleiben Gottes [...] seine Unfaßlichkeit in Vorstellungen und seine Unbegreiflichkeit in Begriffen, seine Verborgenheit in aller Offenbarung [...]« Und dann spricht Zahrnt vom »Abgrund in allen Grund«, von der »Gottheit in Gott«. Auch diese, in Sprache gehüllte Sprachlosigkeit weist nicht den freimaurerischen Weg zur Religion.

Eine liebevolle Karikatur beweist die Sinnlosigkeit atheistischen Denkens: Auf einer Tafel steht der berühmte Satz von Nietzsche: »Gott ist tot«; auf der anderen lesen wir: »Nietzsche ist tot. Gott«. Nun, Gott hat recht: Nietzsche ist wirklich tot. Das wissen wir; nicht jedoch, ob Nietzsche mit seiner Todeserklärung Gottes recht gehabt hat.

Es gibt keine »freimaurerische Religion«, sondern nur eine »Religion der Freimaurer«, genau genommen wie die Brüder ihren Zugang zur Religion suchen. Hier soll man allerdings die masonische Geschichte verlassen, da es dabei weder um die »Alten Pflichten«, noch um die beiden Testamente, um die »Großen Lichter« geht, sondern um das religiöse Verständnis masonischer Intellektualität und Gefühlsregungen. Dazu ist es jedoch notwendig, zu den beiden Grundbegriffen »Vernunft« und »Ethik« noch einen dritten Grundbegriff, die »Gerechtigkeit« hinzuzufügen. Die drei Begriffe im Lichte des freimaurerischen Religionsverständnisses:

- Die »Vernunft« – auch das sollten wir nicht leugnen – läßt einen schmalen Steg zum Agnostizismus offen. Die mentalen Überlegungen gleichen einer Themenwegschiebung, da Agnostizismus nichts anderes als ein Festklammern an der Empirie ist. Die Gedanken des Protagoras, der bekanntlich von den »Göttern genauso wenig weiß« wie wir alle, öffnet den Weg zum Agnostizismus.

- Die »Ethik« schreibt fest, was »gut« und was »böse« ist. (»Schlecht« hingegen ist kein Gegenteil des »Guten«, Schmerzen sind z. B. immer »schlecht«, doch nicht immer »böse«, da sie oft den Weg zur psychischen und physischen Gesundheit weisen. Aber das nur nebenbei.) Für die Freimaurer ist zwar die »Brüderlichkeit« der »Mörtel des Baues«, doch erheben sie nicht den Menschen als Symbol des »rauhen Steines« zum Maß aller Dinge, wie das Protagoras tat. Wer hingegen glaubt, daß man nur mit »glatten Steinen« bauen kann, der hat noch nie einen Vierkanthof im Mühlviertel gesehen, wo der Mörtel auch unbehauene Steine zu einem »Festen« und »Ganzen« fügt. So gesehen ist der »Mörtel« – und nicht die »Arbeit am rauhen Stein« – wichtig und entscheidend. Die »Ethik« sollte höher, über die rein menschliche Sphäre hinaus, dort wo die nicht-personifizierte Religion beheimatet ist, einsetzen.
- Die »Gerechtigkeit« schließlich steht für »Harmonie in der Natur«, für »Ausgleich menschlichen Tuns und Lassens«, für die »Sinnlosigkeit einseitiger Sinnstiftungen« wie z. B. Frömmigkeit, Fatalismus oder Materialismus: Etwas vereinfacht formuliert kommt hier der Satz, »für alles muß man die Rechnung bezahlen« zum Ausdruck. Auch das vielgepriesene »Gleichgewicht«, das wir alle anstreben, aber auch den »inneren« wie »äußeren« Frieden kann man hier subsumieren. »Ausgleich«, wenn auch nicht »Rache«, heißt eine weitere Hoffnung frustrierter Seelen. Wenn wir bereit sind, zur Religion einen sozialphilosophischen Zugang zu suchen, dann können wir guten Gewissens behaupten: Für Freimaurer müssen »Gott« und »Gerechtigkeit« synonyme Begriffe sein. Gott ist also gerecht, wenn auch nicht »barmherzig«, und das seit Kain und Abel, seit der Aufopferung Unschuldiger. Barmherzigkeit ist eine menschliche Regung und kein Teil religiöser Grundvorstellungen.

»Vernunft«, »Ethik« und »Gerechtigkeit« sind voneinander nicht zu trennen; sie bilden eine Dreieinigkeit – wenn auch keine christliche »Dreifaltigkeit« –, die das Wesentliche, das Essentielle in der Freimaurerei bilden.

23. KEINE TOLERANZ OHNE RELIGION

Die Freimaurer haben die »Toleranz« nicht gepachtet. Selbst die römisch-katholische Kirche verkündet seit dem Zweiten Vatikanum (1965), daß »Glaubensfreiheit gottgewollt« sei. Demnach sollte die Kirche den Dialog nicht nur mit anderen Religionen, sondern auch mit vielen anderen »geistigen Strömungen der Zeit« suchen. Die Antwort ließ nicht lange auf sich warten; bereits im selben Jahr, noch während des Zweiten Vatikanischen Konzils, bekannte sich auch der Islamische Weltkongreß zum »ehrlichen Gespräch« und propagierte die Suche nach dem »Gemeinsamen«, statt nach dem »Trennenden«.

Der freimaurerische Wertekatalog (»Toleranz gegenüber Andersgläubigen und Andersdenkenden«) ist ohne Zweifel ein geistiges Produkt der Aufklärung aus dem 17. und 18. Jahrhundert. Allerdings waren die ideellen Vorfahren der Maurer keineswegs antireligiös eingestellt. Ganz im Gegenteil: sie haben sich wiederholt auf das »Vorbild Jesu« berufen und vertraten nach eigenen Angaben das »eigentlich Christliche«. Auch der aufklärerische Antiklerikalismus war nur eine Antwort auf die Kampfansage der katholischen Kirche gegen die Aufklärung.

Die Freimaurer haben die Toleranz auf ihre Fahnen geheftet, allerdings »tolerieren« sie – aus welchen Gründen auch immer – die Hälfte der Menschheit, die Frauen, in den eigenen Reihen nicht. Sie behaupten zwar, »frei von Dogmen« zu sein, dulden andererseits nicht nur keine Frauen, sondern auch keine Atheisten in ihrer Logen. Auch den Austausch der »christlichen Bibel« aus dem Mittelpunkt der Logenarbeit mit einem weißen Buch, wie es in französischen Logen vorkommt, lehnen reguläre Freimaurer ab.

Die moralische Doppelgesichtigkeit gegenüber der Toleranz zeigt sich auch in der offiziellen Politik des Vatikans. Einerseits lud der konservative und volksnahe Papst Johannes Paul II. protestantische, christlich-orthodoxe, islamische, hinduistische, buddhistische und jüdische Geistliche nach Assisi zu einem großen »interreligiösen Treffen« ein, andererseits trat er mit aller Schärfe gegen die »Ketzer« und Abweichler innerhalb seiner Kirche auf. Auf der einen Seite die symbolische Geste den Andersgläubigen gegenüber, auf der anderen die erbarmungslose Festigung der eigenen Reihen gegen »innere Aufweichler«. Noch am Dauerhaftesten ist die Beziehung der katholischen Kirche zum Judentum; das allerdings nur im Schatten des Holocaust. Nahezu alle Kirchenfürsten erkannten die furchtbare Auswirkung des kirchlichen Antijudaismus, diese mörderische Säkularisierung zum rassischen Antisemitismus hin.

Die Freimaurer müssen, wenn sie ihre Beziehung zu den Religionen überprüfen, die schlichte Tatsache ins Auge fassen, daß die Religionen weltweit an Einfluß zunehmen. Auch und erst recht im Land der – angeblich – »reichsten« und »weitest-entwickelten« Demokratie unserer Gegenwart: in den Vereinigten Staaten von Amerika, wo der Einfluß protestantischer und freichristlicher Gemeinden und Gemeinschaften ein entscheidendes Wort im politischen Leben spielen, wo alle Präsidenten, auch die Freimaurer unter ihnen, auf die Bibel schwören müssen, wo führende Politiker beider Parteien Gott mindestens so oft in den Mund nehmen, wie bei uns konservative katholische Bischöfe.

In Österreich hingegen – und auch das darf nicht unerwähnt bleiben – sinken Zahl und Bedeutung religiöser Gemeinschaften; mit Ausnahme des Islam. Einige Zahlen dazu aus dem Jahre 2001:

- 73,6 % der Bevölkerung (5,9 Millionen Menschen) bekennen sich zum römischen Katholizismus.
- 4,7 % (377.000) sind Mitglieder der beiden evangelischen Kirchen.
- 4,2 % (300.000) sind Muslime.
- 2,2 % (179.000) gehören einer der christlich-orthodoxen Kirchen an.
- 0,1 % (8.140) sind Juden.

Allerdings: Zwölf Prozent aller Österreicher oder 970.000 Menschen sind »ohne Bekenntnis«. Abgesehen von einer kleinen, statistisch marginalen Zunahme der Juden in Österreich, wächst beträchtlich die Zahl der Konfessionslosen und der Muslime.

Trotz diesen Statistiken verändert sich das Wertesystem der Durchschnittsösterreicher kaum. Analog zu den Ergebnissen der »Europäischen Wertestudie 2000«, so der Pastoral- und Religionstheologe Paul Zulehner, glauben immer noch 48 Prozent der Österreicher an ein »höheren Wesen« und 37 Prozent sogar an einen »persönlichen Gott«. Die gläubigen Christen stellen mit 27 Prozent nur mehr eine Minderheit im eigenen Land dar. Relativ klein ist der Anteil der Agnostiker (acht Prozent); größer ist die Zahl der Wiener Atheisten mit zwölf Prozent; hier spielt die Tradition der »roten« Freidenker immer noch eine nicht unwesentliche Rolle. Interessant in diesem Zusammenhang ist die historische Entwicklung: 1934 gab es in Österreich noch 93,6 Prozent Katholiken und lediglich 1,6 Prozent Konfessionslose; 2001 betrugen diese Anteile 73,6 % bzw. zwölf Prozent.

Trotz dieser Zahlen nimmt die Suche nach religiös-spirituellen Werten zu, und das zeigte sich nicht nur während des Grazer Besuches des Dalai Lama im Oktober 2002. Paul Zulehner spricht zwar hier von einer »Wellneß-Spiritualität«; doch werden auf längere Sicht die institutionellen Religionen an Bedeutung eher zu- als abnehmen. Zulehner ist optimistisch: »Seit Mitte der neunziger Jahre ist es zu bemerken, daß die Menschen wieder ein religiöses Dach über ihrer kosmisch streunenden Seele suchen.«

Die spirituelle Zukunft der katholischen Kirche, auch in Österreich, liegt, wie es Paul Zulehner formuliert, in der Vereinheitlichung von fünf »Strängen«: des katholischen, des protestantischen, des christlich-orthodoxen, des islamischen und des atheistisches, wobei die letzten drei nahezu ausschließlich aus dem »Osten« nach Österreich strömen.

Die Frage nach der Bedeutung der Religionen, nicht sosehr in sondern um die Freimaurerei, sollte sich angesichts der weltpolitischen Lage kaum stellen. Trotzdem, und immer wieder: Freimaurer, die bereit sind, über den eigenen intellektuellen Tellerrand hinauszusehen und einen Beitrag zur Humanisierung der Profanei erbringen zu wollen, können ihre Augen vor der Tatsache der zunehmenden »Re-Religiosierung« unserer Welt nicht verschließen.

Areligiöse, agnostische und erst recht die atheistisch eingestellten Brüder neigen dazu, hinter den religiösen Auseinandersetzungen nur politisch-ökonomische Streitgrundlagen zu erkennen. Mag diese Sicht noch auf Nordirland halbwegs zutreffen, so können wir die vielen Kleinkriege in Afrika und Asien nicht mehr aus den Religionen entlassen.

Auch die starke Ausbreitung der katholischen Kirche in Südamerika trägt zu einem neuen Bild des 21. Jahrhundert bei, das wir als eine neue Form der »Religionsrenaissance« ansehen müssen.

Ohne Zweifel gehört das europäische »christliche Abendland« der Vergangenheit an. In unserer zivilisatorischen Welt geht zwar die wirtschaftliche, aber nicht die weltanschauliche Konkurrenz zurück. Während Wirtschaft und Gesellschaft, im Zeichen der Globalisierung, immer stärker von einigen wenigen multinationalen Mammutunternehmen beherrschaft werden, erleben wir in unserer »westlichen« Gesellschaft eine freie Entfaltung der Ideen und Ideologien, der rationalen und der religiösen Auffassungen. Atheisten, Agnostiker, Fromme aller drei monotheistischen Religionen und auch die Nachahmer ostasiatischer Halbreligionen/Halbphilosophien leben anscheinend friedlich neben- und manchmal auch miteinander. »Wohlstand« heißt die Garantie dieses interreligiösen und -ideellen Friedens. Der (relative) Wohlstand wird wiederum vom Grad der Zivilisation (Änderung der Natur im – kurzzeitigen – Interesse der Menschen) bestimmt.

Die fromme Aufforderung nach »Teilung des Wohlstandes«, nach einer vermehrten Entwicklungshilfe, erhöht keineswegs den jeweiligen Zivilisationsgrad in der Dritten Welt, sondern stärkt nur die dort herrschenden Diktaturen weltlicher und religiöser Ausprägung und erhöht den Bevölkerungsdruck dieser Staaten. Daß es sich hierbei um religiöse und nicht um wirtschaftliche (arm gegen reich) Auseinandersetzungen handelt, beweist uns der alte, schwelende und immer wieder ausbrechende Kampf zwischen Indien und Pakistan. Mag sein, daß hinter dem »Kampf der Kulturen« und der Religionen politische und territoriale Auseinandersetzungen, wie z. B. in der Kaschmirfrage zwischen Indien und Pakistan, stecken, doch sind diese heute dermaßen verkrustet und hoffnungslos überlagert, daß eine »Entreligiosierung« des Hasses nicht mehr möglich ist. Außerdem bieten die mono- und auch die polytheistischen Religionen einen hervorragenden Kriegsschauplatz.

Die Benennung der geopolitischen Einteilung der Welt ändert sich unaufhaltsam. Nach dem Zweiten Weltkrieg sprachen wir noch von der Ersten Welt (westliche Industrienationen), von der Zweiten Welt (kommunistische Länder), von der Dritten (Entwicklungsländer mit Ölförderung) und von der Vierten Welt (Entwicklungsstaaten ohne Ölförderung). Dazu kamen noch der »Nahe« und der »Ferne Osten«. Mit dem Ende des sowjetischen und europäischen Kommunismus – im Gegensatz zum kubanischen und ostasiatischen – lösen sich auch diese Einteilungen auf. Im religiös-soziologischen und im politologischen Sinne sprechen wir heute vom »islamischen Orient« und vom »hinduistischen und buddhistischen Kulturkreis«, die – im Gegensatz zum »christlichen Abendland« – eine immer größere Bedeutung erlangen.

Während die Bedeutung der christlichen, vor allem der katholischen Kirche mit dem symbolischen Untergang des »Abendlandes« in (West-)Europa schwindet, wächst auch in unseren pluralistischen Gesellschaften der Wunsch nach dem Mystischen, nach dem Transmateriellen, nach religiösen Inhalten schlechthin. Die säkularisierte Welt hat nach ihrem Bestreben nach Demokratie, Pluralismus und auch Wohlstand auf die vielen Sinnfragen, die Leben und Tod betreffen, vergessen. Das Ergebnis dieses Leugnungsprozesses ist die rapide Zunahme von harmlosen, aber auch von gefährlichen Ersatzmitteln. Zu den harmlosen gehören sicherlich die ostasiatischen Meditationstechniken, zu den gefährlichen die Drogen.

All das fördert in unserem Kulturkreis neurotische Verunsicherungen, »die den Religionen die Chance bieten, verlorenes Terrain zurückzugewinnen«[37] und sich in neuen »Kleidern« dem »modernen« Menschen attraktiv anzubieten.

Die Spuren der Sinnsuche müßten nicht unbedingt in religiöse Gefilde münden; auch andere Institutionen und Ideenwerkstätten bieten Antworten unterschiedlicher Qualitäten für Sinn- und Identitätssuchende. Neben den zerstörerischen Antworten von rechtsextremen Parteien und freiheitsraubenden Sekten sollte auch die Freimaurerei in der Lage sein, »gute«, »nützliche« und menschenfreundliche Antworten zu bieten.

Das freimaurerische Instrumentarium für Sinnsuchende ist relativ bescheiden. Außer einer »offenen«, »toleranten«, »verständnisvollen« Hinwendung zu den Menschen können sie nicht viel anbieten. Sie sind, trotz gewisser institutioneller Ähnlichkeiten, keine Konkurrenz für die Kirchen, sie bieten keine Ersatzreligion an.

Ohne die Bedeutung der Freimaurer zu schmälern, sollten sie vernünftigerweise die eigenen Grenzen erkennen und sich nicht scheuen, auch mit religiösen Gedanken zu beschäftigen. Die »Vielfalt der Weltkulturen«[38] signalisiert den Bedarf nach »Öffnung«. Im politischen Leben führte diese »Öffnung« des kommunistischen Ostens gegenüber dem kapitalistischen Westen zum Ende der roten Diktatur. Genau vor diesem »Niedergang« warnen heute islamische Politiker und Priester und malen an die »Wand« ihrer Moscheen die »Gefahr« des »teuflischen westlichen Einflusses«. Selbst innerhalb des Weltchristentums, zwischen dem

Orient der orthodoxen Kirchen und dem Okzident des römischen Katholizismus trägt die Politik der Öffnung keine Früchte. Noch keine. Wie sollte es gegenüber dem Islam möglich sein?

Ohne Aufklärung und ohne Demokratisierung, als Grundelement der pluralistischen Gesellschaft, können religiöse Institutionen weder von innen noch von außen aufgebrochen werden. So gibt es heute kein einziges islamisches Land, inklusive der säkularisierten Türkei, wo wir von Demokratie und parlamentarischem Pluralismus sprechen könnten. Das wirklich friedliche Nebeneinander von verschiedenen Wertsystemen – Atheisten und Konfessionalisten, Angehörige verschiedener Religionen, Mystiker und Realisten – ist in unserer Welt dialogmäßig nahezu undenkbar; stets verliert das eine zugunsten des anderen. Dazu nur ein Beispiel aus Österreich: Auch hierzulande, wie das z. B. in Deutschland der Fall ist, wächst der Anteil der Konfessionslosen und der Muslime zuungunsten der christlichen Kirchen.

In einem sich nur lang- und mühsam anbahnenden »Dialog der Religionen« zwischen Christentum und Islam schwingt die ungute, einseitig belastende koloniale Vergangenheit immer noch mit. Christentum und Kapitalismus haben jahrhundertelang ihre Machtposition, aber auch ihre Ideologie gewaltsam zwischen Nordafrika und Südostasien ausgebreitet. Während es in Südamerika vorwiegend der katholischen Kirche gelang, die autochthone Kultur auszurotten und diese vollständig zu überlagern, verloren die europäischen Kolonialmächte in Afrika und Asien nahezu jedweden religiösen und politischen Einfluß. Hier konnte sich der Islam, außer in hinduistischen und buddhistischen Sphären, ohne Widerstand ausbreiten und an Macht und Einfluß zusehends gewinnen.

Die freimaurerische Auffassung veranlaßt, auch in der Welt der Religionen, die Toleranz statt dem Trennenden, das Gemeinsame an Stelle der Gegensätzlichkeit zu suchen. Leicht ist dieses Unterfangen nicht, doch es lohnt sich.

Mohammed, ein Kaufmann aus Mekka, kannte das, was er für Judentum und Christentum hielt, von durchreisenden christlichen und jüdischen Handelstreibenden. Da zu seiner Zeit (ab 570) Jerusalem, Alexandrien und auch Damaskus christliche Städte mit einer starken jüdischen Bevölkerung waren, ließ sich der an religiösen Fragen interessierte Kaufmann von seinen Berufskollegen ausführlich informieren. Da seine Gesprächspartner weder Priester noch Theologen, sondern Männer des Geldes und der Waren waren, konnte sich Mohammed kaum ein wirkliches Bild über die beiden Religionen machen. Was ihn dabei am meisten faszinierte, war die Stärke und Entschlossenheit des Eingottglaubens, der Politik und Geschäft lukrativ beeinflussen konnte. So wurde für ihn dieser eine und einzige Gott – auf Arabisch »Al Lah« – eine zentrale, alles beherrschende Kraft. Andererseits wiederum merkte Mohammed den eher geringen Einfluß beider monotheistischen Religionen auf seine arabischen Landsleute.

Mohammed folgte dem Weg aller Religionsbrüder und zog sich in eine selbstgewählte Einsamkeit zurück; er ging in die Wüste und studierte dort die Schriften der Bibel und der Thora, soweit es ihm, vor allem aus sprachlichen Gründen, möglich war. Mohammed war politisch im Gegensatz zu Moses und intellektuell im Gegensatz zu Paulus zu schwach, um eine grundlegende neue Religion zu schaffen; stattdessen folgt er den geistigen Spuren der ihm sympathischen Propheten, »arabisierte« sie und gab ihnen neue Namen. So heißt in der islamischen Welt Abraham »Ibrahim«, Moses »Musa« und Jesus »Isa«, um nur die wichtigsten zu nennen. Wie jede neue religiöse Richtung – denken wir dabei nur an protestantische Kirchen und Sekten, die stets das »wahre Evangelium« predigen – so wählten Mohammed und seine Anhänger den »Weg zurück«, zu den angeblichen »Quellen«, zum »ursprünglichen und ungefälschten« Eingottglauben. Nach ihrem Verständnis rangiert der Koran vor den jüdischen und christlichen Bibeln; er soll eine Art »Urschrift« der Gottesbotschaft gewesen sein. Dabei verzieh Mohammed den Juden den »Unglauben« an Jesus und den Christen ihre »heilige Dreifaltigkeit« nicht.

So eigenartig es auch klingen mag: In einer, theologisch gesehen sogar wichtigsten Frage, ist der Islam – in unserem Sinne – »moderner« als das Christentum. Warum? Während die christlichen Religionen den Menschen und Juden Jesus zu »Christus«, zum »Sohn Gottes«, zum Teil der Dreifaltigkeit erhoben, hielt sich Mohammed stets im religiösen Hintergrund. Während die Christen nach Jesus benannt werden, ist es völlig falsch, von »Mohammedanern« zu sprechen; solche gibt es keine, sondern immer nur »Muslime«. Die zur Göttlichkeit erhobene Personifizierung – wie das im (frommen) Christentum immer noch der Fall ist, denken wir dabei nur an die Gestalt Marias – erinnert uns an den Götzendienst polytheistischer Religionen. Auch die bildliche Vielfalt, vorwiegend des katholischen Christentums barocker Prägung, ruft in Juden und Muslimen Widerwillen und Unverständnis hervor. Wie steht es im Zweiten Buch Mose, das auch Eingang in die Zehn Gebote fand? »Du sollt dir kein Bildnis, noch irgendein Gleichnis [...] von Gott machen.«

Während das Alte Testament, das im Christentum fälschlicherweise das »Judentum« symbolisiert, für die Christen einen gewissen Anfang bedeutet, stehen die Christen dem Islam und auch dem Koran mit völligem Unverständnis gegenüber; noch dazu behauptete Mohammed, daß nur er den »wirklichen« und »wahren« Eingottglauben personifiziert: auf dem Wege einer Art von »Rechristianisierung« und »Rejudaisierung«.

Die Beziehung des Islam zum Christentum ist – von der religiösen und nicht von der politischen Seite (Stichwort: Kreuzzüge) – friktionsfrei; so wurden von Anfang an »Mischehen«, wenn auch in genau vorgeschriebenen »Zusammensetzungen«, immer schon erlaubt. Während im Judentum die Frau – als Mutter – religionsbestimmend entscheidend ist, hält der Islam am patriarchalischen Wesen seines Glaubens fest.

Für Freimaurer, die gewohnt sind, analytisch zu denken, ist es notwendig, auch hinter dem israelisch-palästinensischen Konflikt mehr als nur macht- und territorialpolitische Auseinandersetzungen zu sehen. Vergessen wir dabei nicht, daß Jerusalem – auf Arabisch »El Kuds« (»Die Heilige«) – für die Muslime nicht nur die erste, sondern auch eine der wichtigsten Kultstätten war; Jerusalem ist heute noch, nach Mekka und Medina, die wichtigste religiöse Stadt. Nachdem Mohammed von Mekka nach Medina floh, ließ er hier die erste Moschee mit der Stirnseite Richtung Jerusalem ausrichten. Dort, wo einst der Tempel Salomos stand, erhebt sich der weltbekannte Felsendom mit seiner goldenen Kuppel. An dieser Stelle wollte Abraham seinen Sohn Isaak opfern, und hier stieg, so die islamische Sage, Mohammed samt Pferd in den Himmel hinauf. Im Kidrontal, vor den Toren der »Heiligen Stadt«, liegen Juden, Christen und Muslime friedlich nebeneinander; hier, unweit des Gartens Gethsemane und des Ölbergs, sollen am Tag des Jüngsten Gerichtes Gottes Posaunen erklingen.

Während die Freimaurer gerne und oft auf die »toleranten Elemente« im Koran und im Islam verweisen, zeigt uns die Geschichte, daß diese »Toleranz« auf recht wackeligen Beinen stand und genaugenommen nur bis zur Festigung der islamischen Macht währte. Ein gutes Beispiel dazu bietet die Stadt Damaskus:

- Ursprünglich stand hier ein aramäischer Baal-Tempel.
- Nachdem hier (auf dem Berg Kassiun, nahe der Stadt) – angeblich – Kain seinen Bruder Abel erschlagen hatte, und später hierher das Haupt des hingerichteten Johannes gelangt war, wurde vor den Toren aus dem Christenhasser Saulus der gläubige Jesus-anhänger Paulus (= »der Geringe«). Auf den Ruinen des einstigen Baal-Tempels entstand die christliche »Johannes-Basilika«.
- Im Jahre 635 eroberten die Muslime die überwiegend von Christen bewohnte Stadt Damaskus. Da die muslimische Oberschicht auf die Masse der Christen zunächst angewiesen war, teilte sie die Basilika in einen christlichen West- und einen muslimischen Ostteil. Die beiden Gebetsstätten konnten nur durch einen gemeinsamen Eingang erreicht werden. Ein Bild vollkommener Harmonie und gegenseitiger Toleranz.
- Dieses erhabene Bild religiöser Koexistenz währte nur bis zur Festigung der muslimischen Macht, die immerhin von Spanien bis nach Indien reichte.
- Anstelle des Jupiter-Tempels und der Basilika syrischer Christen entstand hier eine prächtige Moschee. Christen, Juden und die spärlichen Anhänger althergebrachter Mysterien mußten weichen; 705 bis 715 entstand hier die prächtige Omayaden-Moschee, nach dem Jerusalemer Felsendom die zweitälteste Moschee der Welt.

Wichtig für unser Islamverständnis ist die Tatsache, daß Mohammeds Nachfolger Judentum und Christentum nicht verdrängen, sondern für sich vereinnahmen wollten. So heißt das hoch gewachsene Minarett im Südosten der Omayaden-Moschee »Jesus-Minarett«. Von diesem ursprünglichen Aussichtsturm der Basilika soll nach muslimischer Überzeugung der Auferstandene Jesus den Tag des »Jüngsten Gerichts« verkünden. In einem Kuppelbau der Moschee in Damaskus wird das Haupt Johannes' (auf Arabisch »Yahia«) auch von den Muslimen verehrt.

24. MONOTHEISMUS UND INTOLERANZ

Das wesentlichste politische Instrument des Monotheismus ist die Intoleranz, die erbarmungslose Vernichtung von Andersgläubigen. »Zerstöret alle Orte, da die Heiden, die ihr vertreiben werdet, ihren Göttern gedient haben« – können wir es im Fünften Buch Mose lesen. Abtrünnige müssen ermordet werden. Dazu gleichfalls aus dem Fünften Buch Mose: »Wenn dich dein Bruder [...] überreden würde: Laßt uns gehen und anderen Göttern dienen [...] [dann] sollt du ihn erwürgen.«

Wir wissen seit Sigmund Freud, daß Moses, der viel mehr Ägypter als Hebräer war, die alte Lehre des Pharaos Amenophis IV. (14. Jh. v. Chr.) gut kannte. Dieser Pharao ließ alle Götter aus ihren Heiligtümern entfernen und betete allein »Aton«, den »Sonnengott« an. Diesen Herrscher, der in Aton ein gestaltloses oberstes Wesen sah, kennen wir besser unter dem Namen »Echnaton« (»Dem Aton wohlgefällig«). Er war allerdings seiner Zeit weit voraus und mußte hundert Jahre warten, bis Moses seine religiöse Idee aufgriff und diese zur Volkwerdung der hebräischen Sklaven instrumentalisierte.

Moses, der kluge Volksführer, erfand dazu einen leibhaften Stammvater des Eingottglaubens und nannte ihn »Abraham«. Immerhin: Milliarden Juden, Christen und Muslime schenken heute und für künftige Zeiten Moses Glauben, obwohl er, und niemand anderer, uns einen praktikablen Glauben, den Monotheismus schenkte.

Auch eine der zentralen Ideen der Freimaurerei, die »Brüderlichkeit«, wurzelt im »moseanischen« Glauben. Die Forderung nach »Brüderlichkeit« findet sich nicht nur im Dritten Buch Mose (»Du sollst deinen Nächsten lieben wie dich selbst«), sondern bezieht sich auch auf die Einschränkung vor diesem Satz: »Du sollst nicht rachgierig sein, noch Zorn halten gegen die Kinder deines Volkes«.

Die Betonung liegt hier auf »deines Volkes«. Diese innerjüdische Einschränkung auf das eigene Volk erhielt erst nach Paulus eine universelle Gestalt, eine Erweiterung auf alle Menschen dieser Welt. Ganzheitlich betrachtet können wir die »Brüderlichkeit« auch als masonische Eigenliebe betrachten. Die Nächstenliebe, ob jüdisch-eingeschränkt oder christlich-universell, kann erst nach einer erfolgreichen Eigenliebe verwirklicht werden.

Die monotheistischen Religionen kennen keine angewandte Toleranz, keine wirkliche Akzeptanz von Andersgläubigen. Jesus spricht hier – laut Markus (16/16) – eine eindeutige Sprache: »Wer da glaubt und sich taufen läßt, der wird selig werden, wer aber nicht glaubt, der wird verdammt werden.«

Dazu ein Querverweis: Auch wir Freimaurer sind davon überzeugt, daß man unsere Ideen nur durch die Initiation des Rezeptionsrituals erfahren und erst mit der Zeit wirklich erfassen kann. Auch wir beschränken uns auf die »Getauften«, auf die rituell rezipierten Brüder.

In der Exegese einer bibelkritischen Arbeit müssen wir mit den Jesus-Zitaten vorsichtig umgehen, da die Herkunft der vier Evangelien in mehrerer Hinsicht anfällig auf Fehler sind, da Jesus nichts Schriftliches hinterließ. Die Evangelisten kannten ihn nur aus Erzählungen. Keiner der vier Evangelisten schrieb in der Sprache von Jesus – Aramäisch – sondern Griechisch und Latein. Außerdem erfolgte eine wirkliche Redaktion des Neuen Testaments erst Jahrhunderte später; bis dahin kursierten nur Abschriften.

Anders der Koran: Bereits 20 Jahre nach Mohammeds Tod veranlaßte Kalif Othman die Endredaktion des Heiligen Buches der Muslime.

Während die jüdisch-christlichen Wurzeln der Freimaurerei leicht nachweisbar sind, ist der originäre islamische Einfluß kaum vorhanden. Das zeigt auch die maurerische Praxis: Während in Israel die Logen aus dem Geiste der Thora und die nordeuropäischen Andreas-Logen aus dem des Neuen Testaments schöpfen, wurden die wenigen Logen im arabischen Raum (Ägypten, Palästina, Jordanien) von (christlichen) Engländern gegründet und geführt.

Diese Einflußlosigkeit des Islam auf die Freimaurerei hat auch einen historisch-theologischen Grund: Mohammeds Glaube ist nicht originär, auch nicht nach eigenen Angaben, da Mohammed lediglich – wenn auch endgültig – »nur« die Lehren und Grundsätze jüdischer und christlicher Propheten verkündete, wenn auch in einer »gereinigten« Form.

Im Gegensatz zum Judentum, das sich den Andersgläubigen gegenüber nie wirklich geöffnet hat, haben Christentum und Islam ihre Lehren dort am stärksten verbreiten können, wo sie auf keinen nennenswerten (militärischen) Widerstand stießen: die einen in Nord- und Südamerika, die anderen in Afrika und in nicht-hinduistischen und nicht-buddhistischen Teilen Asiens.

Auch hier ein Querverweis zur Freimaurerei: Der Großloge von Österreich, die ihre spärlichen religiösen Wurzeln nahezu ausschließlich in der alt-testamentarisch-jüdischen Tradition versteht und sich (auch) deshalb gegenüber der Profanei verschließt, blieben die großen Probleme der nach außen geöffneten, mit christlichen Elementen durchtränkten amerikanischen, englischen und deutschen Großlogen weitgehend erspart.

25. RELIGION OHNE THEOLOGIE

»Die religiöse Richtung entstand [...] in mir nicht durch den Religions- respektive Konfirmationsunterricht [...] oder durch sonstige religiöse Einflüsse, sondern rein aus mir selbst, aus Bedürfnis nach einem Etwas [...]«, schrieb im Jahre 1846 Ludwig Feuerbach, der studierte Philosoph, der selbsternannte Theologe, den sein strenger Vater, der Kriminologe Professor Paul Johann Anselm Feuerbach, gerne als »studierten Theologen« gesehen hätte.

Den Weg zu Gott haben vor und nach Feuerbach unzählige Menschen ohne Popen und ohne Priester gesucht und (vielleicht) auch gefunden. Diese Art der natürlichen Religiosität war jedoch Feuerbach zuwenig. Der Schleiermacher- und Hegel-Schüler suchte nicht nur einen fern von den Kirchen gefürchteten »Bypass-Glauben«, sondern eine echte Theologie bar jeder Institutionalisierung durch amtliche Kirchenstellen. Die Theologie hielt Feuerbach für eine »verwelkte schöne Blume«, für eine »abgestreifte Puppenhülle« und sogar für »eine überstiegene Bildungsstufe«.[39] Genau diese Art des religiösen, wenn auch keineswegs theologischen Denkens charakterisiert auch unser Verhältnis zur Religion.

Die »frühfreimaurerische« Einstellung Feuerbachs schadete ihm mehr als sie ihm nützte. Da der frisch gebackene Privatdozent der Geschichte der neueren Philosophie an der Universität Erlangen bereits in seinem Erstlingswerk (»Gedanken über Tod und Unsterblichkeit«) die amtlichen Kirchen frontal angriff (»Heuchler im Talar« und »Zeloten auf der Kanzel«), wurde ihm eine Professur an der Universität verwehrt. Er mußte gehen.

Die Theologie Feuerbachs wendet sich offen gegen die (jüdisch-christlich-islamische) Trennung von Diesseits und Jenseits und fordert die Menschen auf, sich ausschließlich auf die »wirkliche Welt« zu konzentrieren. Er verläßt, da ohne jede Karrieremöglichkeit, die »Hohen Schulen«, heiratet und zieht sich in die ländliche Umgebung von Schloß Bruckberg zurück, wo er sich der »Entfaltung des eigenen Wesens« widmet. Als Bezugspunkte dieser »Selbstveredelung« (ein masonischer Begriff) wählte er die beiden angewandten Begriffe »Anschauung« und »Natur«. Auch damit macht sich Feuerbach zu einem der bedeutendsten philosophischen und (nicht-institutionalisierten) theologischen Ahnherrn freimaurerischen Denkens. »Anschauung« heißt heute in unseren Reihen »Analyse«, und »Natur« setzen wir mit den »Menschen« gleich.

Die große geistige Diskussion des deutschen Vormärz lief zwischen den »Rechts-« und den »Links-Hegelianern«. Der Hauptstreitpunkt beider Fraktionen war theologischer Natur; die »Rechten« rechneten mit einem »Weiterleben« nach dem Tod, die »Linken«, zu denen auch Feuerbach gehörte, mit einem »Aufgehen in den Wirk- und Werkzusammenhang der Geschichte«.

Mitten in diesen Streit platzte das neue Buch Feuerbachs (»Das Wesen des Christentums«), eine kompromißlose Abrechnung mit der christlichen Theologie. Das Echo dieser Schrift war unüberhörbar; selbst Friedrich Engels jubelte: »Das ›Wesen des Christentums‹ hat den Materialismus ohne Umschweife wieder auf den Thron erhoben [...] Wir waren alle momentan Feuerbachianer.«[40] Auf das Buch Feuerbachs, das drei Auflagen erlebte, folgte bald (1845) die Schrift »Das Wesen der Religion«; erst hier positioniert Feuerbach die Religion als eine besondere Art des »Abhängigkeitsgefühls«. Dieser negativen psychologischen Eigenschaft setzt er die positiv erlebte »Natur« entgegen. Für Feuerbach, aber auch für die Freimaurer, setzt sich das religiöse Bedürfnis der Menschen aus diesen beiden Eigenschaften bzw. Begriffen zusammen. Ohne Zweifel abstrahiert sich das Christentum von der Natur – und Feuerbach, ein Hegelianer durch und durch, stellt die religiöse Beziehung der Menschen »vom Kopf wieder auf die Beine«, ohne jedoch dabei je ein »Vor-Marxist« geworden zu sein.

Feuerbach schreibt und »lehrt« auch weiter; allerdings nicht an einer Universität; von dort wurde er »vertrieben«. Er hält seine

»Vorlesungen über das Wesen der Religion« im Heidelberger Rathaus, wohin er von Studenten der Universität eingeladen wurde. Der Schlußpunkt seiner theologischen Trilogie bildet seine »Theogonie« (1860), die der Autor – so die Eigendefinition – »nach den Quellen des klassischen, hebräischen und christlichen Altertums« erstellt hatte und dabei dort fortsetzte, wo »Homer« aufhörte. So bezeichnete sich Feuerbach fortan als »direkter Homeride«.

Am 13. September 1872 stirbt Ludwig Feuerbach nach einem Schlaganfall als verarmter, verbitterter, nur von seinen Freunden unterstützter »Privatdozent auf einem Dorf«, wie er sich selber wehmütig charakterisierte.

26. BUBER UND DIE BRÜDERLICHKEIT

Im Nahen Osten, wo immer schon mehr Blut als Wasser floß, wo sich die Menschen auf ihre natürliche Nachbarnfeindlichkeit reduzieren und ohne Wohlstand und Wohlstandbestreben für das eigene und gegen das Überleben anderer kämpfen, wurde ein pädagogisches Konzept entwickelt. Der Entwickler dieses Planes war der Religionsphilosoph Martin Buber. Sein Friedensplan basierte auf Begegnungen auch religiöser Art; diese Wunschvorstellung entstand unter denkbar ungünstigen Umständen und fand im Herzen einstiger Gegner Widerhall. Umso mehr kann seine Lehre in der Freimaurerei angewendet werden.

Am Anfang der zum Dialog entwickelten Begegnungen steht als Voraussetzung die Bereitschaft zur Selbst- und Fremdanalyse, wobei »fremd« keine Wertung, erst recht keine Ideologie bedeutet, sondern die Benennung des Gegenübers.

Bubers Dialogbereitschaft wird von Peter Stöger – für die Freimaurer bezeichnenderweise – »eine Zeichnung« genannt. Die aktive und individuelle Form der »Zeichnung« ist das, was Freimaurer ein »Zeichen-Setzen« nennen. Dieses »Zeichen-Setzen« ist ein Postulat, eine Aufforderung zur Überwindung der Stagnation. »Zeichen« müssen in die richtige Richtung im Interesse des Lebens, der Natur gesetzt werden.

Auch wenn unser Tun und unser Lassen stets der Selbsterhaltung dient, kann der eigentliche Sinn des Lebens nur in der Entfaltung-in-der-Gemeinschaft gefunden werden. Wie alles im

Leben, erst recht die Begegnung, nur und immer in der Gegenwart stattfinden kann, sah Buber im Jetzt und Hier die »Verdichtung des Herangekommenen«. In der ständig wiederkehrenden und sich wiederholenden Symbiose von Vergangenheit und Zukunft (solange es letztere für uns noch gibt) wird das Du eingeschlossen. Das ist – genau genommen – die Sozialisation der Zeit.

Man kann zwar allein denken und formulieren, doch sollte das gemeinsame Produkt bei den Aktivitäten in der Partnerschaft, in der Gemeinschaft ausprobiert werden. »Gegenübersitzen« nennt Buber diese Notwendigkeit, diese »heilige Unmittelbarkeit zwischen Mensch und Mensch.«

Am 8. Februar 1878 kam Martin Buber in Wien auf die Welt, – um alsbald, bereits mit vier Jahren, zu seinen Großeltern als Scheidungswaise nach Lemberg zu kommen. Hier, in Lemberg – damals noch Galizien –, Teil und Bollwerk der Monarchie, wuchs Buber in der Welt eines kulturell üppig aufblühenden Judentums auf. Immerhin: Zwölf Prozent der Gesamtbevölkerung waren hier Juden, die – nach Polen und Ruthenen – die drittgrößte ethnische Gemeinschaft bildeten.

Lemberg und das Kronland Bukowina waren das Ursprungsland des weltgewandten und lebensbejahenden Chassidismus. Wie unermeßlich reich diese kulturelle Landschaft war, beweisen Zahl und Qualität der großen Geister, die aus diesem Teil des Habsburger Reiches stammten: Joseph Roth, Paul Celan, Osip Mandelstamm, spätere Nobelpreisträger Joseph Agnon, Manés Sperber und auch der Vater von Sigmund Freud. Diese untergegangene Welt des Schtetls war zwar der fruchtbare (Kultur-)Boden, doch die »Ernte« wurde nicht hier, sondern in Wien eingebracht, da Land und Leute für diese Giganten der Geister zu eng waren.

Eine hochinteressante und hochimpulsive kulturelle Kausalität erleben wir an der chassidischen »Quelle« und deren Wiener Ausformung. An der »Quelle« waren die Juden finanziell arm und an Tradition reich; in der Ausformung waren sie materiell reich und traditionell arm. Das war der Preis der jüdischen Assimilation.

Während im polnisch-russischen Schtetl die religiöse Verzükkung des Chassidismus herrschte, neigten die Lemberger mehr dem rabbinisch-aufgeklärten Judentum zu. Da Buber in diesem Geist aufwuchs, war es für ihn nur selbstverständlich – damals studierte er bereits in Berlin –, seine christliche Kommilitonin, Paula Winkler, zu heiraten. Allerdings: Paula konvertierte zum Judentum und nahm damit einen Bruch mit ihrer Münchner Familie in Kauf.

Die Welt Lembergs war nicht die des Schtetls, sondern eine herrliche Mischung von deutscher Kultur, polnischem Straßenjargon, verinnerlichter Jiddischkeit und synagogalem Hebräisch. »Sprachluft« nennt Buber diese reiche, vielschichtige Kultur. Hier beginnt die geistige und gesellschaftliche Brücke zwischen Chassidismus und Assimilation, hier ist der Vergleich zwischen der lembergischen »Sprachluft« und der »Luftsprache« assimilierter Wiener, Budapester und Berliner Juden erlaubt. So füllte sich auch die literarische (Karl Kraus) wie die kabarettistische Sprache (Anton Kuh) nur mit Luft, da es darunter keinen ethnischen Grund und Boden gab.

Den faßbaren kulturellen Boden unter der lembergischen »Sprachluft« verstand und erlebte Buber als »gültiges Wort«. Diese soziokulturelle Geradlinigkeit in ihrer gesamten Ethik erinnert uns an die innere Einstellung des norddeutschen evangelischen Bürgertums buddenbrookscher Prägung.

Wort und Bedeutung des jiddischen Ausdrucks »klären« (ins Deutsche übersetzt: analytisches Nachdenken) entspricht einer inneren, stillen Zwiesprache mit Gott und mit sich selber. So erwächst aus dem inhaltsreichen und be-gründeten »gültigen Wort« eine »wirkliche (An-)Sprache« und daraus das kommunikative Gefühl »vom anderen angesprochen« zu werden. Und plötzlich steht das »Du«, eben der andere, nicht nur stummteilnahmslos vor uns, sondern wird in einen lebendig-lebhaften Dialog eingebunden. Die Verdichtung und Bereicherung dieses Dialogs mit dem »Du« nennen wir Freimaurer Brüderlichkeit.

Auf der gegenüberliegenden Seite dieses brüderlichen Lebens steht, in der eigenen Bitternis und Inaktivität erstarrt, die Vereinsamung. Dieses »Fehlen einer wirklichen Begegnung« nennt Buber »Vergegnung«. So steht der lebendigen Brüderlichkeit die absterbende Vergegnung entgegen.

Wie schrumpfendes Kapital immer weniger Zinsen abwirft, so erstarrt die Brüderlichkeit ohne einen lebendigen Dialog in sinnlosen Konventionen. Das betrifft auch unser freimaurerisches Leben: Wer aufhört, den, in welcher Hinsicht auch immer, bedürftigen Bruder nach seinen Bedürfnissen zu fragen, der hat den Weg der »Vergegnung« gewählt.

Die große Gefahr einer ununterbrochen verkündeten, doch nur selten er- und gelebten Brüderlichkeit liegt im verführerisch-universellen Gebrauch des Begriffes. So kann der »Bau am Tempel der allgemeinen Menschenliebe« zum Schattenbau eines neuen Turmes zu Babel entarten.

Es wäre allerdings falsch, diese Verallgemeinerung aus unserem Ritual zu streichen, da sie in ihrer Abstraktion ein hervorragendes »Bindemittel-von-oben« ist. Eine Idee als Bindemittel einer Gemeinschaft muß abstrakt und generell sein und darf sich nicht in der jeweiligen Realität verlieren.

Erfährt jedoch dieses »Bindemittel-von-oben« keine unterstützende »Ergänzung-von-unten«, so wird es zum Selbstzweck, das in einer demokratischen Gesellschaft ehebaldigst in Sinnlosigkeit erstarrt. In einer Diktatur wird aus diesem Bindemittel der Stoff, aus dem die Uniformen der Unterdrücker gewebt werden.

Diese Gefahr können wir auch in der Freimaurerei erleben: In Ermangelung der notwendigen »Ergänzung-von-unten« erstarrt das maurerische Leben in rituellen Phrasen, und die unverbrauchte intellektuelle Energie wird in machtpolitische Intrigen selbstverzehrender Cliquen umgewandelt.

Es gibt jedoch, wenn auch eher selten, eine umgekehrte Variante dieser unguten Szene: wenn die »Ergänzung-von-unten« ohne ein »Bindemittel-von-oben« auskommen muß. In diesem Fall atomisiert sich die Gemeinschaft und wird, einem Schiff ohne Navigation gleich, von äußeren Einflüssen hin- und hergetrieben.

Das freimaurerische »Bindemittel-von-oben«, den »Bau am Tempel der allgemeinen Menschenliebe« kennen wir. Weniger bekannt ist die »Ergänzung-von-unten«, die wir zwar unter dem Begriff »Brüderlichkeit« recht häufig verwenden, doch ihre nähere Bestimmung wird oft ausgeblendet.

Während die Mystik, mit oder ohne freimaurerischem Gehalt, zur Aufgehobenheit des konkret Gegebenen und zur Abgehobenheit vom Individuum verleitet, signalisiert die »Ergänzung-von-unten« eine Verwirklichung des Lebens und Leidens in der Welt. Die Mystik setzt sich bekannterweise mit der Beziehung »Welt – Gott« auseinander; wir hingegen formen und formulieren die Relation »Ich – Du«, die wir als »Verwirklichung des Gesprächs« (Buber) verstehen.

Der große Vorteil der »Ich-Du«-Beziehung liegt in ihrer hochgradigen Verwirklichung in der »großen« (Gesellschaft) wie in der »kleinen« Politik (Gemeinschaft). So leitet auch Buber aus seinem zentralen Werk[41] konkrete Vorschläge für seine zionistischen Freunde ab. Dementsprechend forderte er vor dem Plenum des XII. Zionistenkongresses (1921 in Karlsbad) eine »aufrichtige Verständigung mit dem arabischen Volk« und warnt eindringlich vor der »Kolonisierung des Landes« (Palästina) und vor der »Beeinträchtigung der Rechte und Bedürfnisse der arabischen Bevölkerung«.

Die politische Umsetzung der Buberschen »Ich-Du«-Beziehung erweist sich nicht nur als brauchbarer Wegweiser im gesellschaftlichen Bereich (Juden und Araber in Israel/Palästina), sondern auch als eine Art Rettungsinsel für individuelle Schicksale. Auch zeigt uns Buber den gehbaren (Aus-)Weg aus einem persönlichen Dilemma. So kündigt Buber trotz Holocaust seine enge und innige Beziehung zur deutschen Kultur nie auf. Buber bleibt auch während und nach seiner Emigration der Idee seines Vereins »Kulturbund Deutscher Juden« treu.

Hier – zunächst bei Buber und dann bei uns, im Logenleben – erleben wir das zielführende Zusammenspiel aufeinanderstoßender Gegensätzlichkeiten: Die Tat wächst in einem Trotzdem, in einem »unwiderlegbaren Dennoch.«[42] Es ist kein Negieren des Zeitgeistes, sondern die Verneinung der politischen Ein- und Unterordnung, entsprungen aus dem Bedürfnis nach Freiheit, nach freier Meinungsäußerung – und sicherlich auch die Befriedigung der prinzipientreuen Eitelkeit. Das zeigt sich auch in Bubers Deutschorientierung, auch nach dem Holocaust, und genauso in der echten freimaurerischen Brüderlichkeit, die aus der masonischen Welt der Verordnungen hinauswächst.

Bubers Humanität macht auch vor der Inhumanität nicht halt; so gehört er zu den wenigen Protestierern gegen die Vollstreckung des Todesurteils an Adolf Eichmann in Israel. Diese und ähnliche Zeichen seiner »Haltung wider den Zeitgeist« brachte in Israel die Orthodoxie gegen ihn auf. Die frommen Juden in Israel verhinderten Bubers Berufung an Spitze des Lehrstuhl für Religionsphilosophie an der Hebräischen Universität in Jerusalem. Und das, obwohl Buber der bedeutendste Religionsphilosoph des modernen Judentums war. Buber mußte sich mit einer Professur für Sozialphilosophie im Soziologischen Institut begnügen. Zum

Verdruß frommer und nationalistischer Juden hielt Buber ein Leben lang seine freundschaftliche Beziehung zu Arabern und Palästinensern aufrecht.

Buber lebte und lehrte einen biblischen Humanismus auf dem schlußendlich Religiös-Dialogischen und nicht auf Gesetzestreue, und daher war für ihn nicht die sklavische Befolgung irgendwelcher Gesetze – wie z. B. die orthodoxen Speisevorschriften –, sondern der Geist, der hinter dem (jüdischen) Gesetz steht, wichtig und entscheidend.

Buber – und auch das bringt ihn in unsere geistige Nähe – stand, schrieb und sprach im Geiste Sigmund Freuds, der die »leise Stimme der Vernunft« beklagte. Für Buber war der Weg zwischen Menschen und Menschen, zwischen Juden und Arabern klar umrissen. »Noch besteht das Gebot des Geistes, den Weg zu bahnen zur Zusammenarbeit von Volk zu Volk.« Mit diesen Worten charakterisierte Gerhard Wehr Bubers Beziehung zu den Arabern. Diese Idee und diese Handlungsweise sind tief freimaurerisch und brachten Buber harte Kritik nicht nur seitens der Frommen, sondern auch von manchen zionistischen Führern (z. B. David Ben Gurion) ein.

Wie unerbittlich die frommen Juden auch außerhalb Israels Buber ablehnten, zeigt das ostentative Fernbleiben des niederländischen Oberrabbiners, als Prinz Bernhard Buber den »Erasmuspreis« in Amsterdam überreichte.

Martin Buber starb am 13. Juni 1965 achtundachtzigjährig in seinem Haus in Jerusalem. Einer seiner letzten Wünsche war, die von ihm gezahlten Stipendien für arabische Studenten staatlicherseits zu verdoppeln. Solch einen Wunsch kann nur ein »Bruder ohne Schurz« äußern.

Die brüderliche Begegnung steht nicht zufällig im Mittelpunkt angewandter Freimaurerei; sie ist der wesentlichste Inhalt unseres Tuns, unseres Bestrebens. »Alles wirkliche Leben ist Begegnung«, so Martin Buber in seinem Standardwerk »Ich und Du«. Analog der Wahrhaftigkeit (optimale Übereinstimmung von Denken und Handeln) sollte die freimaurerische Wirklichkeit in Formen der Begegnungen gestaltet werden.

Buber wird zu Recht als Repräsentant eines religiösen Dialogs bezeichnet. Er warnt gleichzeitig vor einer einseitig-statischen Betrachtungsweise des Menschen, des Individuums. Diese Sichtweise vergleicht Buber mit der Betrachtung des kaltschimmernden Mondes. Wollen wir jedoch den ganzen, dynamischen Menschen sehen, so müssen wir ihn mit einem »Du« in Verbindung bringen: »[...] erst der Mensch mit dem Menschen ist umrissene Form.« Oder in unserer Sprache formuliert: Erst die Brüderlichkeit macht aus dem »Suchenden« einen Freimaurer.

Die gezogenen Stränge der brüderlichen Begegnungen sollten stets mit Dialog gefüllt werden.

Der Mensch benötigt Mitmensch(en). Am Anfang der eigentlichen Menschwerdung steht die »dynamische Zweiheit« (Buber) mit einem anderen Menschen: Bezugsperson in der Kindheit, Erfüllungshilfe in der Jugend, Partnerschaft im Erwachsenenalter, Trost vor dem Tod. Die eigentliche Dynamik in diesen Zweierbeziehungen spiegelt sich im Wechsel von Geben und Nehmen als Ausdruck einer erstrebenswerten Gesamtheit.

Das Bindemittel dieses Prozesses, der in späteren Folgen aus der Zweisamkeit herauswächst, ist der Dialog, an dessen Anfang die Auseinandersetzung »mit dem Eigenen wie mit dem anderen« (Stöger) steht. Erst im Verhältnis zueinander können Ich und Du wirklich existieren. Da »Existenz« immer ein Prozeß ist, und diese immer nur im Flusse des Existierens wahrgenommen werden kann, können »Ich« und »Du« stets nur im Verhältnis zu- oder gegeneinander existieren. Während wir das »Zueinanderexistieren« in Partnerschaft, in Gemeinschaft in ihrer positiven Wirkung kennen und schätzen, dürfen wir auch an das Gegeneinanderexistieren, wie z. B. in Nordirland oder in Israel/Palästina, nicht vergessen.

Auch hier »sichern« Einzelmenschen, wie ganze Gruppen – als Feindbilder wahrgenommen – die (politisch-religiöse) Existenz der anderen. Diese »Eskalation des Kampfes« schafft nicht nur Berge von Toten, sondern auch die Identität des jeweils Eigenen.

Genau genommen schafft erst die Begegnung, wie Freimaurer sie verstehen, die Wirklichkeit. Voraussetzung dieser »kollektiven Begegnung« ist naturgemäß das individuelle Reiz-Reaktion-Schema, die Rezeption der Wirklichkeit. Wer den Weg der Brüderlichkeit wählt, der muß über die individuelle Rezeption der Wirklichkeit hinaus auch die Realität der Begegnung akzeptieren und diese auch fördern.

Nicht die sogenannte »Wahrheit« mit ihrem relativen Inhalt und formbaren Äußeren sollte unser Weg sein, sondern die möglichst gerade Linie der Wirklichkeit. Genau diesen Weg, mit all seinen Fallen und Beschwernissen, ging auch Martin Buber – und den sollten auch wir Freimaurer gehen. Dieser Weg führt Freimaurer, die an den »Großen Baumeister« glauben, entlang der Religiosität jüdisch-christlicher Prägung, beteten doch Abraham, Isaak, Jakob und Jesus zu ein und demselben Gott. Allerdings: Dieser Glaube endet dort, wo Fundamentalisten aller Konfessionen von uns allen einen »Glauben ohne Denken« verlangen.

Wer die eigenen Gedanken und Ganglien auf die »leichte Schulter« nimmt, wer gerne im konfessionell-politischen »Supermarkt« fertige Gedankennahrung einkauft, wer an sich und an der übrigen Welt nicht zweifelt, der ist nicht reif für den »Weg zur Wirklichkeit«.

Im Mittelpunkt freimaurerischer Begegnungen steht die absolute Akzeptanz der Wirklichkeit. »Nicht auf Kultur«, sagt Buber, »kommt es an und nicht auf Religion, sondern auf die Wirklichkeit. Aber eben auf die ganze Wirklichkeit, mit Gott und Welt und Mensch [...] im ›gelebten Alltag‹.«[43] Dieser »gelebte Alltag« steht stellvertretend für die masonische Praxis im Logenleben.

Am Anfang war das »Wort«, das zur Lehre wurde. Wenn Buber sagt, daß »die Zeit passiv (und nur) das Wort aktiv« sind, so verlangt er von allen denkenden Menschen eine kompromißlose Bejahung der Wirklichkeit, eine unentwegte Stellungnahme hierzu. Das sind die Grundsteine, aus denen der Boden der Wirklichkeit bestellt wird, eine Art Agora der Begegnung, des Gesprächs.

Das religiöse Erleben ist ein Grundfundament freimaurerischen Denkens. Wie komplex und gleichzeitig ihrem Wesen nach einfach diese Gedankenwelt ist, beweise die Bubersche Bestimmung der jüdischen Haltung zu Jesus. »Jesus habe er (gemeint: Buber) von Jugend an als seinen großen Bruder empfunden, das heißt allerdings gerade nicht als den Gott und Erlöser der Christenheit, sondern als ein durch keine der üblichen Kategorien umschreibbares Ereignis des Glaubensgeschichte Israels.«[44] Hier erleben wir die Dualität in einer zweiseitigen Betrachtung der »Verbindung« der Juden zu Jesus: einerseits die direkte (»Bruder Jesus«), andererseits die übergeordnete (»Ereignis der Glaubensgeschichte«) Sichtweise.

Parallel hierzu verläuft auch die freimaurerische Begegnung in der »Dualität der Bindung«: in einer direkten von Bruder zu

Bruder und in einer übergeordneten im symbolischen Tempel der masonischen Wirklichkeit.

Auch die jüdisch-christliche Quelle freimaurerischen Denkens kennt, wie alle Religionen, ihre Fundamentalisten, die sich oft im mystischen Gewand verbergen. Als Beispiel soll hier die Auseinandersetzung zwischen dem »mystischen Zionismus« des Leo Baeck und dem »mosaischen Zionismus« von Martin Buber stehen.

- Leo Baeck und noch mehr Hermann Cohen waren davon überzeugt, »daß bereits die Bibel unter ›Zion‹ die gesamte ›geschichtliche Erde‹ verstehe, als Boden der messianischen Zukunft, dieses künftige Gottesreiches. ›Und nur diese Zukunft erkennen wir als unsere wahre Heimat an‹.«[45]
- Martin Buber vertrat hingegen die Ansicht des Mannes, der sein Volk aus Ägypten herausführte, und stand dabei »zu der zionistischen‹ Auffassung von der Unerläßlichkeit der Gegenwartsarbeit auf dem Boden des wirklichen Landes Israel [...]«.[46] Bubers mosaischer Zionismus ist unmißverständlich: »Es gilt für die Geschichte und für das Leben des einzelnen: Die Idee kann nicht realisiert werden, wenn nicht das Volkstum realisiert wird. Darauf aber, auf das Realisieren kommt es einzig an.« Erst hier, in der altisraelischen »Heimstätte« sah Buber die »Verwirklichung des Judentums«.

Die beiden Grundelemente jeder Begegnung sind Kommunikation (Austausch von Informationen) und Zivilisation (Umwandlung der Natur). Wie transferiert man diese beiden Inhalte in die freimaurerische Wirklichkeit?

- Die Kommunikation zwischen den Brüdern (aktive Begegnungen) bestimmen alle maurerischen Formationen und Kombinationen. Die entsprechende Qualität des Informationsaustausches in der Freimaurerei steuert Grad und Nützlichkeit der Kommunikationen. Dazu gehören primär die möglichst detaillierten Darstellungen der Zielsetzungen.
- Erst aufgrund einer optimalen Kommunikation kann man von einer freimaurerischen Zivilisation (Änderung unseres subjektiven Verhaltens) sprechen. Oder anders formuliert: je intensiver die Kommunikation, desto erfolgreicher die Zivilisation, mit deren Hilfe sich jeder Mensch ändern kann.

Das ist wohl die höchste Form der freimaurerischen Begegnung.

Diese, etwas ausführlichere Beschreibung des Lebens und Wirkens Bubers dient keinem Selbstzweck; damit sollte die Anwendbarkeit des freimaurerischen Religionsverständnisses an Hand der Buberschen, pädagogisch orientierten Religionsphilosophie, charakterisiert werden. Menschen wie Martin Buber, für die Toleranz und Humanität keine leeren Worthülsen sind, kennen die Freimaurer als »Bruder ohne Schurz«.

27. VORTEILE DES MONOTHEISMUS

Hätten wir Gott nicht, so müßten wir IHN erfinden. Das ist der einzige »Gottesbeweis«, den Gott zuläßt.

Die eigentliche Aufgabe Gottes ist nicht die Schöpfung, nicht die Schaffung des Seins, auch nicht die Existenz, sondern einzig und allein die des entwicklungsfähigen Lebens. Gott ist demnach möglich als Anbieter von Schutz, Sicherheit und einer optimalen Zivilisation. Gott erlaubt, daß wir zu seiner Verehrung und als Dokumentation unserer Ordnung und Macht Kirchen und Konfessionen bauen, schaffen und organisieren, obwohl er mit diesen Institutionen nichts zu tun hat. Gott geht folglich aus der bloßen *Möglichkeit* hinaus und bietet uns *Motivation*. Neben »Möglichkeit« und »Motivation« stellt uns der Eine Gott auch eine geballte Macht mit raffiniert ausgeklügelten Sanktionen zur Verfügung.

Die einzige Verbindung zwischen Gott und dem Glauben ist die Glaubenswürdigkeit von »Möglichkeit«, »Motivation« und »Macht«. Gott hat unseren Führern – von Moses bis Mussolini – die Möglichkeit, uns optimal zu motivieren, in die Hände gegeben. Während der Wettergott der Pueblo-Indianer bei Sturm und Regen versagt und nur der (diensthabende) Medizinmann ihm die Treue hält, kenne ich keinen Juden, keinen Christen, wenn ich von meinem Freund und Verleger Walter Weiss absehe, oder Muslim, der im Wartezimmer des Zahnarztes und des Finanzamtes an Gottes Allmacht wirklich zweifeln würde.

»Möglichkeit«, »Motivation«, »Macht«: diese Haupteigenschaften des Monotheismus, sind der eigentliche »Motor« unserer gesamtgesellschaftlichen Entwicklung, da sie – im Gegensatz zu den ostasiatischen polytheistischen Religionen – mit dem Anspruch der »ewigen Wahrheit« die größte Sehnsucht des tätigen Menschen – die Sicherung des Fortschritts – erfüllt. Monotheismus, vor allem das protestantische Christentum, schafft die sozialversicherte Vollbeschäftigung, und das Judentum – mit Hilfe des Antisemitismus – ermöglicht eine optimale, finanziell abgesicherte intellektuelle Entfaltung von den Amsterdamer Diamantenhändlern bis zu den Wiener, Prager und Budapester Kaffeehaus-Literaten.

Das Verhältnis der Freimaurer zur Religion drückt sich im Ritual als Bekenntnis zum »Großen Baumeister aller Welten« historisch und obligatorisch in den »Alten Pflichten« bzw. in den »Landmarken« aus: »Der Maurer ist durch seinen Beruf verpflichtet, dem Sittengesetz zu gehorchen; und wenn er seine Kunst recht versteht, wird er weder ein engstirniger Gottesleugner noch ein bindungsloser Freigeist sein.«

Günther Nenning hat vor Jahren einen jüdischen Witz, einen vielbödig-philosophischen, wie diese spezielle Gattung der schonungslosen Selbstpersiflage überhaupt ist, erzählt: »Im Konzentrationslager sitzen Juden und machen in ihrem Elend Jahwe den Prozeß. Jahwe wird einstimmig schuldig gesprochen. Der Rabbi verkündet das Urteil. Dann sagt er: »Jetzt aber müssen wir aufhören, es ist Zeit zu beten ...«

ER ist der Gott der Juden, Christen, Muslime, ER ist der Gott, dem man sogar den Prozeß machen und den man verurteilen kann, aber dann muß man zu IHM beten. Man kann diesen einen und einzigen Gott lieben und hassen, verehren und verfluchen, ihn anbeten und anklagen – aber schlußendlich muß man IHM glauben, zu ihm beten. Das kann man nur mit einem, mit dem Einzigen, mit dem Gott Abrahams machen. Mit diesem einen Gott kann man alles machen, nur eines nicht: IHN begreifen. Zu seiner Unbegreiflichkeit gibt es nur den Weg des absoluten Zutrauens. Und dieses absolute Zutrauen ist der einzige Weg, den Freimaurer zu ihrem Ziel erkoren haben; der Weg ist das Ziel.

Gott schließt mit dem Volke Abrahams den Bund, und seither wird den Juden die Hochnäsigkeit des »Auserwähltseins« vorgeworfen. Natürlich sind die Juden genauso oder genausowenig »auserwählt«, wie alle anderen Völker dieser oder anderer Welt(en), sie wurden nur bestimmt, Vorbild in der absoluten Treue zu Gott zu sein.

Die Juden, die als erste eine ägyptische Idee erfolgreich von der Schlacke der pharaonenhaften Vielgötterei befreit und gereinigt haben, stellten ihre und unsere Welt auf drei Beine: auf Gott, Gesetz und Gehorsam. Diese Dreieinigkeit ist der Ursprung aller Dreifaltigkeiten, nicht zuletzt die der christlichen.

Diese Dreifaltigkeit bzw. Dreieinigkeit – Gott, Gesetz und Gehorsam – spiegelt sich auch in den sogenannten drei kleinen Lichtern in der Loge wider: Gottes »Weisheit«, die »Stärke« des Gesetzes und die harmonische »Schönheit« des Gehorsams. Diese sinnvolle Akzeptanz des Logenlebens geht weit über jedwede Ästhetik der rituellen Dramaturgie hinaus. Schönheit ist Harmonie, Harmonie ist ein nahtloses Einfügen in die masonische pyramidale Ganzheit – ein weiteres maurerisches Spiegelbild des Monotheismus.

Vor rund 5000 Jahren – daher auch die freimaurerische Zeitrechnung – taucht das Judentum in der Geschichte auf. Im 3. Jahrtausend haben sich die Juden – als Abkömmlinge der Amoriter – in Mesopotamien niedergelassen. Auf ihrer Wanderschaft zogen sie als freie Männer nach Ägypten, wo sie – als Arbeitskräfte willkommen – versklavt wurden. Ein unehelicher Enkel des Pharao – namens Moses – brachte den hebräischen Sklaven den Monotheismus als Gastgeschenk mit und so schuf er aus Echnatons »Sonnengott«-Idee den praktikablen Eingottglauben und daraus die wohl stärkste Waffe der Menschheit. Mit dieser Waffe besiegten die fußmaroden hebräischen Sklaven das berittene Heer der Ägypter. Vor dieser, von Paulus und der Urgemeinde verfeinerten Waffe, mußten auch die römischen Legionen ihre polytheistisch verrosteten Schwerter niederlegen und den Eingottglauben annehmen. Die nächste große Veredelung und Verfeinerung dieser Idee und Waffe vollzog das protestantische Christentum und schuf damit den Kapitalismus.

Die Dreieinigkeit des Monotheismus spiegelt sich auch in den heiligen Schriften der Juden – die nicht nur das Alte Testament ist – wider: Thora, Propheten und Schriften. Die Thora umfaßt die Fünf Bücher Mosis (Genesis, Exodus, Leviticus, Numeri und Deuteronomium), die »Propheten« beschäftigen sich mit den alten (z. B. Josua, Samuel, Elias) und den neuen Propheten (wie Jeremias, Hesekiel); und die Schriften beinhalten Psalmen, Sprüche, aber auch das Predigerbuch und das Buch Ester.

Die Juden waren die ersten, die die Brauchbarkeit des Monotheismus und seine weltliche Handhabung entdeckten. Dazu war es notwendig, das Gesetz, die Thora, auszulegen, sie zu kommentieren, aus ihr die Gesetze des täglichen, des gesellschaftlichen Lebens zu gießen. Diese Aufgabe übernahm die Mischna mit den darauffolgenden beiden Talmudfassungen (Jerusalem und Babylon). Die Mischna umfaßt hauptsächlich die Halacha, die gesetzliche Überlieferung, im Gegensatz zu Haggana (Legenden). Zu den Mischna-Texten im Talmud gesellen sich noch weitere Kommentare, Gemara genannt.

So wird aus der Thora, aus diesem »Gesetz Gottes«, eine Gesetzesordnung des täglichen Lebens. Im Gegensatz zum Polytheismus, der auch eine rivalisierende Konkurrenz unterschiedlicher Voll- und Halbgötter erlaubt, verläuft das Ordnungsprinzip des Monotheismus einschienig, wenn auch zweiwegig (hinauf und hinunter). Diesem klaren Ordnungsprinzip entspricht auch die freimaurerische Praxis.

Ein Freimaurer muß ein »freier Mann von gutem Ruf« sein. Während man den »schlechten Ruf« einst vom gesellschaftlichen Klatsch und heute von einer bestimmten Medienpräsenz abhängig macht, ist der »freie Mann« mehr als nur ein »Nichtsklave«. Er muß seine Freiheit in der Festigung seines Ichs finden. Im Gegensatz zum jetztzeitigen Modernismus der psychologisierenden Selbstfindungskurse, macht erst der Monotheismus den Weg zum eigenen Ich frei. Ob jüdisch-eingeengt, oder christlich-universell, das wirkliche Ich ist ein atomarer Ableger des einen Gottes, oder – wie es die Pantheisten behaupten – die eigentliche Hülle des Göttlichen.

Im Sinne des Johannes-Evangeliums, das im Freimaurer-Tempel aufliegt, begründet Jesus die »Ich-Bildung« als Entwicklungsprinzip des Christentums: »Ich bin das Licht der Welt«, »Ich bin der gute Hirte« – und dann die berühmten Worte: »Ich bin der Weg und die Wahrheit und das Leben.« Wieder einmal die Dreieinigkeit, diesmal masonisch kommentiert:

- Der »Weg«, der das Ziel ist, befiehlt die richtige Richtung, die des universellen Humanismus. Das Ich muß diesen Weg gehen.
- Die »Wahrheit« setzt eine entsprechende Erkenntnisfähigkeit voraus; ich muß die Wahrheit erkennen.

- Das »Leben« letztendlich symbolisiert die konkrete, angewandte Umsetzung des »Weges« und der »Wahrheit«, die kein Selbstzweck ist.

In dieser Dreieinigkeit der »Ich«-Bildung spiegelt sich die gesamte masonische Ethik wider.

Der guten Ordnung halber sollten wir unser Gedächtnis auch hier – wie bei der Skizzierung der jüdischen heiligen Schriften – kurz auffrischen: Das Neue Testament besteht nicht nur aus 27 Schriften, sondern aus vier großen Teilen; aus den vier Evangelien (Matthäus, Markus, Lukas und Johannes), aus der Apostelgeschichte, den Apostelbriefen, von denen Paulus allein elf schrieb – und schließlich aus der Apokalypse (Offenbarung) des Johannes.

Wenn Freimaurer am »Tempel der allgemeinen Menschenliebe« bauen, dann akzeptieren sie nicht nur das Gute im Menschen, sondern folgen damit dem judeo-christlichen Weg, im Gegensatz zum Gnostizismus.

Die unzähligen guten und bösen Geister und Götter eines labilen Polytheismus bieten uns nicht einen Weg, sondern viele Irrwege, nicht eine Wahrheit, sondern viele Lügen, nicht ein sinnerfülltes Leben, sondern einen chaotischen Wechsel unübersehbaren Ausmaßes.

Der freimaurerische Weg deckt sich mit der Geschichte des Christentums. Denken wir dabei unter anderem an Benedikt von Nursia und seinen Mönchsorden der Benediktiner, die als erste in England mit dem Bau der Kathedralen aus Stein begonnen haben. Oder erinnern wir uns an die Templer, oder an die Bildung von militärischen Ritterorden, die wir in der sogenannten Hochgradfreimaurerei reichhaltig wiederfinden, wo auch Kaiser Konstantin, der das ökumenische Konzil in Nicaea (Kleinasien) beruft und als erster die vollkommene Göttlichkeit Christi verkünden läßt, eine gewisse Rolle spielt.

Ein Augustinermönch und Theologieprofessor an der Universität Wittenberg, Martin Luther, korrigierte nachhaltig die katholische Kirche, indem er, wie Johannes Calvin in Genf, die Prädestination jedes einzelnen durch das menschliche Handeln bestimmte und damit den Weg zu Jesu »Ich-Bildung« fand. Die Säkularisierung noch lange vor Joseph II. symbolisiert die Öffnung der Kirche, den Rückgriff zu jüdisch-urchristlichen Gemeinden, zur Freiheit und Selbstbestimmung des Individuums, ohne dabei das oberste Ordnungsprinzip – den Monotheismus – zu verlassen. Einige Jahre vor Luthers Tod löste sich die Kirche von England (1534) von Rom. Damit war der lange Weg des Kapitalismus, der Aufklärung und zu den Menschenrechten frei.

Die protestantische Ethik kennt nur eine oberste Instanz: das eigene Gewissen, das unser ganzes Leben lenkt, bestimmt und kontrolliert. Auch diese christliche Tugend fand einen direkten Zugang zur freimaurerischen Ethik und Esoterik. Im Protestantismus steht zwischen Gott und den Gläubigen keine Geistlichkeit, wie im katholischen Christentum. So gesehen ist die protestantisch-evangelische Wende – etwas pointiert formuliert – die Judaisierung des Katholizismus. Im Gegensatz dazu trägt die katholische Geistlichkeit polytheistische Züge. Wie der katholische Priester, so sorgt z. B. Schu, der ägyptische Luftgott, eine Art göttliche Personifikation des Staates, für die Verbindung zwischen Göttern und Menschen.

28. DIE VIER ELEMENTE

Das auch von außen beeinflußte freimaurerische Leben baut auf vier eng zusammenhängende Elemente auf: Funktionalismus, Fundamentalismus, Religion und freimaurerische Ideen. Funktionalisten sind keine »dumpfen« Materialisten und Atheisten, sondern Menschen, die ihre Gedanken und Gefühle kontinuierlich, von den Fundamenten ausgehend, aufbauen und Fremdeinflüsse tunlichst aussparen. Unsere geistigen Fundamente, die Bestimmungsfaktoren unserer Kultur, sind religiöser Art, sie werden von der Religion her bestimmt. Dabei werden – und das betrifft vor allem, wenn auch nicht ausschließlich, die Freimaurerei – drei Prinzipien befolgt:

- die Einhaltung des *Gesetzes* (Zehn Gebote)
- der gelebte *Glaube* (als Ordnungsprinzip verstanden)
- die universellen *Gebote* (z. B. das Ritual)

»Gesetz«, »Glaube«, »Gebote« sind die eigentlichen Fundamente des Daseins. Alles, was von ihnen abweicht, öffnet dem zerstörerischen Chaos Tür und Tor. Die praktische Auswirkung dieser sehr lebendigen Fundamente erleben wir – im Idealfall – bewußt, in der Regel automatisch, ohne dabei an die bestimmende, formende Kausalität zu denken:

- Das *Gesetz* vermittelt die *Gemeinschaftsgefühle*, stärkt das Wir-Bewußtsein und die Abwehrkräfte gegen zerstörerische Einflüsse. Wer die Zehn Gebote einhält, der lebt bewußt, ausgeglichen, friedfertig, menschen- und naturbejahend.
- Der *Glaube* sorgt für die *Gleichheit.* Für Freimaurer, die am »Tempel der allgemeinen Menschenliebe« bauen, symbolisiert – um nur ein Beispiel zu nennen – die brüderliche Liebe die gefühlserfüllte Gleichheit aller Menschen.
- Die *Gebote,* das Ritual, bilden das Rüstzeug des maurerischen *Gewissens.* Auch hier können die Freimaurer für sich den Anspruch universeller Moralität geltend machen.

So sehen die freimaurerischen Fundamente aus:

1. Gesetz – Gemeinschaft
2. Glaube – Gleichheit
3. Gebote – Gewissen

Einem stabilisierenden Ring gleich, hält die *Gerechtigkeit* diese drei Fundamente, die Freimaurer zu Postulaten erheben und auch als solche erleben, zusammen.

Die Kehrtwendung zu den Fundamenten ideologischer, religiöser und philosophischer Art ist weder eine besondere Zeiterscheinung, noch ein freimaurerisches Monopol.

Genauso wie die allgemeine gesellschaftliche Entwicklung nicht linear, sondern wellen- und spiralförmig abläuft, ist auch die Hinwendung zu rationalen oder religiösen Fundamenten nicht eindeutig determiniert. Leicht erkennbar dabei sind nur die großen, historisch überlieferten und auch persönlich erlebten Wellen, die meist in dialektischen Dualismen dahinrollen:

- Aufklärung hieß einst die Antwort auf den feudalen Absolutismus
- Nationalismus löste die Reichsidee ab – und
- Individualismus ist die Antwort auf Unmündigkeit.

Diese dialektischen Dualismen umfassen gut zwei Jahrhunderte; die zweite Hälfte des 20. Jahrhunderts beschreiben die letzten zwei Gegensatzpaare:

- Auf den ideologischen Trümmern des sogenannten »Dritten Reiches« entsteht das glaubenlose Wirtschaftswunder, auf die nationalsozialistische Ersatzreligion folgt der Ersatzrationalismus einer Leistungsgesellschaft.
- Die durch die Technologiefixierung offengelassene Gefühls- und Gemütslücke füllen Grün- und konfessionelle Bewegungen auf.

Ohne Rast und Ruhe erleben und erdulden wir alle diese Wellenbewegungen, die mal die eine, mal die anderen Ideologien, Weltanschauungen, Ersatzrationalismen und Ersatzreligionen hochschaukeln. Zielführend sind sie alle miteinander nicht.

Gegen diese Unsicherheiten bieten die Freimaurer das Rezept des »funktionalistischen Fundamentalismus« an.

Die »Fundis« des Fundamentalismus haben durch ihr intolerantes Verhalten – nicht zu Unrecht – für einen negativen Beigeschmack dieser Grundauffassung gesorgt. Der mediterrane Islam, der europäische Katholizismus, der nordamerikanische Protestantismus und der orthodoxe Judaismus in Israel und in der Diaspora haben der Idee des Fundamentalismus keinen guten Dienst erwiesen. Daher dürfen wir die Fundamente nicht den »Fundamentalisten« überlassen. Unser Ziel heißt viel mehr: bewahren, aufbauen, revitalisieren und nicht schein-modernisieren.

Gegen die »L'art-pour-l'art-Modernisierung« als krampfhafte Anpassungsneurose an eine sich ständig ändernde soziale Situation wandte sich, sicherlich nicht als einziger, vor rund 400 Jahren Ignatius von Loyola, der Gründervater des Jesuiten-Ordens. Der Sohn einer angesehenen und reichen baskischen Familie (1491–1556) diente mit einer Handvoll Ritter Spaniens Ehre und Macht. Er wird schwer verwundet und während seiner langwierigen Genesung entdeckt er eine andere, eine nicht-zeitangepaßte Art der »Heldentaten«, eine »andere Ritterschaft«, wie es in der Überlieferung heißt. Dieser Begriff der »anderen« Ritterschaft« lebt im Hochgradsystem des »York-Ritus« weiter. Loyolas Loyalität, seine Papsttreue, sein Festhalten an der christlich-katholischen Tradition gibt ihm die notwendige Stärke, um seinem Zeitgeist, dem Protestantismus, zu widerstehen. Der Wahlspruch der Societas Jesu – »Der Zweck heiligt die Mittel« – spiegelt einen praktikablen pragmatischen Funktionalismus wider.

Die Freimaurerei ist traditionsgebunden und geht daher mit dem Begriff »modern« vorsichtig um. Im Gegensatz zum Christentum kennt die Freimaurerei keinen »Protestantismus«; wer zum Beispiel von den unbedingten Voraussetzungen abweicht – Gebot der beiden Testamente als eines der drei »Großen Lichter« in der rituellen Arbeit und Verbot von weiblichen Mitgliedern –, wird aus der großen Gemeinde der (regulären) Freimaurerei ausgeschlossen. Daher wird im Zusammenhang von Religion und Freimaurerei »Modernismus« als Negativfaktor abgelehnt.

Die freimaurerischen Fundamente sind religiöser Art, das zeigten bereits die »Alten Pflichten« des Reverend Anderson, der den Glauben an Gott zum Fundament der Maurerei bestimmte.

Die freimaurerische Position in der Gegenwart, aber auch der Bezug zu den traditionellen Fundamenten der Freimaurerei, ist nicht minder verschüttet und zugedeckt wie das z. B. in der katholischen Kirche gang und gäbe ist. Hier wie dort erleben wir eine ständig zunehmende Wirklichkeitsstörung und einen Wirklichkeitsverlust durch die Amts- und Würdenträgersprache. Auch den Freimaurern fehlt gar nicht so selten der lebendige, verinnerlichte Nachvollzug der rituellen Dialoge. Diese Entfernung vom Ritual, dieses Auseinanderklaffen zwischen gesellschaftlicher Wirklichkeit und traditioneller Denkweise ist ohne Zweifel eine, wenn auch nicht sehr angenehme Zeiterscheinung.

Der Wirklichkeitsverlust in der Nachaufklärung zeigt sich im Nichtumgehenkönnen mit der errungenen Freiheit einerseits und in der luftleeren Intellektualisierung andererseits.

Bereits erwähnt, doch von hohem Wiederholungswert ist das Aufzeigen des prinzipiellen Gegensatzes zwischen Fundamentalismus und Modernismus in der Freimaurerei; hier die kontinuierliche Verbindung mit Wurzel, Quelle und Tradition (letztere als Transmissionsriemen), dort eine unkontrollierte Erweiterung, Tradition und Einheitlichkeit.

Die große Gefahr eines übertriebenen »Modernismus« – diesmal außerhalb der Freimaurerei verstanden – baut Traditionen und Autoritäten ab. Die meisten Menschen können jedoch ohne diese, vor allem entwicklungspsychologisch notwendigen Attribute nur mehr schlecht als recht leben. Daher blühen im Schatten so mancher »modernistischer« Tendenzen (z. B. als Folge einer antiautoritären Erziehung) gefährliche Ersatzleistungen und Orientierungslosigkeit. Am Ende dieser unguten Entwicklung führt der übertriebene Individualismus »moderner« Ideologien zum Ichverlust und, gepaart mit ökonomischen Einbrüchen, zum Faschismus unterschiedlichster Prägung.

Auf diese Gefahr machen uns die jüdischen Religionsphilosophen Martin Buber und Franz Rosenzweig aufmerksam. Auch der Husserl-Schüler Emmanuel Levinas warnt uns vor einer unnötigen Minderung der »Sorge um uns«: »Wer sich als Mensch unter Menschen versteht, dem begegnet der andere immer als ethisches Wesen. Ihm allein gehört meine ganze Sorge, die mich als Subjekt übersteigt; Verantwortung, die über jede subjektive Bestimmung hinausgeht.« Wer also Sorge um sich trägt, der übernimmt auch Verantwortung für die anderen; nur wer sich selber achtet, kann den Mitmenschen mit Achtung begegnen! Das ist Funktionalismus in Reinkultur.

Alles, was lebt und sich bewegt, »funktioniert« auch. Allerdings: Die Massenmörder und die Neonazi »funktionieren« auch. Diese »Funktion« ist nicht der Ausfluß eines ethischen Funktionalismus, der – wie schon mehrmals erwähnt – fundamentorientiert ist. Die freimaurerischen Fundamente sind eben religiös. Darüber hinaus ist Religion ein menschliches Urbedürfnis, die Sehnsucht nach Trost und letzten Werten und Worten. Die Rückkehr, oder jetzt wertend gemeint, das Hinauf zu den freimaurerischen Fundamenten, ist die Antwort auf die Sinnfragen unseres Lebens.

»Religion« als bloßes Bekenntnis zu Gott ist für Freimaurer zu wenig, in der Aussage zu schwach. Daher bekennen sie sich – als nächste Stufe auf dem Weg zur Selbstverwirklichung – zu einer großen religiösen Gruppe, zum Monotheismus, zum »Eingottglauben«. Gegner des Monotheismus werfen dem Eingottglauben eine mangelnde Vielfalt vor. »Was den ›Monotheismus‹ viel eher auszeichnet«, ist der Unterschied von Gott und Welt, die Tatsache der Schöpfung durch Gott, die doch unbestreitbar eine Schöpfung der Vielfalt darstellt.[47]

Vor allem der christliche Monotheismus, und ganz besonders seine reformierte Art, läßt einen sinnvollen Dialog und einen geordneten Pluralismus – im Gegensatz zum Polytheismus – zu. Müller-Funk spricht in diesem Zusammenhang von einer »geerdeten Vernunft«, die nichts anders als funktionalistischer Fundamentalismus bedeutet.

Auch die maurerische Fundamentsuche kommt ohne Psychologie nicht aus. So sind Freimaurer mit dem Berliner Tiefenpsychologen Prof. Josef Rattner einer Meinung, für den »Religion Vatersehnsucht« ist. Die Freimaurer, diese Kindeskinder des jüdisch-christlichen Monotheismus, assoziieren »Vater« immer noch mir Ratio und Herrschaft – nicht unbedingt mit Autorität – und »Mutter« mit Gefühl und Verständnis. Wer mit Gott hadert, der rebelliert gegen die Ratio, der will sich – bestenfalls – als »Teil der Schöpfung«, aber keineswegs als etwas fertig »Geschöpftes« sehen.

So manche Brüder erblicken in der Freimaurerei eine »Ersatzreligion«; sie ist es sicherlich nicht, sie hat vielmehr die Religion zu ihrem Hauptfundament gemacht – und das seit 1717, als die erste englische Großloge gegründet wurde.

Natürlich sind auch Freimaurer keine »Engel«, sondern Menschen aus Fleisch und Blut, aus Geist und Seele und – wie alle anderen Menschen auch – eine Summe ihrer psychischen Eigenschaften. Dazu gehören auch Minderwertigkeitsgefühle als Ausdruck der Hilflosigkeit, des Ausgeliefertseins.

Starke Minderwertigkeitsgefühle, wie alle anderen Komplexe, sehnen sich nach Kompensationen. Eine Kompensation stammt aus der Religion und wird mit Eigenschaften wie »fromm«, »kritiklos« und »leichtgläubig«, auch »orthodox« umschrieben. Diese religiösen Kompensationen findet man auch in der Maurerei; dieses »Ersatzpriestertum« ist auch in den Logen nicht unbekannt. Die Symbole und rituellen Gegenstände sollen nicht mit tränennassen Augen und mit schluchzender Stimme angebetet, sondern analytisch und – wenn möglich – auch kritisch durchleuchtet, nachvollzogen werden.

Religion ist ein Ur-, aber kein Irrglaube und daher gibt es auch keine »Direttissima zum lieben Gott«; es genügt nicht, wenn man nur die Hände faltet, seine Sünden in Windeseile auflistet und die fixfertige Pardonierung entgegennimmt. Diesen religiösen Irrglauben bezeichnet Rattner zurecht als eine »Kompensation riesiger Art [...] die dem Narzißmus, der Eitelkeit, ähnlich wie der Nationalismus und Rassismus [...] schmeichelt«. Wie meist jede Wohlstandsverwöhnung zu -verwahrlosung führt, so blendet auch diese kindliche Frömmelei den klaren Blick nach innen und nach außen.

Der unvollkommene Mensch träumt von etwas Vollkommenem, und so sieht Alfred Adler, der den Minderwertigkeitskomplex als erster wissenschaftlich analysierte, Gott als eine »Perfektionsvorstellung«. Für den Psychoanalytiker Erich Fromm – nomen est omen –, der Kind einer frommen jüdischen Rabbinerfamilie war, ist Religion Liebe und – im aristotelischen Sinne – das Sein als solches. Diese Psychologie der Religion kommt unserer Auffassung sehr entgegen.

Die religiösen Fundamente der Freimaurer spiegeln sich in der Geschichte der Philosophie wider:

- Der geistige Wegbegleiter von Marx, Ludwig Feuerbach, spricht von einer »Anthropologie der Religion«: »Wenn man die Religion gründlich studiert, erfährt man viel über das Wesen der Menschen.«
- Der Philosoph Nietzsche, der eigentlich ein klassischer Philologe ist, vergleicht die Religion der Griechen mit dem Christentum. Die polytheistische Religion der Hellenen und auch die Anfänge des Christentums – noch unter starkem jüdischen Einfluß – sind diesseits- und naturbejahend. Dieses »vorpäpstliche« Christentum ist eine Religion der Sklaven. Erst später, durch die römische Etablierung, setzt sich, wie Nietzsche es formuliert, eine »Revolution durch das Ressentiment« durch. Hier setzt Nietzsches Kritik am Christentum ein, indem er von der »Entwertung der positiven Lebenswerte [...] der Freude [...] des Glücks« spricht. Auch das sind nicht die religiösen Fundamente der Freimaurer.
- Das moderne katholische Christentum bewegt sich zwischen den beiden Extremvarianten der hierarchisch-fixierten Orthodoxie (Opus Dei, Engelswerk) und der gemeindeorientierten Partizipation (Focolarini, Theologie der Befreiung). »Focolare« heißt »Herd«; diese Laienbewegung, die auf den Evangelien fußend den Dialog mit allen Christen sucht, wurde von der Trientinerin Klara Lubich gegründet und zählt heute über 80.000 aktive Mitglieder.

Von der Aufklärung des 18. Jahrhunderts, als die heutige Freimaurerei entstand, ausgehend, wissen die Maurer, daß Ratio und Religion einander nicht übertrumpfen, nicht ausschließen, sondern entsprechend ergänzen.

Eine »Renaissance der Religion« verläuft nicht entlang sektiererischer Besserwisserei und orthodoxer Unduldsamkeit, sondern auf dem Weg der funktionell-fundamentalistischen Tiefenforschung. Freimaurer müssen sich das biblische Gedankengut als transzendente Ordnung und Maßstab zur Bewertung gesellschaftlicher Vorgänge zu eigen machen.

29. ENTFALTUNG IN DEN HOCHGRADEN

Einer der besten Kenner des Themenkomplexes »Religion und Freimaurerei«, mein Hamburger Bruder und masonischer Lehrmeister Georg Bahlburg, zitierte in seinem Vortrag zum Hochgradsystem des »Royal Arch« G. E. Lessing: »Ich glaube, ein Freimaurer zu sein: nicht sowohl, weil ich von älteren Maurern in eine gesetzlichen Loge aufgenommen wurde, sondern weil ich einsehe und erkenne.« Dieser »freimaurerischeste« aller Brüder Dichter, der in seinem ganzen Leben einen einzigen Tag – und zwar während seiner Aufnahme – in einer Loge verbrachte, war nicht nur Autor des »Nathan«, sondern auch der Freimaurergespräche »Ernst und Falk«. Lessing hat den religiösen Charakter der Freimaurerei voll und ganz erkannt; daher sollten alle Brüder die Bedeutung der Religion für den Weltenbund »einsehen« und »erkennen«.

Der katholische Mönch wundert sich: »Nathan ... Ihr seid ein Christ! Ein bessrer Christ war nie!« Und Nathan antwortet weise, wie es sein Beiname sagt: »Wohl uns! Denn was mich Euch zum Christen macht, das macht Euch mir zum Juden.« Zur Zeit der unseligen Kreuzzüge, Symbol »aggressivster Intoleranz«,[48] führen Nathan und Saladin, der Sultan, der gläubige Muslim, ein Gespräch im Lichte der Aufklärung.

Der Sultan, wie viele andere vor und nach ihm, sucht die »letztlich gültige Wahrheit« (Schweitzer) und hört Nathans Ringparabel: Dieser »Ring« von unschätzbarem Wert wird vom Vater stets dem Lieblingssohn vererbt. Und das Generationen hindurch, bis es einem Vater unmöglich erscheint, einem seiner drei Lieblingssöhne den Ring weiterzugeben. So läßt er von einem geschickten Goldschmied zwei weitere, dem ersten täuschend ähnlich, nachmachen. Der Vater stirbt und die Söhne, wie könnte es anders sein, streiten untereinander, wer wohl den »echten« Ring hätte. Ein weiser Richter – jetzt bereits frei nach Lessing – entscheidet: Jeder möge zwar seinen Ring für den »echten« halten, doch akzeptiere er dieselbe Einstellung für seine Brüder.

Genau diese Art der Lessingschen »religiösen« Toleranz, die absolute Gleichwertigkeit der drei monotheistischen Religionen, wurde nicht zufällig zur ideellen Grundlage der Freimaurerei.

Die Figur des »Nathan«, hineingesetzt in die zweite Hälfte des 18. Jahrhunderts, ist genaugenommen 600 Jahre alt: Im 12. Jahrhundert sprach der in Cordoba geborene jüdische Philosoph Mose Ben Maimon, besser bekannt unter dem griechisch umgeformten Namen Maimonides, über die Stärke der drei (Welt-)Religionen in der »Einigkeit der Vielfalt«. So ist es verständlich, daß Maimonides, der in Kairo Arzt am Hofe des Sultans Saladin war, zur Symbolfigur des »Nathan« wurde.

Das Hochgradsystem des »Royal Arch« – auch »York-Ritus« genannt – beruft sich in einigen seiner Rituale auf historische Wurzeln: Im Jahrzehnt zwischen 1110 und 1120 zogen junge fränkische Adelige nach Jerusalem, um dort die christlichen Pilger zu schützen und gleichzeitig nach »Schätzen« – was immer diese auch sein mochten – unter den Ruinen des alten Salomonischen Tempels zu suchen. Diese jungen Männer werden auch als »frühe Tempelritter« bezeichnet.

Freimaurerische Vorstellungen im Hochgradsystem des »York Ritus« gehen davon aus, daß diese jungen Männer auch wertvolle Schriften aus der Zeit Jesu fanden, die später als »Quelle des Wissens« (Georg Bahlburg) in das Ordenssystem der Tempelritter aufgenommen wurden.

Die Suche – allerdings nur nach dem geistigen »Schatz« – geht in freimaurerischen Hochgradritualen weiter. Man nimmt nämlich an, daß die in Jerusalem gefundenen Schätze im 13. Jahrhundert nach Südfrankreich und von dort nach Schottland gebracht und in einer Krypta vergraben wurden. Daher wird im Ritual des »York-Ritus« in unterschiedlichen Formationen der geistige »Schatz« gesucht und gehoben. Georg Bahlburg kann sich in diesem Zusammenhang auch vorstellen, daß die jungen Ritter im Heiligen Land »vielleicht wertvolle oder geheime Schriften der Qumraner oder Essener, die diese unter dem Tempel des Herodes verborgen haben könnten«, fanden. Wir wissen es nicht.

Das Geheimnisvolle – jetzt nur mehr als geistige Hinterlassenschaft der früheren und späteren Tempelritter verstanden – wird auch in einem höheren Grad des »York Ritus« mit dem Satz »Allmächtiger Baumeister aller Welten, wir bitten Dich, diese heiligen Schätze zu beschützen und zu bewahren, bis es Dir gefällt, sie späteren Generationen zu offenbaren.«[49] Dementsprechend beschäftigen sich die Rituale im »York Ritus« mit der erfolgreichen Suche der (geistigen) Schätze unter den Ruinen des herodianischen Tempels und mit dem Bau einer Krypta, wo das Gefundene von den früheren Tempelrittern in Frankreich oder in Schottland aufbewahrt wurde.

Diese historisch-religiösen Elemente finden wir in beiden Hochgradsystemen, im »York-Ritus« wie im »Schottischen Ritus«, wieder; im letzteren vor allem im Grad des »Ritters vom Rosenkreuz«, wo das Lichtsymbol eine zentrale Rolle spielt. Das wirklich große Licht ist hier und in der gesamten Freimaurerei die Bibel. So hieß es ursprünglich im sogenannten Schröderschen Ritual: »Die Bibel ordnet und richtet unseren Glauben.« Georg Bahlburg weist völlig zu Recht auf die an und für sich schlichte Tatsache hin, daß es sich bei der Bibel um »eine Legenden-, Geschichten- und Weisheitssammlung handelt«, die – für die Freimaurer – vor allem eine »umfassende Ethiklehre« ist.

Die Heilige Schrift ist natürlich keine philosophische Abhandlung. Hier werden Lehre und Gesetze durch verschiedene Glaubensinhalte vermittelt; diese sind für die Freimaurer allerdings nicht bindend. Die Bibel bestimmt daher nicht den Glauben der Freimaurer sondern ordnet ihr Gewissen.

In diesem Punkt herrscht Vorsicht: Die Freimaurerei kann zwar ohne Konfession, doch nie und nimmer ohne Religion sein. »Sie erkennt als ordnenden Geist über dem Weltall den Größten Baumeister aller Welten und ruft ihn in den Ritualen an.« (Georg Bahlburg)

Das religiöse Verständnis der Freimaurerei verbindet Religion und Philosophie miteinander und setzt beide zur ethisch-moralischen Entwicklung der Menschheit ein. So ist auch der Satz des ehemaligen Großkommandeurs des deutschen Schottischen

Ritus, August Paul – zitiert nach Georg Bahlburg – zu verstehen: »Durch den Meistergrad [...] schuf die englische Freimaurerei [...] einen der Werkmaurerei fehlenden Ewigkeitswert von höchster Bedeutung. Sie erhob nämlich das Problem des Todes und der Auferstehung [nicht nur im christlichen Sinne; Anm. d. Autors] zum philosophischen Hauptinhalt ihres Lehrgebäudes und krönte dadurch den endgültigen Übergang von der Werkmaurerei zur spekulativen Freimaurerei.«

Georg Bahlburg erinnert uns immer wieder an die eigentliche, an die ethische Bedeutung der Religion für die Freimaurerei, die nicht nur im Schatten des jüdisch-christlichen Geistes entstand, sondern von ihr nicht zu trennen ist. Nur auf diese Weise, indem die Maurerei ihr ethisches Bild im alt- und neutestamentarischen Bereich entwickelt, kann man die Bedeutung der Religion für die Freimaurerei abschätzen. Da jede andere, vor allem die politische Moral ständigen Änderungen unterworfen ist, suchten und fanden die geistigen Väter der Freimaurerei einen sicheren, unwandelbaren Boden für sich und für alle Nachfolger der regulären Maurerei in der Bibel unserer »abendländischen« Kultur.

In den beiden Hochgradsystemen – »Schottischer« und »York«-Ritus – aber auch im Dritten Grad der »allgemeinen« Johannis-Maurerei, spielt der Tod eine wesentliche Rolle. Materialisten, Atheisten, Agnostiker sind außerstande, im Tod etwas »Sinnvolles« zu sehen; daher blenden sie diesen – nach der Geburt das zweitwichtigste Element unseres Lebens – völlig aus; das Ergebnis ist Angst, Schrecken, Lebensmüdigkeit. Anders in der Freimaurerei, die weder mit der Dumpfheit und Hoffnungslosigkeit der Materialisten, noch mit der infantilen Mystik der Frömmlinge etwas anzufangen weiß. Der Satz aus dem Meisterritual – zitiert nach Georg Bahlburg – spricht hier für sich: »Der Glaube an Gott und Unsterblichkeit baut eine Brücke über den Abgrund des Todes.«

Stirbt ein Bruder, so spricht der Meister vom Stuhl, der Leiter einer Loge: »Zu höherer Arbeit in den Ewigen Osten abberufen«, in den »Osten« des nunmehr geistigen »Tempels zu Jerusalem«, wo Judentum, Christentum und Islam symbolisch entstanden und sich – hoffentlich – eines Tages wiederfinden werden.

Nachwort

Die freimaurerische Literatur, die teils unter dem Vermerk »Nur für Freimaurer« in verschiedenen Logen oder Großlogen oder auch im Hamburger »Bauhütten-Verlag« erscheint, ist heutzutage genauso breitflächig wie die Literatur über Freimaurer und ihre Logen, die in jedem Buchhandel frei erhältlich ist. Beide Formen beschäftigen sich eher wenig mit dem Thema »Religion und Freimaurerei«. Daher hoffen Autor und Verlag, daß dieses Buch eine Pionierleistung erbracht hat.

Die Aufgabe dieses Nachwortes ist wiederum die kurze Zusammenfassung des Themas und das Festhalten einiger grundlegender Prinzipien des Gesamtkomplexes.

Bereits die Definition des Begriffes »Religion« wirft viele Fragen auf, vor allem, wenn »Religion« (Glaube an ein höheres Wesen) mit »Religionen« (konfessionelle Ausrichtungen) verwechselt wird. Für Freimaurer hingegen signalisiert »Religion« nichts anderes als eine Art »Rückbindung« zu den Anfängen der Anfänge – was man darunter auch verstehen mag –, wohin uns die Erinnerungen an unsere verstorbenen Brüder begleiten.

Die Freimaurer verlangen vor allem Respekt vor den Menschen, vor der Natur und wollen ihre Ideale einer toleranten und humanen Gesellschaft den Auswüchsen der »modernen Gesellschaft« (Stichwort: Globalisierung) entgegensetzen.

Zur Zeit der Gründung der ersten Großloge in England, als die »Alten Pflichten« entstanden, war die Freimaurerei religiös und christlich zugleich. Heute, vor allem in den Bereichen der »humanitären Freimaurerei«, denken wir – ohne Gott und Glaube aus unserer Gedanken- und Gefühlswelt zu verbannen – anders.

Als Ausgangspunkt dient uns Karl R. Popper (1902–1994) und seine Drei-Welten-Theorie, nach der alle Menschen drei Welten angehören: der materiellen, der psychischen und der des Denkens. Wir Freimaurer beschränken diese drei Welten auf Denken und Fühlen. Die dritte, die »materielle Welt«, kann von jedem Menschen nur subjektiv wahrgenommen werden, sonst ist sie tot, wie die fernen Galaxien ausgeglühter Sterne.

Das »ewige Leben« (der »Ewige Osten«), an das (den) Freimaurer glauben, ist keine materielle Welt, sondern eine ideengewordene Energie der Erinnerungen; nur so kann die freimaurerische »Kette der Herzen« über das Grab des Bruders hinaus weiter bestehen.

Die religiöse Vorstellung der Freimaurerei entspringt zwar aus judeo-christlichen Quellen, doch folgt sie keineswegs dogmatischen Spuren. So finden wir, um nur ein Beispiel zu nennen, im religiösen Verständnis der Freimaurerei die Lehre der Dreifaltigkeit – die selbst erst im Konzil von Nicaea (325 n. Chr.) zum katholischen Dogma erhoben wurde – ausschließlich in einer Sonderformation der Hochgradmaurerei.

Neben der Dogmenfreiheit kennt das religiöse Verständnis der Maurer auch keine mechanistische Kausalität, weder das Aristotelische (»der Erste Beweger«), noch das Thomistische (»Am Anfang aller Bewegungen stand der Unbewegte Beweger«) und auch nicht das Rationalprinzip der Kausalität, daß »nur Bewegtes bewegen kann«. In diesem Sinn lehrt auch der Wiener Philosoph Walter Weiss, daß alles Existierende, also alles Körperliche, Vereinzelte, Dingliche, unveränderlich ist. Die Veränderung selbst ist allerdings unverursacht, ewig und das Wesen allen Werdens; wer dafür die Metapher »Gott« anwendet, liegt zumindest nicht völlig falsch.

Der personifizierte Gott im freimaurerischen Ritual (»Große/Größte Baumeister aller Welten«) ist kein »Beweger«, sondern ein »Entwerfer«, ein Schöpfer, den man noch am ehesten mit dem Aristotelischen »Sein« vergleichen kann.

Diese personifizierte Gottesvorstellung der Freimaurer konzentriert sich nicht auf einen »Lenker« des Universums, der sich in alles einmengt, er ist auch kein »Richter« über unsere Taten und Untaten, sondern ein »Baumeister«, der sich je nach Bedarf der Menschen aktiv oder passiv verhält.

Noch ein Kriterium des religiösen Verständnisses der Freimaurerei – und zwar das ethisch-moralische – sollte wiederholt werden: Die für die Maurer maßgebliche Sittenlehre hat nicht unbedingt Gott als Urheber, wie das z. B. Moses behauptete, sondern unsere humanistische Weltsicht. Als Exekutor und Richter dieser Sittenlehre wird das eigene Gewissen eingesetzt. Das Problem dabei ist jedoch das manchmal schwankende Gewissen, da auch Maurer nur Menschen sind. Dieses Gewissen-auf-tönernen-Füßen sucht stets nach etwas »Höherem«,

»Absolutem«, »Fundamentalem«, wobei jede psychologische Himmelsrichtung möglich ist, vor allem aber nach Sicherheit. Und genau diese »Sicherheit« spiegelt das religiöse Bild der Freimaurerei wider.

Das religiöse Bild der Freimaurerei ist nicht anti-konfessionell ausgerichtet, es läßt sich heute nicht mehr an eine bestimmte Konfession festbinden. So erkennen auch wir Freimaurer die nahezu direkte Linie von Echnatons »Sonnengott« zum Monotheismus seines Landsmannes Moses. Auch die enge Verknüpfung des Christentums mit dem Judentum – wobei es sich hier um eine Einbahnstraße handelt, da es keine Linie vom Christentum zum Judentum gibt – ist nichts Unbekanntes.

Das prinzipielle religiöse Bild der Freimaurerei entspricht nahezu deckungsgleich dem der Pharisäer, die – im Gegensatz zu den tempeldienenden und schriftgebundenen Sadduzäern, die sich mit der Zerstörung des Salomonischen Tempels selbst aufgelöst haben – eine moderne Art des Judentums vertraten. In ihren religiösen Orden – auch hier die Ähnlichkeit zur Hochgrad-Freimaurerei – glaubten die Pharisäer an die Dreieinigkeit von Gott (Gerechtigkeit), Mensch (Freiheit) und Seele (Unsterblichkeit). Die Pharisäer gelten übrigens als die eigentlichen »Ideenlieferanten« des Christentums. Auch Jesus war, zufolge seiner Bildung (Belehrung im Tempel) und Einbildung (einzig gültige Wahrheit), ein echter Pharisäer.

Die bisher wohl beste, dauerhafteste und erfolgreichste Erfindung der Menschheit ist der Monotheismus jüdisch-christlicher Prägung, der – manchmal auch gegen die jüdische Orthodoxie und die christlichen Amtskirchen – zu Wohlstand, Pluralismus und zur Demokratie führte. Weil der Islam nicht diesen Weg ging und immer noch nicht geht, gibt es keine religiös-kulturelle Verbindung zur Freimaurerei. Ferdinand Cap[50] erinnert uns an die Thematik des Forum Alpbach 1999 (»Religion in der modernen Gesellschaft«) und zitiert dabei das dort Gehörte, daß das »neue Gewissen [...] neue Formen religiöser Suche geschaffen« hat. Und setzt fort: »Die neuen Ausdrucksformen bewegten sich auf dem Gebiet der Mythen, Selbstfindungspraktiken und utopischen Träume.« Vergessen wir nicht, daß diese Attribute auch am Anfang des jüdischen und christlichen Glaubens standen. – Es gibt also nichts wirklich Neues unter »Gottes Sonne«.

Die religiöse Bindung der Freimaurerei spiegelt sich nicht nur in der eigenen Tradition – wir finden sie in konfessionell ausgeprägten Formen in der nordeuropäischen und in der amerikanischen Maurerei –, sondern auch in den essentiellen Aussagen in der humanistischen Freimaurerei wieder.

Peter Stiegnitz

Anhang

SALOMO: BLUT UND WEISHEIT

Das Leben des Königs Salomo war zwiespältig, widersprüchlich, vom Blut besudelt und von Weisheit gekrönt. Mit einem Wort: ein »richtiger« Aufklärer. Dabei fasziniert uns alle nicht so sehr die Wandlung dieses mehrfachen Brudermörders zum weisen und gerechten Herrscher, als vielmehr die Gedankenwelt dieses eher unscheinbaren und unentschlossenen Menschen, der jung und unerfahren das Erbe seines Vaters David antreten mußte.

Diese äußere Wandlung, wobei der Heidelberger Theologe Rolf Beyer[51] »vom Brudermörder zum Friedensführer« spricht, ist nicht so wesentlich wie der innere Weg zu sich selbst.

Salomos Leben läßt sich siebenfach entschlüsseln.

1. der Weise
2. der Friedensstifter
3. der Dichter
4. der Richter
5. der Liebende
6. der Reiche – und zusammenfassend:
7. die Märchen- und Legendengestalt.

In dieser siebenfachen Erklärung sehen wir Salomo am liebsten und denken dabei gar nicht daran, daß der König seinen Reichtum wahrlich nicht selbst erarbeitet hat, und daß der eher unbedeutende Tempel in dieser bedeutenden Stadt zehntausende Todesopfer und unendlich viele Frondienstler, die wir heute »Zwangsarbeiter« nennen würden, verschlangen. Schließlich und endlich erstreckte sich das salomonische Reich von Ägypten bis zum Euphrat, und zwischen diesen beiden Punkten vegetierten mehr als sie lebten die Philister, die nie große Freunde der alten Hebräer waren und deshalb das Heer der versklavten »Zwangsarbeiter« beim Bau des Salomonischen Tempels stellen mußten.

Das eigentliche, wissenschaftlich heute noch nicht ganz ausgearbeitete Problem der historischen Gestalt Salomos sind die unsicheren Quellen. Die »Könige-Bücher« (I. Könige 1–12) entstanden 400 Jahre nach dem Ableben des Königs, und die »Chronisten« (II. Chronik 1–9), die zweite wichtige biblische Quelle, sogar 700 Jahre nach Salomo.

Die beiden Quellen entwerfen ein sehr unterschiedliches Bild Salomos. Während die »Könige-Bücher« noch im Schatten des babylonischen Exils und der Zerstörung des Tempels geschrieben wurden, atmen die Berichte der »Chronisten« die freie Luft der Heimat, da der Perserkönig Kyros den Juden die Heimkehr nach Jerusalem erlaubte. Dementsprechend machten die jüdischen Opfer Nebukadnezars in Babylon Salomo für ihre Pein verantwortlich. Die »Chronisten« hingegen lobten den Erbauer des Tempels, da sie sich selber anschickten, einen neuen, zweiten Tempel Salomos zu erbauen. Auch die Tempelvisionen des Propheten Sacharjas legen Zeugnis über die priesterlicher Liebe und Verehrung Salomos, da der große König nicht nur den Tempel erbaute, sondern auch den hierarchisch strengen Tempelkult einführte.

Eine religiöse Aufklärung

Die »Salomonische Aufklärung« ist genaugenommen eine unfreundlich-religiöse. Zahlreiche biblische Autoren, vor allem die Verfasser der »Könige-Bücher«, werfen ihm ein »Abfallen vom Jahwe-Glauben« vor und die »Anbetung fremder Götter«. Diese fundamentalistischen Theologen sahen in der Zerstörung des Tempels und im darauffolgenden babylonischen Exil folgerichtig eine »Strafe Gottes«.

So unrecht hatten diese frühen jüdischen »Fundis« wiederum nicht. Salomo, der aufgeklärte König, wollte nicht im eigenen (»Jahwe«-)Glauben der Weisheit letzten Schluß sehen. Er war neugierig, aufgeschlossen und liebte die Frauen; so empfand er u. a. eine innige Beziehung zu Astarte, zur »Göttin« der Phönizier. Vor allem Astartes Priesterinnen hatten es ihm angetan. Salomos Interesse wurde natürlich nicht nur von seiner stark ausgeprägten Erotomanie, sondern auch von seiner Neugier und seiner religiösen Offenheit gelenkt. Deshalb holte er auch Gott Baal in seine Tempelwelt.

Das nach jede Richtung offene Bild Salomos ist ein weiterer Beweis seiner Aufklärung. So sprechen z. B. G. v. Rad und Rolf

Beyer von der »Salomonischen Aufklärung« statt von der »Salomonischen Weisheit«.

Und das alles begann vor mehr als dreitausend Jahren ...

Der clevere, sehr gute aussehende Sohn des Israeliten Isai, David, der Hirte und Harfenspieler, kam an den Hof von König Saul. David, der junge Angeber, stellte sich freiwillig dem Vorkämpfer der mit den Israeliten immer schon verfeindeten Philister, Goliath, zum Zweikampf. Der nach der Legende drei Meter große Riese fiel den geschickt gezielten Steinen aus der Schleuder Davids zum Opfer.

Die Legenden- und Märchenbildung um König Salomo nahm ihren benebelnden Anfang bereits bei seinem Vater David. Genaue Bibelkenner (II. Samuel 21,19) wissen nämlich, daß nicht der pfiffige Hirtenjunge, sondern ein gewisser Elhanan Goliath tötete.

Auch die Legenden um David, wie später um seinen Sohn Salomo, dienen einem höheren als dem rein persönlichen Zweck; sie dienen der soziologischen Betrachtung. Während Goliath und seine für damalige Verhältnisse hochentwickelten Philister bereits zivilisierte Städtebewohner waren, zogen die Israeli, diese primitiven Nomaden, noch von Land zu Land und hinterließen überall Verwüstung.

Die Israeli besaßen allerdings einen mächtigen Verbündeten: den einen und einzigen Gott, der seit Abraham, Isaak, Jakob, Josef und Moses stets auf ihrer Seite stand. Schon damals war es nicht leicht, ein Israeli zu sein, aber auf lange Sicht gesehen: lohnend. Seit der biblischen Urgeschichte wissen die frühen Israeliten und die späteren Juden, daß Gottes Liebe oft das Leben kosten kann; so bevorzugte Jahwe die Opferung des nomadisierenden Hirten Abel und nicht die des seßhaften Bauern Kain. Gottes Auszeichnung kostete Abel das Leben, Kain aber sorgte für die Fortzeugung des Menschengeschlechts. So wird heute noch einer seiner direkten Nachkommen, Tubelkain, als »Ahnherr der Erz- und Eisenschmiede« (I. Moses 4,17 ff.) gefeiert.

David, der Siegreiche, der Frauenliebling, schürt König Sauls Eifersucht. David wird daher mit einem echten Todeskommando beauftragt; er muß gegen die Philister kämpfen. König Saul hofft, den jungen, erfolgreichen Feldherrn bald als »gefallenen Helden« ehren zu können.

David erfährt noch rechtzeitig von den hinterlistigen Plänen des Königs und kann mit Hilfe des Saul-Sohnes, Jonathan, fliehen. Da der wütende König David verfolgt, flieht dieser zu den Todfeinden der Israeli, zu den Philistern, und bittet dort um »politisches Asyl«. David, der zu dieser Zeit bereits einen guten Namen als Krieger und Feldherr hat, wird gegen sein eigenes Volk, gegen die Israeliten und gegen König Saul als Söldner der Philister in den Krieg geschickt – wo allerdings der schlaue Kerl nie ankommt. Er flieht wieder. König Saul, wenn auch gänzlich ohne Davids Zutun, findet in Nordisrael, auf dem Berg Gilboa, seinen Tod.

David scheint ein geistiger Ahnherr der habsburgischen Heiratspolitik gewesen zu sein; statt zu kämpfen, ehelicht er die südisraelische Königstochter Abigail und gleichzeitig die nordisraelische Königstochter Ahinoam.

König Saul ist tot. Davids Weg zum Thron ist frei. Trotzdem erhält er zuerst nur die Krone des südisraelischen Reiches (Juda) in Hebron, und erst sieben Jahre später wird er auch von den nordisraelischen Stämmen als König anerkannt.

David, der neue König beider israelischen Reiche, der bei den hochzivilisierten Philistern die Kunst des Krieges und der Politik erlernte, kannte nur mehr ein Ziel: die Eroberung Jerusalems, dieser unabhängigen Stadt, die damals von den kanaanäischen Jebusiten bewohnt war. David, der mit seiner, für damalige Verhältnisse modernen Heeresorganisation auch Jerusalem eroberte, machte diese »Stadt der Städte« zu seinem Königssitz.

David war ein Segen für Israel und ein Fluch für die eigene Familie: sein Erstgeborener Amnon vergewaltigt die eigene Halbschwester Thamar und jagt die ihre Unschuld verlorene Schuldlose fort. David verzeiht seinem Erstgeborenen Amnon, zunächst nicht jedoch dem jüngeren Sohn Absalom, der die Blutschande zum Anlaß nimmt, sich des Amnon zu entledigen. Absalom tötet Amnon und muß daraufhin selber fliehen. – Einige Jahre später kehrt Absalom nach Jerusalem zurück und wird vom Vater David in Gnade aufgenommen.

Absaloms »Dank« ist einzigartig: Er jagt David davon und bemächtigt sich der Stadt und des Harems des Königs. Das, vor allem der Harem-Raub, war dem »alten« König zu viel; er schlägt unbarmherzig zurück. Absalom muß erneut fliehen. Auf der

Flucht wird er vom treuen General Davids, Joab, getötet. David, der nie den Tod des unehrlichen Sohnes wollte, zerbricht unter der neuerlichen Familienlast.

Auch Salomos Geburt steht – ursprünglich – unter keinem guten Stern. Seine von David geschwängerte Mutter, Bathseba, ist – zunächst – die Ehefrau eines Söldners Davids, namens Uria. Nachdem der König den ahnungslosen Soldaten in den sicheren Tod schickt, heiratet er seine Witwe. Das Kind aus dieser ehebrecherischen Beziehung stirbt.

Das zweite Kind aus Davids »Ehe« mit Bathseba wird von seinem Volk »Salomo« (»Friedliebender«) und vom Haus- und Hofpropheten Nathan »Jedidja« (»von Gott Geliebter«) getauft. Wichtiger als der Doppelname ist die Tatsache, daß in Salomos Name sowohl »schalom« (»Friede«) als auch »Jeruschalem« vorkommt. »Jedidja« ist kanaanäischen Ursprungs, und so hoffte man von Anfang an, daß unter Salomo-Jedidja Israeli und Kanaanäer zusammenwachsen werden.

Davids ältester (noch) lebender Sohn, Adonia, fürchtet, daß der altersschwache König David seinen Jüngsten, Salomo, zum Nachfolger ernennen will und zettelt deshalb eine Rebellion gegen David an. Jetzt wird aber Mutter Bathseba aktiv und drängt David, Salomo auf den Königsthron zu setzen. David gibt nach, der eifersüchtige Bruder Adonia resigniert.

Unter den aggressiven, kriegslüsternen und selbstsüchtigen Söhnen Davids ist Salomo der einzig »blasse«, der auch Adonias Zurückdrängen anderen überläßt. Salomos Charisma ist gleich Null.

Salomo, der junge König, wandelt sich aber: Er ergreift die Macht und läßt – für alle Fälle – den Anführer des rebellierenden Bruders Adonia, Joab, töten – und das auch noch am asylsichernden Opferaltar. Die Mordbefehle Salomos hören allerdings nicht auf. Nachdem Adonia, der sich aus der aktiven Politik zurückgezogen hatte, Davids letzte Konkubine, Abisag, heiraten will, wittert der mißtrauische Salomo eine politische Absicht hinter diesem Heiratswunsch und läßt auch seinen Bruder töten. Damit reiht sich auch Salomo in die lange Reihe orientalischer Brudermörder ein.

Jetzt ist Salomo auch seinen letzten möglichen Rivalen los. Als nächstes muß er sich von seiner energischen Mutter Bathseba, die als »Gebira« (»Oberste Herrin«) immer noch über Macht und Einfluß verfügt, lossagen. Bathseba unterstützte nämlich Adonias Heiratspläne und so muß auch sie dem Machtstreben ihres jüngsten Sohnes Salomo weichen. Damit beginnt eine eindrucksvolle Abnabelung Salomos von seiner Mutter, die ihn zum König machte.

Salomos oft auch blutige »Emanzipation« von Mutter und Bruder war der erste Schritt auf seinem aufklärerischen Weg. Die Meilensteine dieses Weges hatten »archaische Dimensionen« (Rolf Beyer). Das eigentliche »Brudersein« Salomos, das aus den Bruderkämpfen seiner Familien erwuchs, signalisiert seine Verselbständigung.

Am Anfang der Salomonischen Aufklärung stand das Freimachen aus der familiären Eingeengtheit, seine Entwicklung zur selbstständigen Persönlichkeit und dann die große Wandlung des Bruderbegriffes aus der familiären Unfreiheit in die selbstbestimmte und -gewählte Form der symbolischen »Bruderschaft«.

Salomos Urteilsfähigkeit

König Salomos Wandlung vom Brudermörder zum Friedensstifter vollzog sich als Folge seiner individuellen Entwicklung der persönlichen Befreiung. Sein Weg vom »Pflichtbruder« zur »Bruderpflicht« mündet im weiten Feld der »Salomonischen Aufklärung«.

Am Anfang jeder Aufklärung steht die Befreiung aus der Knechtschaft althergebrachter Konventionen, Traditionen und Denkmuster. Diese gesellschaftspolitische Entwicklung spielt sich nur in Ausnahmefällen – wie das bei Salomo der Fall war – im Leben eines einzelnen Menschen ab. Der »weise« Dichter und König mußte allerdings diesen Weg mit der schweren Hypothek des Hauses David gehen. Er mußte sich selber vom schwachen, unschlüssigen Thronbesteiger und Brudermörder zum aufgeklärten Fürsten entwickeln.

Die biblischen Wandlungen werden immer und eindrucksvoll mit viel Theaterdonner inszeniert. Abrahams Landnahme, Jakobs Einzug und Moses Auszug aus Ägypten erfolgen genauso machtvoll wie die Damaskusbekehrung des Saulus. Auch Salomo, der sich geschickt zum raffinierten Richter entwickelt, bringt Gott als Beweis seiner Berufung ins Spiel. Er berichtet seinen Getreuen, wie Gott ihm im Traum, den wir in der Bibel als die »Traumoffenbarung in Gibeon« kennen, erschien und seinen Wunsch nach »Wahrheit und Gerechtigkeit« erfüllt.

Salomo, der junge König, dessen Autorität zu dieser Zeit noch kaum fundiert ist, spricht im Traum zu Gott: »So wolltest du deinem Knecht ein gehorsames Herz geben, damit er dein Volk richten könne und verstehen, was Gut und Böse ist.« Gott, so erzählt Salomo, gefällt der bescheidene Wunsch: »Siehe, ich gebe dir ein weises und verständiges Herz, so daß deinesgleichen vor dir nicht gewesen ist und nach dir nicht aufkommen wird.« (I. Könige 3,5 ff.).

Der junge König Salomo scheut zwar von Mordaufträgen nicht zurück, doch Kriege zu führen ist nicht seine Spezialität. Er entdeckt – ein wahrer Vorläufer Sigmund Freuds – die Kraft der Sublimation und wählt den Weg des »mächtigen Weisen«, in dem er die wahre Macht des Geistes erkennt. Fortan beherrscht er das Instrument des überlegenen Geistes, des ausgeglichenen Richters, des handelnden Aufklärers, des Ethikers, der stets zwischen Gut und Böse unterscheiden und das Resultat zum Gesetz erheben kann.

Am Anfang der »Salomonischen Aufklärung« steht das berühmte Urteil des jetzt bereits friedfertigen Königs und Richters. Zwei Frauen streiten um die Mutterschaft eines Kindes, da das andere starb. Salomo spricht sein Urteil und fordert nach altisraelischer Praxis die Opferung. Als die echte Mutter lieber auf das Kind verzichtet, bevor es zweigeteilt wird, spricht Salomo sein berühmtes Urteil: »Gebt dieser das Kind lebendig und tötet 's nicht; die ist seine Mutter.« (I. Könige 3,26 f.)

Die altisraelischen Gottesurteile schrecken auch vor Kindesmord nicht zurück: Abraham ist bereit, seinen Sohn Isaak zu opfern, König Saul will seinen Sohn Jonathan, der sich dem Fastengebot seines Vaters widersetzt und David zur Flucht verhilft, enthaupten. Dabei wird immer wieder Jahwe ins Spiel gebracht.

Salomo ist der erste, der mit dieser Gottespraxis bricht; er lehnt jedwede »heilige« Rechtssprechung ab, er entläßt Gott aus seinen königlichen Urteilssprüchen und setzt eine »aufgeklärte Rechtsprechung« (Rolf Beyer) durch.

Aufklärer sind Ethiker. »Das Wissen um Gut und Böse« (Rolf Beyer) setzt Postulate voraus, die weit über das normative, gesetzte Recht hinausgehen. »Recht« ist hier allerdings nicht als Rechtsprechung gemeint, keineswegs als Vollzug gefaßter Gesetze. Von der Blutrache der Leviten über die Nürnberger Rassengesetze bis zur islamischen Scharia wandelt sich die »absolute Ethik« zur relativen Macht.

Salomos Weg zur Friedfertigkeit wurde bereits von seinem Vater David geebnet. König David setzte, unbeschadet seiner Untaten, die vom Ehebruch bis zum Auftragsmord reichten, die Blutrache außer Kraft. Allerdings war er nicht in der Lage, in seinem Rechtssystem wirklich neue Wege zu gehen. Das blieb seinem Sohn Salomo vorbehalten.

Aufklärer sind »einfache« Menschen, die ihre Denkwelt, ihre politischen Forderungen auf das Natürliche, auf das Einfache, auf das biologisch Gegebene zurückführen und dort reduzieren. So und nur so ist das berühmte Salomonische (»Mutter«-)Urteil verständlich. Der weise, aufgeklärte Richter verhalf der »wirklichen« Wahrheit zum Durchbruch, in dem er seinen Spruch auf die schlichte, biologische Mutterliebe aufbaute.

Aufklärung ist in ihrer Schlichtheit und Natürlichkeit schmerzhaft. Dazu ein Beispiel: »Abklärer«, diese Gegenpositionellen zu den Aufklärern, ähneln Schneidern, die am Kleidungsstück herumnähen und -reißen. Das schmerzt nicht, da der Stoff und nicht die Haut berührt wird. Aufklärer hingegen »operieren« wie Chirurgen: an der nackten Haut. Ihre Arbeit schmerzt, hinterläßt gewaltige Narben, doch sie kann Leben retten. Abklärer sind Kosmetiker, Zudecker, deren Werkzeug auch die Lüge ist. Trotzdem sollten wir die Abklärer weder verurteilen, noch die Aufklärer verherrlichen. Weg und Ziel der Abklärer nennen wir nämlich Kultur, ihre Aufgabe ist es, unser aller Leben schöner, angenehmer zu gestalten. Genauso wie es unverantwortliche, geldgierige Chirurgen gibt, die auch dann operieren, wenn auch konservative Medizin zum Erfolg führen könnte, so gehören die unnötigen, selbstsüchtigen Berufsaufklärer zu den Feinden der Menschen.

Ergo: Stets bestimmt die jeweilige Situation, ob ein Abklärer oder ein Aufklärer erwünscht sei.

Aufklärung ist, wie die Wahrheit des Chirurgen, schmerzhaft, weil ihr Instrument die Erkenntnis ist. Der berühmte Apfelbaum im Paradies war der »Baum der Erkenntnis des Guten und Bösen« (I. Mose 2,17). Die Frucht dieses (Erkenntnis-)Baumes bedeutete den Einzug des Todes in das für ewig geplante Leben des ersten Menschenpaares.

Die eigentliche »Salomonische Aufklärung« kann am besten auf dem Weg des Rechts – nicht mit dem normativen Rechtsweg zu verwechseln – erreicht werden. Dieser Weg führte Salomo, so eigenartig es auch klingen mag, von Moses und seinen Zehn Geboten weit weg. Die acht Ver- und die zwei Gebote des Moses mußten das Leben eines verängstigten und verunsicherten Nomadenvolkes regeln. Salomo wiederum hatte es bereits mit einer seßhaften Nation zu tun gehabt und mußte deshalb nicht mehr auf das apodiktische Recht der Zehn Gebote Rücksicht nehmen, sondern konnte bereits mit dem fortschrittlichen kasuistischen Recht arbeiten. Während Moses apodiktisch bestimmte, was man lassen (»Du sollst nicht ...«) und tun (»Du sollst ...«) mußte, verband Salomos Kasuistik Fall und Folge erfolgreich und neuartig miteinander.

Die apodiktische Rechtssprechung der nomadisierenden Hebräer benötigte Gottes (spricht: Moses) starke Hand und keine wie auch immer geartete Aufklärung. Salomo hingegen führte bereits ein Reich seßhafter Israeli, die man mit »Jehowas Zorn« allein nicht mehr in Schach halten konnte. Hier benötigte man bereits andere, verfeinerte Mittel des Rechts und der Rechtsprechung; beide synonym für Gesellschaft und Ordnung. Erst diese Neuordnung der Gesellschaft – symbolisiert durch den Übergang von der nomadisierenden Sippe zum seßhaften Volk – öffnete den Weg zur »Salomonischen Aufklärung«, die genau genommen kasuistisch war.

Aufklärung baut immer auf Eigenverantwortung auf. Unwidersprüchliche Autoritäten (Gott, Kaiser, Geistlichkeit auf der einen, Führer, Tyrannen auf der anderen Seite) hemmen die gesellschaftspolitische Entwicklung. Aus diesem Grund wendet sich die Aufklärung gegen diese kritiklosen Autoritäten und akzeptiert qualitativ bedingte und quantitativ begrenzte, freigewählte Autoritäten. Natürlich kann auch der »Friedensfürst« Salomo auf Gott nicht verzichten; das geht bei Juden noch heute nicht, da ihre Religion – stärker als Lutheraner und Calvinisten – einen direkten, unmittelbaren Weg zu Gott, unter Ausschaltung priesterlicher und heiliger Zwischenstationen, sucht. Daher kleidet auch Salomo seine aufklärerische Rechtsprechung mit Gottesrecht ein, der Inhalt dieser »Bekleidung« wird aber humanisiert, menschenverantwortlich gestaltet.

Der Zusatzgewinn der Aufklärung ist, soweit sie nicht wie die französische in einer Tyrannei mündete, die Friedensschaffung. So gelang es Salomo, sein Reich mit den Kanaanäern zu befrieden, und er verzichtet auf die Sitte »orientalischer Herrscher, auf den ›Triumph über die Feinde‹« (Rolf Beyer).

König Salomos Friedenspolitik, eng mit seiner menschenorientierten aufklärerischen Rechtsprechung verbunden, war kein Geschenk des Himmels, sondern die Folge seiner klugen Heiratspolitik, die wie über die bereits erwähnten Verbindungen zwischen den nord- und südisraelischen Königsreichen hinausging. Salomo nützte die zu seiner Zeit vorherrschende Polygamie und »heiratete« hintereinander Fürstentöchter aus Moab, Ammon und Edom, aus Ländern, mit denen noch sein Vater David erbitterte Kriege führte. Salomo füllte seinen Harem auch mit den Töchtern aus den vornehmsten Familien der Phönizier und Hethiter, gleichfalls einstige Feinde der Hebräer. Selbst die heutigen »guten« Beziehungen des Staates Israel mit Ägypten basieren auf der salomonischen Heiratspolitik, da der »Friedensfürst« auch eine Pharaonentochter »heiratete«.

König Salomo verfolgte mit seiner Heiratspolitik einerseits recht handfeste Friedensziele, andererseits wußte er genau, daß er durch die Gewohnheiten der kulturell stark unterschiedlichen »Ehefrauen« Krisen, Eifersüchteleien und Auseinandersetzungen vorprogrammierte. Diese Schwierigkeiten konnte er gleichfalls durch seine sprichwörtliche Toleranz vermeiden. Auch das war ein Teil seiner Aufklärung.

Genau dieser toleranten Heirats- und Haremspolitik Salomos verdanken wir eine der schönsten und lyrischesten Bibel-Eintragungen, das »Hohelied der Liebe«. Dieser »weltliche Liebesgesang« (Rolf Beyer), diese wunderschöne Beschreibung irdischer Freuden und Genüsse unterscheidet sich wohltuend von den sonst komplizierten, fast immer schwerfälligen Bibeltexten. Spätere jüdische (Rabbi Akiba) und christliche Antiaufklärer (Konzil von Konstantinopel) entrückten das »Hohelied« Salomos vom irdischen Liebesglück – auch diese Tatsache weist auf die aufklärerischen Arbeiten und Ansinnen Salomos hin.

Den wirklichen Durchbruch der »Salomonischen Aufklärung« erleben wir in der großen Verwaltungsreform des weisen Königs.

Salomos Israel – wie auch das seines Vaters David – bestand aus zwei Teilen: aus dem Südreich mit Juda und Jerusalem und aus dem Nordreich, aufgeteilt auf zwölf Verwaltungsbezirke. Salomo erkannte bald, daß eine gewaltsame Konzentration des gesamten Landes nur Haß, Krieg und Unfrieden provozieren würde; daher ließ er nach föderalistischem und nicht nach gesamtstaatlichen Prinzipien verwalten. Sein aufgeklärter Absolutismus sicherte nicht nur den friedlichen Dualismus zwischen Nord und Süd, sondern auch zwischen Israel und den kanaanäischen Stadtstaaten. Diese einst feindlichen Gebiete genossen sogar eine »reichsunmittelbare« (Rolf Beyer) Autonomie, indem sie direkt dem König unterstellt wurden.

Weder »Groß-Israel«, noch ein territorialer Revisionismus schwebten dem aufgeklärten König vor; so entsprachen auch die zwölf Bezirke im Norden keineswegs den legendär-religiösen »Zwölf Stämmen« Israels. Die gegenwärtige Regierung des Staates Israel wäre in unserer Zeit gut beraten, dem Beispiel Salomos zu folgen. Dazu ein Beispiel, an die Adresse von Ministerpräsident Sharon gerichtet: Für Salomo war die Autonomie der kanaanäischen Stadtstaaten dermaßen wichtig, daß er dort auch keine israelischen Beamten einsetzte.

König Salomos Verwaltungsreform stand auf drei Säulen:

- Zurückdrängen des militärischen Aspektes
- Koalition zwischen Nord- und Südisrael
- Akzeptanz der kanaanäischen Autonomie

Diese drei Säulen der »Salomonischen Aufklärung« sicherten Frieden, Föderalismus und Freiheit im ganzen Reich. Goldene Zeiten für Israel, die seither nie mehr wiederkehrten.

»Der Bau des Jerusalemer Tempels gilt sowohl als folgenreichste Tat Salomos wie auch als seine bedeutendste Leistung« (Rolf Beyer). Der ursprüngliche, alles andere als imposante »Salomonische Tempel« war – genaugenommen – nur der erste unter drei Gebäuden.

- Der »Erste Tempel« war klein und bescheiden, der im Schatten des Prachtpalastes nahezu verkümmerte. Rolf Beyer erinnert uns an die Tatsache, daß an den Palastanlagen 13 Jahre und am Tempel nur schlichte sieben Jahre gebaut wurde. Dieser Tempel war ein Teil – und nicht einmal der wesentlichste – des Palastes; er war höchstwahrscheinlich nur ein »Familien- oder Hoftempel« (Rolf Beyer). Diese schlichte Opferstätte ist heute überhaupt nicht mehr vorhanden. Kein Stein blieb davon übrig.
- Der »Zweite Tempel« entstand unter Serubabbel (520 v. Chr.) und gilt in Fachkreisen als »Zwischentempel« ohne jedwede Bedeutung.
- Der grandiose Ausbau blieb dem »Dritten Tempel« des Königs Herodes vorbehalten, der aus Salomos und Serubabbels »Minitempel« auch baumäßig ein für seine Zeit einmaliges Monument schuf. Dieser letzte der drei Tempel wurde 70 n. Chr. von den Römern unter Titus Vespasianus zerstört. Die sogenannte »Klagemauer«, Umfriedung des Tempelplatzes, ist heute eine der ganz wenigen Kultstätten aller Juden dieser Welt.

Die eigentliche Bedeutung des Salomonischen Tempels liegt keineswegs in seiner materiellen Form. Das ursprüngliche Gebäude war nicht nur klein und unbedeutend, nicht einmal originär, sondern höchstwahrscheinlich nur der Umbau eines kanaanäischen Stadttempels, der einem jebusitischen Gott geweiht war.

Salomo selbst war kein religiöser Mensch, vor allem nicht im chassidisch-rabbinischen Sinne. Als aufgeklärter Monarch öffnete er Türen und Tore seines prächtigen Palastes und seines mickrigen Tempels auch für andere religiöse Richtungen seiner Zeit.

Salomos Tempel stand nicht zufällig auf dem Berge Moria, da genau auf diesem Platz Abraham seinen Sohn Isaak Gott opfern wollte und erst in letzter Sekunde »von Oben« die Weisung bekam, an Stelle des geliebten Sohnes einen Widder zu opfern – seither wissen wir, daß das Hinschlachten des eigenen Kindes »widerlich« ist. Isaak – und das macht den Monotheismus nicht unbedingt sympathisch – wäre nicht das erste Menschenopfer geworden; vor ihm und nach ihm wurden – bis in das hohe Mittelalter – genügend Menschen sinnlos geopfert.

Anläßlich der feierlichen Einsegnung seines Tempels verbot Salomo, der weise Richter und König, weitere Menschenopfer.

Genau deshalb ließ Salomo seinen Tempel dort errichten, wo Gott höchstpersönlich das Tier- statt des Menschenopfers befahl.

Diese Tat Salomos, die wir nicht hoch genug einschätzen können, war das wohl wesentlichste Fundament seiner Aufklärung. Für Bibelkundige nachzulesen in »II. Chronik 3.1«.

Weniger wichtig als diese »Ideologie« des Tempels – Tier- statt Menschenopferung – ist die Tatsache, daß Salomo kein Bau-, sondern nur ein Umbauherr war, da er bereits auf vorhandene Bausubstanz (auf-)baute. So und nicht anders ist sein berühmter Vers, der auch Eingang in das Freimaurerritual fand, verständlich: »Und als das Haus gebaut wurde, waren die Steine bereits zugerichtet, sodaß man weder Hammer noch Beil noch irgendein eisernes Werkzeug beim Bau hörte.« (I. Könige 6,7) So werden auch die relativ bescheidenen Ausmaße des Tempels – 30 Meter lang, 10 Meter breit und 15 Meter hoch – verständlich.

Die Werkleute am Bau waren keine Hebräer, sondern phönizische »Gastarbeiter« (Rolf Beyer), die König Hiram von Tyros nach Jerusalem schickte.

Interessant ist die Dreiteilung des Tempels: 'ulam (Vorhalle mit den beiden Säulen »Jachin« und »Boas«), hekal (Hauptraum) und debir (Allerheiligstes). Im debir befand sich auch die Bundeslande.

Das eigentliche Instrument der Aufklärung ist das Wort. Und so ist es kein Zufall, daß Salomos Tempel kein Gotteshaus, sondern ein Haus seines Namens ist. So sprach Gott bereits zu David, der unbedingt einen Tempel bauen wollte: »Doch nicht du sollst das Haus bauen, sondern dein Sohn [...] der soll meinem Namen ein Haus bauen.« (I. Könige 8,17 ff.)

Nomaden, wie die alten Hebräer es waren, bauen kein Gotteshaus; der jeweilige Glaube wird von Priestern ohne festen Wohn- und Glaubenssitz vermittelt. Entsprechend dieser Tradition verbot Davids Haus- und Hofprophet Nathan (der alles andere als »weise« im Sinne Lessings war) den Bau eines Tempels. Außerdem befürchtete Nathan eine mögliche (Tempel-)Konkurrenz, wie es später zwischen den Sadduzäern und Pharisäern der Fall war.

Wie Nathan eine direkte, so fürchtete Salomo eine indirekte Konkurrenz einer geistlichen Gegenmacht. Auch deshalb ließ der weise Friedensfürst ein eher bescheidenes Gotteshaus ohne priesterliche Tempelhierarchie erbauen. Salomos Gotteshaus diente weder den Toten, wie das in Ägypten der Fall war, noch Kriegen und Siegen, wie es in Mesopotamien gang und gäbe war, noch berief sich Salomo – im Gegensatz zu Moses – auf Gottes Befehl und Anordnung.

Die Bundeslade, dieses legendäre Erbstück flüchtender Nomaden unter Moses Führung, spielt eine wesentliche Rolle. Ursprünglich war sie nichts anderes als »ein kastenartiger Wohnsitz, auf dem Jahwe [...] thronte« (Rolf Beyer). Die Bundeslade war ursprünglich kein Behälter friedlich-ritueller Instrumente, sondern ein »Königsthron« (Beyer), mit dessen geistig-geistlicher Hilfe so manche Feinde Israels niedergerungen wurden. Der erste feste »Wohnsitz« der Bundeslade war in Silo, im Zentrum des Stammes Ephraim. Erst ab dieser Zeit wurde die Bundeslade als Heiligtum verehrt; sie erhielt einen eigenen Tempeldienst und wurde zum Zentrum wallfahrender Gläubiger. König David, der mit dem Nomadentum endgültig Schluß machte, läßt die Bundeslade, diesen »Sitz Gottes«, als Heiligtum nach Jerusalem bringen, um die Stadt – und natürlich sich selbst – mit einer zentralen Macht zu versehen. Seit dieser Zeit dient die Bundeslade nicht mehr Krieg und Verwüstung, sondern Frieden und Heiligtum.

König Salomo vollendet das friedliche Bundesladevorhaben seines Vaters: »Gelobt sei Jahwe, der seinem Volk Israel Ruhe gegeben hat [...]« (I. Könige 8,56) Erst jetzt kamen die Zehn Gebote in die Bundeslade. Damit stellte Salomo seine zentrale Macht auf religiöse Fundamente. So wurde aus der Bundeslade eine Gesetzeslade, das religionsethische (eigentlich eine Tautologie, da jede Religion auf ethischen Grundlagen steht) Fundament der Salomonischen Aufklärung.

Diese Aufklärungsarbeit bedingte einen offensichtlichen Bruch Salomos mit Moses. Während die Bundeslade bereits in der Zeit Mose zur Kriegslade umfunktioniert wurde, vollzog Salomo mit der Umwandlung zur Friedenslade eine sichtliche Absage an die kriegerischen Moses-Nachfolger.

Genau genommen gibt es keine »Aufklärung« für sich, sondern immer nur eine gesellschaftspolitische »Aufklärungsarbeit«, die religiös oder philosophisch untermauert ist. Der erste Schritt dieses Prozesses zu Salomos Zeit war die Umwandlung der »Lade« und der zweite die Deponierung der Zehn Gebote, deren erstes (»Du sollst neben mir keine anderen Götter haben«) bereits die Aufforderung zur weiteren Aufklärungsarbeit signalisierte. Denken wir in diesem Zusammenhang an die rechtsphilosophische und -soziologische Aktivität der Jakobiner, die die Vernunft zur (einzigen) »Göttin« und den (monotheistischen) Gottesglauben auf Verfassungsrang erhoben haben.

König Salomo war seiner Zeit voraus. Die Umwandlung der Bundeslade von einem Kriegs- zu einem Friedensinstrument stand am Anfang der historischen Aufklärungsarbeit Salomos. Vor allem in der Rechtsprechung. Auch hier brach Salomo mit der nach-mosaisch-levitischen Tradition, deren Rechtsfindung auf Gottesurteile basierte.

Die Salomonische Aufklärung verlief – im Gegensatz zur französischen im 18. Jahrhundert – friedlich. Denken wir dabei nur an die Sitzung des Nationalkonvents am 26. Juli 1794, wo Robespierre überall »Verschwörungen« witterte und nach neuen Opfern Ausschau hielt. Der psychotische Tyrann Robespierre »variiert seinen Verdacht in dunklen Andeutungen. Je länger er sprach, desto unruhiger wurden die Abgeordneten. Wen meint er? [...] Es war der Tag vor dem neunten Thermidor.«[52]

Im Gegensatz zu den blutigen Aus- und Entartungen der Französischen Revolution ging Salomo den Weg des Friedens. Mit der »Heiligung« der Zehn Gebote – Deponierung in der Bundeslade – suchte und fand Salomo einen Ausgleich zwischen der durchaus modernen Rechtsprechung seines Jerusalemer Hofes und der »›altisraelitischen‹ Stämmetradition, die in Nordisrael gepflegt wurde«. (Rolf Beyer)

Die Umwandlung der Bundeslade von einem Kriegs- zu einem Friedensinstrument war nicht der einzige Beweis der Salomonischen Aufklärungsarbeit:

- Ausländer als hohe Beamte setzten die Politik des Königs um.
- Sein Tempel war von »Gastarbeitern«, die keineswegs als Sklaven gehalten wurden, erbaut.
- Fremde Frauen bevölkerten seinen Harem, die freiwillig kamen und hier ihre ursprüngliche Religion beibehalten durften.
- Salomo befriedete das Land, indem er Rücksicht auf die nordisraelitischen Gepflogenheiten nahm.

- Trotz zentralistischer Machtkonzentration wurden die Stammestraditionen in der politischen Praxis nicht unterdrückt.
- Anstelle eines gnadenlosen Monotheismus, wie es die biblischen Autoren – immerhin Jahrhunderte nach Salomo – gepredigt hatten, ließ der König auch fremde Religionen gelten, wie die der Sidoner (Astarte), Ammoniter (Moloch) und Moabiter (Kemosch), um nur einige zu nennen.
- König Salomo regierte ohne »Fanatismus und Dogmatismus«. (Rolf Beyer)

Die Aufklärungsarbeit Salomos setzte anstrengende politische Aktivitäten voraus. So mußte sich der König von seinen Widersachern, die sich gegen die Umwandlung der Bundeslade stellten, befreien. Das Haupt seiner konservativen Gegner, die nichts von Salomos Aufklärungsarbeit hielten, war der selbsternannte Hohepriester Abjathar, der offen gegen Salomo polemisierte.

Der König mußte seine Autorität zeigen und ließ den »Fundamentalisten« Abjathar verhaften. Um jedoch keinen Märtyrer zu schaffen, entging der Hohepriester dem Tod und wurde in das Stammesgebiet der Benjaminiten verbannt. Abjathar war der Sproß einer altisraelitischen Priesterfamilie; sein Nachfolger, Zadok, Salomos Vertrauensmann, war bereits ein »Quereinsteiger«, da er keiner Priesterdynastie entstammte. Mit Zadoks Amtseinführung sorgte Salomo für Ruhe an der religiösen Front.

Der wirkliche Hohepriester war jedoch Salomo selbst, deshalb vollzog er eigenhändig die Tempeleinweihung.

Das Reich fällt auseinander

Der altisraelitische Glaube vor David und Salomo ging zwar in die Tiefe – »Vatergott« als Sippenbestimmung und »Jahwe« als Begriff der Nationswerdung –, nicht jedoch in die Breite des Universellen. Der wirkliche Durchbruch zur Weltoffenheit blieb dem Christentum (Paulus) vorbehalten, doch gewann das Hochjudentum unter Salomo durch den jebusitischen Einfluß eine nicht zu unterschätzende Öffnung, die erst im orthodox-chassidischen Judentum an Breite wesentlich verlor. Dem rabbinischen

Judentum gelang es wieder, an Tiefe zu gewinnen, doch die Breite der Salomonischen Aufklärung wurde erst im Reformjudentum wieder praktiziert.

Die Aufklärungsarbeit Salomos kann auch schematisch dargestellt werden:

- Senkrecht erleben wir die Tiefe der Verinnerlichung und die Höhe des Glaubens an Gott,
- waagrecht gestaltet sich die Umklammerung der »Ganzen Gemeinde«, die für Salomo Israel und die übrige Welt bedeutete.

Dazu die biblische Darstellung mit der Kraft der Erhellung: »Und Salomo trat vor den Altar Jahwes angesichts der ganzen Gemeinde Israel und breitete seine Hände aus gen Himmel [...]« (I. Könige 8,22/54 f. und 62/64/66)

Der strenge Monotheismus jüdischer Fundamentalisten, der auch andere Eingottglauben ausschloß, blühte erst nach der endgültigen Vertreibung der Juden aus Israel (70 n. Chr.) auf. Diese politische und soziologisch durchaus verständliche Kompromißlosigkeit der Exilanten nahm einen Rückbezug auf Flucht und Wanderung unter Moses. Die breite Seßhaftigkeit, das bereits gefestigte Reich unter Salomo konnte sich Universalität und Aufklärung »leisten«; sogar fremde Götter konnten sich bequem vor den Toren Jerusalems niederlassen, die erst unter König Josia (300 Jahre nach Salomo) zerstört wurden.

Friedfertigkeit lohnt sich. So fügte Salomo – um nur ein Beispiel zu nennen – sogar den kriegerisch-brutalen Glauben der Ammoniten (Moloch-Kult), dem manche seiner Frauen frönten, wenn auch »humanisiert« (ohne Menschenopfer), in das damalige Judentum ein.

Erst der Salomonische Universalismus erklärt die eigentliche Bedeutung seiner beiden Säulen (»Jachin« und »Boas«), die trotz ihrer imposanten Ausmaße – 12 Meter hoch und 1,90 Meter Durchmesser – keine bautechnische Funktion erfüllten, da sie ohne Basissockel baumartig aus der Erde wuchsen.

Zahlreiche, mehr oder weniger phantasievoll-unrealistische Erklärungen »schmücken« die beiden Säulen. Zu den glaubwürdigsten dieser Deutungen gehören die kosmischen, demnach

»Jachin« den Mond und »Boas« die Sonne symbolisierten, um Tag und Nacht überhaupt berechnen zu können.

Das gesamte Salomonische »Aufklärungswerk«, diese ideell oberste Gesamtheit seines Friedenswerkes, die offene religiöse Toleranz seiner Weitsichtigkeit und Weitschichtigkeit, vor allem seine Verwaltungsreformen und seine regional- und stammespolitische Ausgewogenheit, war leider nur von kurzer Dauer. Bereits unter seinem Sohn Rehabeam fiel das Reich auseinander. Nordisrael versagte die Gefolgschaft.

Den Keim der baldigen Auflösung des Reiches legte Salomo allerdings selbst. Seine kostspielige Verwaltungsreform, sein aufwendiger Hofstaat verschlangen Unsummen; die Bevölkerung litt unter den Fronlasten und Abgaben, die sie errichten mußte. Die Früchte dieser kostspieligen Politik mußte Salomos Sohn Rehabeam »ernten«. Ein Abgesandter des Nordreichs sprach unmißverständlich zum Königssohn: »Dein Vater hat unser Joch zu hart gemacht. Mache du den harten Dienst und das schwere Joch leichter, das er uns auferlegt hat, so wollen wir die untertan sein.« (I. Könige 12,4) Rehabeam, umgeben von schlechten Ratgebern, sagte brüsk »Nein!« – und das Reich Salomos fiel auseinander.

Jede Aufklärung zerstört vorgehende Systeme, Ordnungen, Gesellschaften und baut alles, war ihr »überflüssig« erscheint, ab, um den Weg für das »Neue« frei zu bekommen. So wichtig diese Abbrucharbeit auch ist, sie bleibt stets relativ, da die »großen Ungleichheiten« zwischen Oben und Unten, zwischen Reich und Arm, zwischen Herrschenden und Untertanen immerfort bestehen. Wie hat das König Salomo selbst gesagt?: »Es ist alles eitel [...] Was hat der Mensch für Gewinn von all seiner Mühe, die er hat unter der Sonne? Ein Geschlecht vergeht, das andere kommt [...] und es geschieht nichts Neues unter der Sonne [...]« (Prediger I,I ff.)

Das biblische Märchen des weisen König Salomos wurde im Glanz seines Aufklärungwerks wahr – und in den Jahrtausenden, die auf Salomo folgten, versank seine vergoldete Wahrheit in ein Märchen voller Legenden, Widersprüche und Hoffnungen aller Menschengeschlechter auf ein stets besseres Leben.

Im Gegensatz zu den protestantischen Kirchen in Europa, vor allem aber in Amerika, stehen die Katholische Kirche – wie übrigens auch die meisten Vertreter des orthodoxen Judentums und des Islam im allgemeinen – der Freimaurerei ablehnend gegenüber.

Von der päpstlichen Bulle »In Eminenti« bis zu dem Zweiten Vatikanischen Konzil nahm die römische Kirche keine freundliche Stellung gegenüber der Freimaurerei ein. Seit dem Zweiten Vatikanum ist die Position etwas unscharf, doch immer noch extrem kritisch bis feindselig.

Seit dieser Zeit des Zweiten Vatikanums kommt in die Haltung der katholischen Kirche eine gewisse Bewegung.

Aufgrund eines Schreibens des Vorsitzenden der Kongregation für Glaubensdoktrin, Franjo Kardinal Sepers (1968), nimmt der damalige Leiter des Sekretariats für Kontakte zu den Nichtgläubigen, der Wiener Kardinal Franz König, Kontakt zum damaligen stellvertretenden Großmeister der Großloge von Österreich, Kurt Baresch, auf.

Ein Dialog zwischen österreichischen, deutschen und Schweizerischen Freimaurern mit der Katholischen Kirche entsteht. Als Ergebnis dieser inoffiziellen Gespräche wurde 1970 die »Erklärung in Lichtenau« (Oberösterreich) intern veröffentlicht. Dem Papst empfahl ein hier unterzeichnetes Arbeitspapier, die Verurteilungen durch das Kirchenrecht (»Codex Iuris Canonici«) nicht mehr länger aufrecht zu erhalten.

(Dazu empfohlene Literatur: Kurt Baresch: »Katholische Kirche und Freimaurerei«, sowie Alexander Giese: »Die Freimaurer«)

1717 Gründung der ersten »Großloge von London« der »spekulativen« (nicht mehr handwerklichen) Freimaurer.
1731 Franz Stephan von Lothringen, Maria-Theresias Ehemann, wird in Den Haag in eine Loge aufgenommen (»rezipiert«).
1744 König Friedrich gründet die (christliche) Großloge »Zu den drei Weltkugeln«.
1770 Die ersten Logen werden in Österreich gegründet.
1773 »Grand Orient« wird in Paris gegründet.
1777 Erste Loge in Innsbruck entsteht.
1781 Der Leibarzt Maria Theresias, Ignaz von Born, gründet in Wien die Loge »Zur Wahren Eintracht«.
1782 Toleranzpatent Josephs II.
1783 Neue Logen entstehen in Wien, Linz, Klagenfurt und Graz.
1784 Gründung der Großloge von Österreich.
1785 »Freimaurerpatent« Josephs II.
1869–1918 Österreichische »Brüder« besuchen die »Grenzlogen« in Ungarn.
1877 Bruch zwischen der Großloge von England und der französischen »Grand Orient«.
1918 Die Großloge von Wien entsteht.
1938 Verbot der Freimaurerei, Verfolgung der »Brüder«.
1945 Die erste Loge (»Humanitas renate«) wird in Wien neu gegründet.
1946 Die Großloge von Österreich entsteht.
1970 Der große Dialog zwischen Kirche und Freimaurerei (»Lichtenauer Erklärung«) wird in Angriff genommen.
1983 Freimaurer werden nicht mehr exkommuniziert.
1989 Die Symbolische Großloge von Ungarn nimmt ihre Arbeit mir vier Logen in Budapest wieder auf.
1990 Die Großloge von Belgrad wird neu errichtet.
1990 Die Großloge von Prag nimmt ihre Arbeit wieder auf.

Anmerkungen

1 Über die Grundgesetze der Freimaurerei (»Alte Pflichten«) und deren Autor, Reverend J. Anderson, berichten wir später ausführlich.
2 Gerhard Schweitzer: »Ungläubig sind immer die anderen«, Stuttgart, 1990
3 Allan Oslo: »Freimaurerei«, Frankfurt/Main, 1988
4 Oslo: a. a. O.
5 Eugen Lennhoff, Oskar Posner: »Internationales Freimaurer-Lexikon«, Erstausgabe, Wien, 1932
6 Peter Strasser: »Der Gott aller Menschen«, Graz, 2002
7 Alfred Schmidt: »Deistische Wurzeln in der Freimaurerei«, Vortrag, Wien, 2002
8 Schmidt: a. a. O.
9 Schmidt: a. a. O.
10 Schmidt: a. a. O.
11 Schmidt: a. a. O.
12 Schmidt: a. a. O.
13 Horst Kischke: »Die Freimaurer«, München 1999
14 Kischke: a. a. O.
15 Kischke: a. a. O.
16 »Die Presse«, 5. 6. 2003
17 Kischke: a. a. O.
18 Arno Münster: »Ernst Bloch – eine Biographie«, Frankfurt/Main, 2003
19 Will Jaspers, in »Die Zeit«, 3. 5. 2003
20 Münster: a. a. O.
21 Münster: a. a. O.
22 Eberhard Schockenhoff: »Wie gewiss ist das Gewissen? Eine ethische Orientierung«, Freiburg, 2003
23 Rainer Forst, in »Die Zeit«, 8. 5. 2003
24 Kischke: a. a. O.
25 Strasser: a. a. O.
26 Strasser: a. a. O.
27 Johannes-Evangelium 1,5
28 1. Korintherbrief (1,19–26)
29 Helmut Reinalter, in einem Wiener Vortrag, 2001

30 Oslo: a. a. O.

31 Oslo: a. a. O.

32 Ludwig Feuerbach: »Vorlesungen über das Wesen der Religion«, VIII., S. 261

33 Sigmund Freud: »Die Zukunft einer Illusion«, Wien, 1927

34 G. R. S. Mead: »Fragmente eines Glaubens«, Berlin, 1902

35 aus dem Johannes-Evangelium

36 Das Thomas-Evangelium wurde aus den koptisch-gnostischen Schriften der Papyrus-Kodizes von Nag-Hamadi von Leipolt und Schenke übersetzt und 1960 in Hamburg veröffentlicht.

37 Schweitzer: a. a. O.

38 Schweitzer: a. a. O.

39 »Ausgewählte Briefe von und an L. Feuerbach«, XII.

40 Friedrich Engels: »Ludwig Feuerbach und der Ausgang der klassischen deutschen Philosophie«, Berlin 1886

41 Martin Buber: »Ich und Du«, Leipzig 1923

42 Gerhard Wehr: »Martin Buber«, Hamburg 1986

43 J. Eckart: »Martin Bubers Ringen um die Wirklichkeit«, Stuttgart 1977

44 J. Eckart: a. a. O.

45 J. Eckart: a. a. O.

46 J. Eckart: a. a. O.

47 Wolfgang Müller-Funk in »Die Zeit«, 3. 5. 2003

48 Schweitzer: a. a. O.

49 Zitiert nach einem Vortrag von Georg Bahlburg

50 »Freidenker« 02/03

51 Rolf Beyer: »König Salomo«; Bergisch Gladbach 1983

52 Gerrit Walther in »Frankfurter Allgemeine Zeitung«, 12. 7. 2001

Personenindex